आलोक-पर्व

आलोक-पर्व

हजारीप्रसाद द्विवेदी

ISBN : 978-81-7178-686-2

मूल्य : ₹795

पहला संस्करण : 1972
आठवाँ संस्करण : 2024

प्रकाशक : राजकमल प्रकाशन प्रा.लि.
1-बी, नेताजी सुभाष मार्ग, दरियागंज
नई दिल्ली-110 002
शाखाएँ : अशोक राजपथ, साइंस कॉलेज के सामने, पटना-800 006
पहली मंजिल, दरबारी बिल्डिंग, महात्मा गांधी मार्ग, प्रयागराज-211 001
1, अनमोल सोराबजी संतुक लेन, धोबी तलाव, मरीन लाइंस, मुम्बई-400 002

वेबसाइट : www.rajkamalprakashan.com
ई-मेल : info@rajkamalprakashan.com

मुद्रक : बी.के. ऑफसेट
नवीन शाहदरा, दिल्ली-110 032

ALOK PARVA
Essays by Hazari Prasad Dwivedi

आलोक-पर्व

अनुक्रम

अन्धकार से जूझना है !

न जाने कब से मनुष्य के अन्तरतर से 'दीन-रट' निकलती रही, मैं अन्धकार से घिर गया हूँ, मुझे प्रकाश की ओर ले चलो ।—'तमसो मा ज्योतिर्गमय !' परन्तु यह पुकार शायद सुनी नहीं गई—'होत न श्याम सहाय !' प्रकाश और अन्धकार की आँखमिचौनी चलती ही रही, चलती ही रहेगी । यह तो विधि-विधान है । कौन टाल सकता है इसे !

लेकिन मनुष्य के अन्तर्यामी निष्क्रिय नहीं हैं । वे थकते नहीं, रुकते नहीं, झुकते नहीं । वे अधीर भी नहीं होते । वैज्ञानिक का विश्वास है कि अनन्त रूपों में विकसित होते-होते वे मनुष्य के विवेक रूप में प्रत्यक्ष हुए हैं । करोड़ों वर्ष लगे हैं इस रूप में प्रकट होने में । उन्होंने धीरज नहीं छोड़ा । स्पर्शेन्द्रिय से स्वादेन्द्रिय और घ्राणेन्द्रिय की ओर और फिर चक्षुरिन्द्रिय और श्रोत्रियेन्द्रिय की ओर अपने-आपको अभिव्यक्त करते हुए मन और बुद्धि के रूप में आविर्भूत हुए हैं । और भी न जाने किन रूपों में अग्रसर हों । वैज्ञानिक को 'अन्तर्यामी' शब्द पसन्द नहीं है । कदाचित् वह प्राणशक्ति कहना पसन्द करे । नाम का क्या झगड़ा है ?

जीव का काम पुरा काल में स्पर्श से चल जाता था, बाद में उसने घ्राण शक्ति पाई । वह दूर-दूर की चीज़ों का अन्दाज़ा लगाने लगा । पहले स्पर्श से भिन्न सब कुछ अन्धकार था । अन्तर्यामी रुके नहीं । घ्राण का जगत्, फिर स्वाद का जगत्, फिर रूप का जगत्, फिर शब्द का संसार । एक पर एक नए जगत् उद्घाटित होते गए । अन्धकार से प्रकाश, और भी प्रकाश, और भी, और भी ! यहीं तक क्या अन्त है ? कौन बताएगा ? कातर पुकार अब भी जारी है—तमसो मा ज्योतिर्गमय ! न जाने कितने ज्योतिलोक उद्घाटित होनेवाले हैं ।

कहते हैं, और ठीक ही कहते होंगे, कि मनुष्य से भिन्न अवर सृष्टि में भी इन्द्रिय गृहीत बिम्ब किसी-न-किसी रूप में रहते हैं पर वहाँ दो बातों की कमी है। इन बिम्बों को बिविक्त करने की शक्ति और विविक्तीकृत बिम्बों को अपनी इच्छा से—संकल्पपूर्वक—नये सिरे से नये प्रसार-विस्तार या परम्युटेशन-कॉम्बिनेशन की प्रक्रिया द्वारा नयी अर्थात् प्रकृति-प्रदत्त वस्तुओं से भिन्न नयी चीज़ बनाने की क्षमता। शब्द के बिम्बों के विविक्तीकरण का परिणाम भाषा, काव्य और संगीत हैं, रूप-बिम्बों के विविक्तीकरण के फल रंग, उच्चावचता, ह्रस्व-दीर्घ-वर्तु ल आदि बिम्ब और फिर संकल्प शक्ति द्वारा विनियुक्त होने पर चित्र, मूर्ति, वास्तु, वस्त्र, अलंकरण, साज-सज्जा आदि। इसी तरह और भी इन्द्रिय गृहीत बिम्बों का विविक्तीकरण, और संकल्प-संयोजन से मानव-सृष्ट सहस्रों नई चीजें। यह कोई मामूली बात नहीं है। अभ्यास के कारण इनका महत्त्व भुला दिया जाता है, पर भुलाना चाहिए नहीं। मनुष्य कुछ भुलक्कड़ हो गया है। लेकिन यह बहुत बड़ा दोष भी नहीं है। न भूले तो जीना ही दूभर हो जाए। मगर ऐसी बातों का भूलना ज़रूर बुरा है, जो उसे जीने की शक्ति देती हैं, सीधे खड़ा होने की प्रेरणा देती हैं।

किस दिन एक शुभ मुहूर्त में मनुष्य ने मिट्टी के दिये, रुई की बाती, चकमक की चिनगारी और बीजों से निकलने वाले स्रोत का संयोग देखा। अन्धकार को जीता जा सकता है। दिया जलाया जा सकता है। घने अन्धकार में डूबी धरती को आंशिक रूप में आलोकित किया जा सकता है। अन्धकार से जूझने के संकल्प की जीत हुई। तब से मनुष्य ने इस दिशा में बड़ी प्रगति की है, पर वह आदिम प्रयास क्या भूलने की चीज़ है? वह मनुष्य की दीर्घकालीन कातर प्रार्थना का उज्ज्वल फल था।

दीवाली याद दिला जाती है उस ज्ञान लोक के अभिनव अंकुर की, जिसने मनुष्य की कातर प्रार्थना को दृढ़ संकल्प का रूप दिया था—अन्धकार से जूझना है, विघ्न-बाधाओं की उपेक्षा करके, संकटों का सामना करके!

इधर कुछ दिनों से शिथिल स्वर सुनाई देने लगे हैं। लोग कहते सुने जाते हैं—अन्धकार महाबलवान् है, उससे जूझने का संकल्प मूढ़ आदर्श मात्र है। सोचता हूँ, यह क्या संकल्प-शक्ति का पराभव है? क्या मनुष्यता की अवमानना है? दीवाली आकर कह जाती है, अन्धकार से जूझने का संकल्प ही सही यथार्थ है। मृगमरीचिका में मत भटको। अन्धकार के सैकड़ों परत हैं। उससे जूझना ही मनुष्य का मनुष्यत्व है। जूझने का संकल्प ही महादेवता है। उसी को प्रत्यक्ष करने की क्रिया को लक्ष्मी की पूजा कहते हैं।

आलोक-पर्व की ज्योतिर्मय देवी

मार्कण्डेय पुराण के अनुसार समस्त सृष्टि की मूलभूत आद्याशक्ति महालक्ष्मी है। वह सत्व, रज और तम तीनों गुणों का मूल समवाय है। वही आद्याशक्ति है। वह समस्त विश्व में व्याप्त होकर विराजमान है। वह लक्ष्य और अलक्ष्य, इन दो रूपों में रहती है। लक्ष्य रूप में यह चराचर जगत ही उसका स्वरूप है और अलक्ष्य रूप में यह समस्त जगत् की सृष्टि का मूल कारण है। उसी से विभिन्न शक्तियों का प्रादुर्भाव होता है। दीपावली को इसी महालक्ष्मी का पूजन होता है। तामसिक रूप में वह क्षुधा, तृष्णा, निद्रा, कालरात्रि, महामारी के रूप में अभिव्यक्त होती है, राजसिक रूप में वह जगत् का भरण-पोषण करनेवाली 'श्री' के रूप में उन लोगों के घर में आती है, जिन्होंने पूर्व-जन्म में शुभ कर्म किए होते हैं; परन्तु यदि इस जन्म में उनकी वृत्ति पाप की ओर जाती है, तो वह भयंकर अलक्ष्मी बन जाती है। सात्त्विक रूप में वह महाविद्या, महावाणी, भारती, वाक्, सरस्वती के रूप में अभिव्यक्त होती है। मूल आद्याशक्ति ही महालक्ष्मी है।

शास्त्रों में ऐसे वचन भी मिल जाते हैं, जिनमें महाकाली या महासरस्वती को ही आद्याशक्ति कहा गया है। जो लोग हिन्दू शास्त्रों की पद्धति से परिचित नहीं होते, वे साधारणत: इस प्रकार की बातों को देखकर कह उठते हैं कि यह 'बहुदेववाद' है। यूरोपियन पंडितों ने इसके लिए 'पालिथीज़्म' शब्द का प्रयोग किया है। पालिथीज़्म या बहुदेववाद से एक ऐसे धर्म का बोध होता है, जिसमें अनेक छोटे-बड़े देवताओं की मण्डली में विश्वास किया जाता है। इन देवताओं की मर्यादा और अधिकार निश्चित होते हैं। जो लोग हिन्दू शास्त्रों की थोड़ी भी गहराई में जाना आवश्यक समझते हैं, वे इस बात को कभी नहीं स्वीकार

कर सकते। मैक्समूलर ने बहुत पहले बताया था कि वेदों में पाया जानेवाला 'बहुदेववाद' वस्तुतः बहुदेववाद है ही नहीं; क्योंकि न तो वह ग्रीक-रोमन बहुदेववाद के समान है, जिसमें बहुत-से देव-देवी एक महादेवता के अधीन होते हैं और न अफ्रीका आदि देशों की आदिम जातियों में पाए जानेवाले बहुदेववाद के समान है जिसमें छोटे-मोटे अनेक देवता स्वतन्त्र होते हैं। मैक्समूलर ने इस विश्वास के लिए एक शब्द सुझाया था—हेनोथीज्म, जिसे हिन्दी में 'एकैकदेव-वाद' शब्द से कुछ-कुछ स्पष्ट किया जा सकता है। इस प्रकार के धार्मिक विश्वास में अनेक देवता की उपासना होती अवश्य है, पर जिस देवता की उपासना चलती रहती है, उसे ही सारे देवताओं से श्रेष्ठ और सबका हेतुभूत माना जाता है। जैसे जब इन्द्र की उपासना का प्रसंग होगा, तो कहा जाएगा कि इन्द्र ही आदि देव है, वरुण, यम, सूर्य, चन्द्र, अग्नि सबका वह स्वामी है और सबका मूलभूत है। पर जब अग्नि की उपासना का प्रसंग होगा तो कहा जायेगा कि अग्नि ही मुख्य देवता है और इन्द्र, वरुण आदि का स्वामी है और सबका मूलभूत देवता है, इत्यादि।

परन्तु थोड़ी और गहराई में जाकर देखा जाये तो इसका स्पष्ट रूप अद्वैतवाद है। एक ही देवता है, जो बिभिन्न रूपों में अभिव्यक्त हो रहा है। उपासना के समय उसके जिस विशिष्ट रूप का ध्यान किया जाता है, वही समस्त अन्य रूपों में मुख्य और आदिभूत माना जाता है। इसका रहस्य यह है कि साधक सदा मूल अद्वैत सत्ता के प्रति सजग रहता है। अपनी रुचि और संस्कारों और कभी-कभी प्रयोजन के अनुसार वह उपास्य के विशिष्ट रूप की उपासना अवश्य करता है,परन्तु शास्त्र उसे कभी भूलने नहीं देना चाहता कि रूप कोई हो, है वह मूल अद्वैत सत्ता की ही अभिव्यक्ति। इस प्रकार हिन्दू शास्त्रों की इस पद्धति का रहस्य यही है कि उपास्य वस्तुतः मूल अद्वैत सत्ता का ही रूप है। इसी बात को और भी स्पष्ट करके वैदिक ऋषि ने कहा था कि जो देवता अग्नि में है, जल में है, वायु में है, औषधियों में है, वनस्पतियों में है, उसी महा-देव को मैं प्रणाम करता हूँ!

आज से कोई दो हज़ार वर्ष पहले से इस देश के धार्मिक साहित्य में और शिल्प और कला में यह विश्वास मुखर हो उठा है कि उपास्य वस्तुतः देवता की शक्ति होती है। यह नहीं है कि यह विचार नया है, पहले था ही नहीं, पर उपलब्ध धार्मिक साहित्य और शिल्प और कला-सामग्री में यह बात इस समय से अधिक व्यापक रूप में और अत्यधिक मुखर भाव से प्रकट हुई दिखती है। इस विश्वास का सबसे बड़ा आवश्यक अंग यह है कि शक्ति और शक्तिमान् में

कोई तात्विक भेद नहीं है, दोनों एक हैं ! चन्द्रमा ग्रौर चन्द्रिका की भाँति वे ग्रलग-ग्रलग प्रतीत होकर भी तत्त्वतः एक हैं—**ग्रन्तरं नैव जानीमश्चन्द्र-चन्द्रिकयोरिव**। परन्तु उपास्य शक्ति ही है। जो लोग इस विश्वास को ग्रपनी तर्कसम्मत सीमा तक खींचकर ले जाते हैं, वे शाक्त कहलाते हैं। जो शक्ति ग्रौर शक्तिमान् के एकत्व पर ग्रधिक जोर देते हैं, वे शाक्त नहीं कहलाते। मगर कहलाते हों या न कहलाते हों, शक्ति की उपास्यता पर विश्वास दोनों का है। जिन लोगों ने संसार की भरण-पोषण करनेवाली वैष्णवी शक्ति को मुख्य रूप से उपास्य माना है, उन्होंने उस ग्रादिभूता शक्ति का नाम 'महालक्ष्मी' स्वीकार किया है। दीपावली के पुण्य-पर्व पर इसी ग्राद्याशक्ति की पूजा होती है। देश के पूर्वी हिस्सों में इस दिन महाकाली की पूजा होती है। दोनों बातों में कोई विरोध नहीं है। केवल रुचि ग्रौर संस्कार के ग्रनुसार ग्राद्याशक्ति के विशिष्ट रूपों पर बल दिया जाता है। पूजा ग्राद्याशक्ति की ही होती है। मुझे यह ठीक-ठीक नहीं मालूम कि देश के किसी कोने में इस दिन महासरस्वती की पूजा होती है या नहीं। होती हो तो कुछ ग्रचरज की बात नहीं होगी। दीपावली का पर्व ग्राद्याशक्ति के विभिन्न रूपों के स्मरण का दिन है।

यह सारा दृश्यमान जगत् ज्ञान, इच्छा ग्रौर क्रिया के रूप में त्रिपुटीकृत है। ब्रह्म की मूल शक्ति में इन तीनों का सूक्ष्म रूप में ग्रवस्थान होगा। त्रिपुटीकृत जगत की मूल कारणभूता इस शक्ति को 'त्रिपुरा' भी कहा जाता है। ग्रारम्भ में जिसे महालक्ष्मी कहा गया है उससे यह ग्रभिन्न है। ज्ञान रूप में ग्रभिव्यक्त होने पर यह सत्त्वगुणप्रधान सरस्वती के रूप में, इच्छा रूप में रजोगुण-प्रधान लक्ष्मी के रूप में ग्रौर क्रिया रूप में तमोगुण-प्रधान काली के रूप में उपास्य होती है। लक्ष्मी इच्छा रूप में ग्रभिव्यक्त होती है। जो साधक लक्ष्मी रूप में ग्राद्याशक्ति की उपासना करते हैं, उनके चित्त में इच्छा तत्त्व की प्रधानता होती है, पर बाकी दो तत्त्व—ज्ञान ग्रौर क्रिया—भी उसमें सहायक होते हैं। इसीलिए लक्ष्मी की उपासना 'ज्ञानपूर्वा क्रियापरा' होती है, ग्रर्थात् वह ज्ञान द्वारा चालित ग्रौर क्रिया द्वारा ग्रनुगमित इच्छा-शक्ति की उपासना होती है। 'ज्ञानपूर्वा क्रियापरा' का मतलब है कि यद्यपि इच्छा-शक्ति ही मुख्यतया उपास्य है, पर पहले ज्ञान की सहायता ग्रौर बाद में क्रिया का समर्थन इसमें ग्रावश्यक है। यदि उल्टा हो जाये, ग्रर्थात् इच्छा-शक्ति की उपासना क्रियापूर्वा ग्रौर ज्ञानपरा हो जाये, तो उपासना का रूप बदल जाता है। पहली ग्रवस्था में उपास्या लक्ष्मी समस्त जगत् के उपकार के लिए होती है। उस लक्ष्मी का वाहन गरुड़ होता है। गरुड़ शक्ति, वेग ग्रौर

सेवावृत्ति का प्रतीक है । दूसरी अवस्था में उसका वाहन उल्लू होता है । उल्लू स्वार्थ, अन्धकारप्रियता और विच्छिन्नता का प्रतीक है । लक्ष्मी तभी उपास्य होकर भक्त को ठीक-ठीक कृतकृत्य करती है । तब उसके चित्त में सबके कल्याण की कामना रहती है । यदि केवल अपना स्वार्थ ही साधक के चित्त में प्रधान हो, तो वह उलूकवाहिनी शक्ति की ही कृपा पा सकता है । फिर तो वह तमोगुण का शिकार हो जाता है । उसकी उपासना लोककल्याण-मार्ग से विच्छिन्न होकर बन्ध्या हो जाती है । दीपावली प्रकाश का पर्व है । इस दिन जिस लक्ष्मी की पूजा होती है, वह गरुड़वाहिनी है—शक्ति, सेवा और गतिशीलता उसके मुख्य गुण हैं । प्रकाश और अन्धकार का नियत विरोध है । अमावस्या की रात को प्रयत्नपूर्वक लाख-लाख प्रदीपों को जलाकर हम लक्ष्मी के उलूकवाहिनी रूप की नहीं, गरुड़वाहिनी रूप की उपासना करते हैं । हम अन्धकार का, समाज से कटकर रहने का, स्वार्थपरता का प्रयत्नपूर्वक प्रत्याख्यान करते हैं और प्रकाश का, सामाजिकता का और सेवावृत्ति का आह्वान करते हैं । हमें भूलना न चाहिए कि यह उपासना ज्ञान द्वारा चालित और क्रिया द्वारा अनुगमित होकर ही सार्थक होती है—

सर्वस्याद्या महालक्ष्मीस्त्रिगुणा परमेश्वरी ।
लक्ष्यालक्ष्यस्वरूपा सा व्याप्य कृत्स्नं व्यवस्थिता ॥

प्राचीन भारत में मदनोत्सव

संस्कृत के किसी भी काव्य, नाटक, कथा और आख्यायिका को पढ़िए, वसन्त ऋतु का उत्सव उसमें किसी-न-किसी बहाने अवश्य आ जायेगा। कालिदास तो वसन्तोत्सव का बहाना ढूंढ़ते रहते-से लगते हैं। मेघदूत वर्षा ऋतु का काव्य है, पर यक्षप्रिया के उद्यान के वर्णन के प्रसंग में प्रिया के नूपुरयुक्त वामचरणों के मृदुल आघात से कंधे पर से फूट उठनेवाले अशोक और मुख-मदिरा से सिंचकर खिल उठने को लालायित वकुल की चर्चा उसमें आ ही गई है। वस्तुतः अशोक और वकुल को इस प्रकार खिला देने का उत्सव वसत में ही मनाया जाता था। वसन्त का समय प्राचीन भारत में उत्सवों का काल हुआ करता था। कामसूत्र में इस समय के कई उत्सवों की चर्चा आती है। इनमें दो बहुत प्रसिद्ध हैं —मदनोत्सव और सुवसन्तक। कामसूत्र के टीकाकार यशोधर ने दोनों को एक मान लिया है, पर अन्य ग्रंथों से स्पष्ट है कि ये दोनों उत्सव अलग-अलग दिनों को मनाए जाते थे। भोजदेव के अनुसार सुवसंतक वसंतावतार का उत्सव है—आजकल का वसन्तपंचमी का उत्सव। मदनोत्सव होली के रूप में आज भी पूरे उत्साह के साथ मनाया जाता है। वात्स्यायन के कामसूत्र में भी इसका उल्लेख है।

पुराने ग्रन्थों से पता चलता है कि फागुन से आरंभ करके चैत के महीने तक वसन्तोत्सव कई प्रकार से मनाया जाता था। इसके दो रूप बहुत प्रसिद्ध थे। एक सार्वजनिक धूम-धाम का और दूसरा कामदेव के पूजन का। सम्राट हर्षदेव की रत्नावली नाटिका में इन दोनों प्रकार के उत्सवों का बड़ा ही सरस और जीवन्त वर्णन मिलता है। उस दिन सारा नगर पुरवासियों की करतल ध्वनि, मधुर संगीत और मृदंग के मादक घोष से मुखरित हो उठता था।

नागर जन मदमत्त हो उठते थे। राजा अपने ऊँचे प्रासाद की सबसे ऊँची चन्द्रशाला में बैठकर नगरवासियों के आमोद-प्रमोद का रस लेते थे। नागरिकाएँ मधुमास से मत्त होकर सामने पड़ जानेवाले किसी भी पुरुष को पिचकारी (शृंगक) के रंगीन जल से सराबोर कर देती थीं। राज-मार्गों के चौराहों पर मर्दल नाम के ढोल और चर्चरी गीत की ध्वनियाँ मुखरित हो उठती थीं। सुगंधित पिष्टातक (अबीर) से दिशाएँ रंगीन हो उठती थीं। केशर मिश्रित पिष्टातक से राजपथ और प्रासाद इस प्रकार आच्छादित हो उठते थे कि प्रातःकालीन उषा की छाया का भ्रम होने लगता था। नागरजनों के शरीर पर शोभमान हेमालंकार और सिर पर धारण किए हुए अशोक के लाल-लाल फूल इस सुनहरी आभा को और भी बढ़ा देते थे। ऐसा जान पड़ता था कि कुबेर को भी अपनी समृद्धि से जीतने का दावा करनेवाली सारी नगरी सुनहरे रंग में डुबो दी गयी है—

कीर्णैःपिष्टातकौघैः कृतदिवसमुखैः कुंकुमस्नातगौरैः
हेमालंकारभाभिर्भरनमितशिखैः शेखरैः कैंकिरातैः।
एषा वेषाभिलक्ष्यस्वभवनविजिताशेषवित्तेशकोशा
कौशाम्बी शातकुम्भद्रवखचितजनेवैकपीता विभाति।

रत्नावलि—१.११

उस दिन बड़े घरों के सामने आँगन में फव्वारे पूरे वेग से छूटते रहते थे और नागरिकाओं की, अपनी पिचकारी में पानी भरने की उल्लास-लालसा को पूरा करने में सहायक हुआ करते थे। इस स्थान पर पौर-युवतियों के बराबर आते रहने से उनके सीमन्त के सिंदूर और कपोलों के अबीर झरते रहते थे और सारा फर्श लाल कीचड़ से भर जाता था, फर्श सिंदूरमय हो उठता था—

धारायंत्रविमुक्तसंततपयःपूरप्लुते सर्वतः
सद्यःसान्द्रविमर्दकर्दमकृतक्रीडे क्षणं प्रांगणे।
उद्दामप्रमदाकपोलनिपतत्सिन्दूररागारुणैः
सैन्दूरीक्रियते जनेन चरणन्यासैः पुरः कुट्टिमम्॥

मगर इस उत्सव का सर्वाधिक हुड़दंगी रूप वार-वनिताओं के मुहल्ले के वर्णन में मिलता है। निस्संदेह यह होली का पुराना रूप है।

इसके साथ ही इस उत्सव का एक शान्त स्निग्ध चित्र भी मिलता है। भवभूति के मालती-माधव नामक प्रकरण में एक मदनोत्सव का चित्र है। इससे पता चलता है कि मदनोद्यान—जो विशेष रूप से इस उत्सव के लिए

ही बनाया जाता था—इसका मुख्य केन्द्र हुआ करता था। इसमें कामदेव का मंदिर हुआ करता था। इसी उद्यान में नगर के स्त्री-पुरुष एकत्र होकर भगवान कन्दर्प की पूजा करते थे। यहाँ पर लोग अपनी-अपनी इच्छा के अनुसार फूल चुनते, माला बनाते, अबीर-कुंकुम से क्रीड़ा करते और नृत्य-गीत आदि से मनोविनोद किया करते थे। इस मंदिर में प्रतिष्ठित परिवारों की कन्याएँ भी पूजनार्थ आया करती थीं और मदन देवता की पूजा करके मनोवांछित वर की प्रार्थना करती थीं। जनता की भीड़ प्रातःकाल से ही शुरू हो जाती थी और संध्याकाल तक अबाध गति से आती रहती थी। मालती-माधव से पता चलता है कि अमात्य भूरिवसु की कन्या मालती भी इस उद्यान में कन्दर्प-पूजन के लिए आई थी। इस पूजन में धार्मिक बुद्धि की प्रधानता होती थी और शोरगुल और हुड़दंग का नाम भी नहीं था। यह मंदिर नगर के बाहर हुआ करता था।

मदन देवता की एक पूजा चैत्र के महीने में होती थी। अशोक वृक्ष के नीचे मिट्टी का कलश स्थापित किया जाता था। सफेद चावल भरे जाते थे। फलों और ईख का रस इस पूजा में नैवेद्य थे। कलश को सफेद वस्त्र से ढका जाता था। चन्दन भी उस पर सफेद ही छिड़का जाता था। कलश के ऊपर ताम्र पत्र पर केले के पत्ते रखे जाते थे, जिस पर कामदेव और रति की प्रतिमा उतारी जाती थी और नाना भाँति के गंध, धूप, नृत्य, गीत आदि से देवताओं को तृप्त किया जाता था। यह मत्स्यपुराण की बात है। इसके दूसरे दिन चैत्र शुक्ल त्रयोदशी को भी पूजा होती थी। लोग व्रत रखते थे।

शिल्परत्न, विष्णुधर्मोत्तर पुराण आदि ग्रन्थों में कामदेव की प्रतिमा बनाने की विधियाँ दी गई है। विष्णुधर्मोत्तर के अनुसार उसके आठ भुज हैं, चार पत्नियाँ; परन्तु शिल्परत्न में केवल यही कहा गया है कि वह अपूर्व सुन्दर हो और उसकी बायीं ओर अभिलाषवती रति और दाहिनी ओर गृहकर्म-निरता प्रीति, ये दो पत्नियाँ हों। स्थायी मंदिरों में दोनों प्रकार की मूर्तियाँ बनती थीं, पर अशोक वृक्ष के नीचे जो मूर्ति बनती थी वह द्विभुज ही होती होगी। रत्नावली नाटक में राजा को अशोक वृक्ष के नीचे बैठा देखकर रत्नावली को भ्रम हो गया था कि कामदेव साक्षात् आकर पूजा ग्रहण करते हैं।

कालिदास के मालविकाग्निमित्र और श्री हर्षदेव की रत्नावली में इस उत्सव के सर्वाधिक सरस अनुष्ठान, अशोक में पुष्प ले आने का विवरण मिल जाता है। भोजराज और श्री हर्षदेव की गवाही पर कहा जा सकता है कि उस दिन सुन्दरियाँ कुसुंभी रंग की साड़ी पहनती थीं। तुरन्त स्नान करने

से रानी वासवदत्ता की शरीर-कान्ति और भी निखर आई थी, वह कौसुंभ-राग से रंजित साड़ी पहनकर जब अशोक वृक्ष के नीचे कामदेव की पूजा कर रही थी तो उसकी साड़ी का लाल पल्ला फड़फड़ा उठा था। उस समय राजा को ऐसा लगा था, जैसे तरुण प्रवाल विटप की लता ही लहरा उठी हो—

प्रत्यग्रमज्जनविशेषविविक्तकान्तिः
कौसुम्भरागरुचिरस्फुरदंशुकान्ता।
विभ्राजसे मकरकेतनमर्च्चयन्ती
बालप्रवालविटपिप्रभवा लतेव।

मालविकाग्नि मित्र से पता चलता है कि मदन देवता की पूजा के बाद ही अशोक में फूल खिला देने का अनुष्ठान होता था। रत्नावली में भी इसकी चर्चा है। इस अनुष्ठान का रूप इस प्रकार था—कोई सुन्दरी सर्वाभरण-भूषिता होकर, पैरों को अलक्तकराग से रंजित करके, नूपुर सहित बायें चरण से अशोक वृक्ष पर आघात करती थी। इधर नूपुरों की हल्की झनझनाहट, उधर अशोक का सोल्लास कंधे पर से ही फूल उठना। साधारणतः रानी यह कार्य करती थी। पर मालविकाग्निमित्र में बताया गया है कि उस रानी के पैरों में चोट आ गई थी, इसलिए उन्होंने मालविका को भेज दिया था। मालविका अशोक वृक्ष के पास गई, पल्लवों का गुच्छा हाथ से पकड़ा और बायें पैर से अशोक पर मृदु आघात किया। कालिदास की लेखनी ने इस मादक चित्र को अपूर्व गरिमा से भर दिया है।

परब्रह्म की उस मानसिक इच्छा का, जो संसार की सृष्टि में प्रवृत्त होती है, मूर्तरूप ही 'काम' है। जब यह सृष्टि रचना के अनुकूल होती है तो विष्णु और शिव का साक्षात् रूप कही जाती है। गीता में श्री कृष्ण ने कहा है कि मैं जीवमात्र में धर्म के अविरुद्ध रहने वाला 'काम' हूँ, परन्तु जो व्यक्तिगत इच्छा धर्म के विरुद्ध जाती है, वह अपदेवता है। काम का एक रूप धर्म के अविरुद्ध जाने वाला है, दूसरा धर्म के विरुद्ध जाने वाला। पहला साक्षात् विष्णु रूप है। ब्रह्मसंहिता में कहा गया है कि जो आनन्द और चेतनामय रस से मन को भरता है, प्राणियों के मन में 'स्मर' या 'काम' रूप से प्रतिफलित होता है और इस प्रकार अशेष भुवनों को जीतकर नित्य विराजमान है, उस आदि-पुरुष गोविन्द को मैं स्मरण करता हूँ (४६)। मत्स्यपुराण में 'कामनाम्ना हरेरर्चा' कहकर बताया गया है कि वस्तुतः 'काम' नामक हरि की ही पूजा की जाती है। इसलिए मंदिर और मूर्ति बनाकर जिस देवता की पूजा की जाती है, वह साक्षात् विष्णु ही हैं। श्री कृष्ण गायत्री और काम गायत्री में कोई फर्क

नहीं है।

परन्तु इसका एक दूसरा रूप भी है, जो व्यक्ति के विवेक को दबा देता है। पश्चिम में 'किउपिद्' नामक देवता (या अपदेवता) को अंधा माना गया है, क्योंकि वह विवेक को नष्ट करता है, मनुष्य को अंधा बना देता है। शिव ने इसी मादक मदन देवता को भस्म किया था। उसके भावात्मक 'मनसिज' रूप को बचा लिया था। यह आश्चर्य की बात है कि हमारे शास्त्रों में वार-वनिताओं के लिए जिस मदन-मूर्ति का विधान किया गया है, उसकी आँखों पर सोने के पत्तर की पट्टी बँधवा दी जाती है! 'किउपिद्' देवता की तरह उसे अंधा तो नहीं कहा गया, पर अंधे-जैसा बना अवश्य दिया गया है। 'हैमनेत्र परावृतम्' में पट्टी सोने की होने पर भी दृष्टि शक्ति का अभाव तो हो ही जायेगा। कामदेव वसन्त ऋतु का मित्र है। परन्तु कुमारसंभव में वर्णित वसंत अकाल का वसंत है; अस्वाभाविक, बलादानीत, अपदेवता ! शिव ने इसी को ज्ञान के नेत्र उन्मीलित करके भस्म किया था।

शास्त्रों में काम के बाण और धनुष फूलों के बताये गये हैं। अरविंद, अशोक, आम, नवमल्लिका और नीलोत्पल, ये उसके पाँच बाण हैं, जिन्हें क्रमश: उन्मादन, तापन, शोषण, स्तंभन और सम्मोहन भी कहा गया है।

संसार की लगभग सभी सभ्य आदिम जातियों में वसन्तकाल में उद्दाम यौवनोन्माद के उत्सव पाये जाते हैं। कहीं-कहीं ये उत्सव बहुत ही स्थूल यौन-वासना के रूप में पाये जाते हैं, कहीं संयत और सुरुचिपूर्ण रूप में। प्राचीन भारत में इस उत्सव के उद्दाम रूप को संयत, सुरुचिपूर्ण और धर्माविरुद्ध देवता के रूप में सँवारने का सफल प्रयत्न किया गया था। अपेक्षाकृत निम्न स्तर के लोगों में सदा वह सीमातिक्रमण करके प्रकट होता रहा और दुर्भाग्यवश अब भी किसी-न-किसी रूप में जी रहा है, परन्तु इस सहज उद्दाम लीला को शान्त, संयत और शिष्ट रूप में ढालने का प्रयत्न अवश्य ही श्लाध्य माना जायेगा। आदिम सहजात वृत्तियों को सुरुचिपूर्ण, संयत और कल्याणमुखी बनाकर ही मनुष्य 'मनुष्य' बना है, नहीं तो वह पशु ही रह गया होता। प्राचीन भारत के मदनोत्सव में मनुष्य के इस प्रयत्नशील तत्व की ही चरितार्थता प्राप्त होती है।

हिमालय [१]

रामायण और महाभारत हमारी सभ्यता और संस्कृति के अक्षय भण्डार हैं। इन ग्रंथों में देवतात्मा नगाधिराज हिमालय की चर्चा अनेक रूपों में पाई जाती है। इस पर्वत के प्रत्येक शिखर, प्रत्येक नदी, प्रत्येक सरोवर के विषय में और उन के इर्द-गिर्द रहने वाली जातियों के विषय में ब्यौरेवार चर्चा है। ऐसा जान पड़ता है कि हमारे पूर्वज इन विषयों के संबंध में हम से कहीं अधिक स्पष्ट और सच्ची जानकारी रखते थे। यह भी जान पड़ता है कि भारतीय जनता—जिसे कविवर रवीन्द्रनाथ ठाकुर ने महामानव समुद्र कहा है—इन हिमालय वासी लोगों के बहुतेरे वंशधरों को अपने भीतर आत्मसात् कर चुकी है। हिमालय में बसने वाली जातियों के संबंध में महाभारत और रामायण में बड़ी प्रीत भावना का परिचय मिलता है। उन्हें देवयोनी का जीव माना गया है। उनके शील और कलाप्रियता की प्रशंसा की गई है, उनके शौर्य की उच्छ्वसित प्रशंसा की गई है और मलेच्छ-असुर आदि विदेशियों की तुलना में अधिक धर्म-परायण और आत्मीय समझा गया है। कभी-कभी इन जातियों के साथ मैदान के रहने वालों का संघर्ष भी बताया गया है, पर अधिकतर ये जातियाँ सहायक और मित्र के रूप में चित्रित हैं। इन जातियों के वंशधर भारतीय मैदान में उच्च-कुलीन क्षत्रिय राजवंश के रूप में सम्मानित हुए हैं और भारतीय धर्म और संस्कृति के पुरस्कर्ता और रक्षक बताये गए हैं। वस्तुतः हिमालय पर्वत की विभिन्न उप-त्यकाओं में बसनेवाली जातियाँ सदा आत्मीय समझी गई हैं। इनके सम्बन्ध में जो बहुत-सी पौराणिक लगनेवाली अनुश्रुतियाँ मिलती हैं वे कुछ तो उन्हीं जातियों में प्रचलित कथाओं का भारतीय रूपान्तर हैं और कुछ उनके प्रति प्रीतिभाव के अतिरेक के कारण गढ़ ली गई हैं। ज्यों-ज्यों विद्वानों का अनु-

संधान इस दिशा में अग्रसर होता जा रहा है, त्यों-त्यों हमारे पूर्वजों की जानकारी आश्चर्यचकित करनेवाली सिद्ध हो रही है।

रामायण की कथा अयोध्या से चलकर लंका की ओर बढ़ती है। स्वभावतः वह भारत के मध्य देश और सुदूर दक्षिण के प्रदेशों से अधिक सम्बद्ध है। पर किसी-न-किसी बहाने हिमालय उसमें आता ही रहता है। परन्तु महाभारत की कथा उत्तर भारत की कथा ही है। पश्चिम से पूर्व तक फैले हुए हिमालय की चर्चा इस ग्रन्थ में अनेक बार आई है। वस्तुतः चन्द्र वंश की कहानी का आरम्भ ही हिमालय से होता है। पश्चिमी, पूर्वी और मध्य हिमालय के स्थानों और जातियों का इसमें बहुत विस्तृत और विश्वसनीय विवरण प्राप्त होता है जो चीनी और अरबी यात्रियों के विवरणों और तत् स्थानों से प्राप्त होने वाली परम्पराओं से विचित्र मेल रखता है। रामायण और महाभारत में हिमालय के उत्तर में स्थित देशों और जातियों की भी चर्चा है और आधुनिक अनुसंधानों से सिद्ध हो रहा है कि विश्वसनीय भी है। दुर्भाग्यवश साधारण जनता अभी तक इन कहानियों को उचित ऐतिहासिक परिपार्श्व में रखकर देखने की दृष्टि नहीं पा सकी है और या तो उन्हें देवताओं की कहानी मानती है या पौराणिकों की कपोल कल्पना। ठीक ऐतिहासिक परिपार्श्व में समझने का प्रयत्न किया जाए तो जान पड़ेगा कि हिमालय ने हमें कितना दिया है। केवल नदियों और अन्य भौतिक समृद्धियों के कारण ही हम उसे अपनी अमूल्य निधि नहीं मानते, उसने भारतीय धर्म, संस्कृति और जनता को अद्भुत ढंग से प्रभावित किया है। वह हमारे अन्तरतर के साथ एकमेक है। वह हमारा प्रहरी नहीं है, हमारी अन्तरात्मा का अभिन्न अंग भी है। वह शिव-पार्वती की विहार-भूमि है, नर-नारायण की तपोभूमि है, यक्ष-किन्नर-गन्धर्व-विद्या धरों का निवास है। सहस्र-सहस्र ऋषि-मुनियों की आश्रम-भूमि है, गंगा-यमुना-ब्रह्मपुत्र-सिन्ध-सरस्वती की उद्गम भूमि है। इस छोटी-सी वार्ता में नगाधिराज हिमालय की महिमा और हमारी संस्कृति से उसके अविच्छेद्य पवित्र संबंधों का महत्व दिखाना असम्भव है। यहाँ कुछ थोड़ी-सी बातों की चर्चा करके ही सन्तोष करना पड़ेगा।

भारतवर्ष की सती नारियों का आदर सारा संसार करता है। क्या कारण है कि भारतीय नारी की मर्यादा उसका सतीत्व तेज और उत्तम चरित्र इतना लोकमानीय है? पार्वती और सीता का भुवनविश्रुत लोकभावन आदर्श। पार्वती तो नाम से ही प्रकट है कि पर्वत-कन्या है। हिमालय की पुत्री पार्वती का नाम ही नारी चरित्र की सम्पूर्ण शोभा, गरिमा, माधुर्य और पवित्रता की याद दिलाता है। रामायण के बालकांड में बताया गया है कि हिमालय की दो

कन्याएँ—पार्वती और गंगा—किस प्रकार इस पवित्र भारत-भूमि को भीतर और बाहर से पवित्र कर रही हैं। वहीं यह भी बताया गया है कि किस प्रकार गंगा की सात धाराएँ, तीन पश्चिम की ओर, तीन पूर्व की ओर और एक मध्य देश को पवित्र और समृद्ध बनाती हैं। गंगा वस्तुतः भारत की सभी नदियों का नाम है। मध्य देश की गंगा वह मूल स्रोत है जो भगीरथ राजा की अक्लान्त तपस्या से धरती पर उतरा है। हिमालय की यह देन किसी प्रकार भारतीय भूमि और भारतीय जनचित्त से अलग नहीं की जा सकती। पार्वती का एक नाम उमा में जो उपनिषद् काल से ही प्रसिद्ध है। आधुनिक खोजों से पता चला है कि यह शब्द हिमालय पर बसने वाली महान् खस जाति की भाषा से आया है। कोई आश्चर्य नहीं कि कामरूप से गान्धार तक फैले हुए पर्वतीय प्रदेश शिव की शक्तिभूता पार्वती देवी की उपासना का सर्वाधिक महत्वपूर्ण केन्द्र है। सारी हिमालय भूमि अनादि काल से शाक्त केन्द्र रही है। तपोनिरता कुमारी पार्वती ने अगस्त्य मुनि की प्रार्थना पर कैलास से कुमारी अन्तरीप तक पैदल यात्रा की थी इसलिए पुराणों में भारतवर्ष की इस भूमि का नाम ही कुमारी का द्वीप बताया गया है और गर्वपूर्वक घोषणा की गई है कि तपोनिरता पार्वती के पवित्र पदसंचार से पावनीकृत इस भूमि में ही वर्ण-व्यवस्था है। इसके बाहर तो अन्त्यजों का, बाद में उत्पन्न होनेवाले पिछड़े हुए असंस्कृत लोगों का निवास है। भास्कराचार्य ने पुराणों की सारी कथा का उपसंहार एक पंक्ति में कर दिया है—वर्णव्यवस्थितिरिहैव कुमारिकाख्ये शेषेषु चान्त्यज जना निवसन्ती सर्वे। इस प्रकार पार्वती और गंगा हमारे अस्तित्व का ही मेरुदण्ड हैं। हमारे भीतर और बाहर जो कुछ उत्तम है, जो कुछ सुन्दर है, जो कुछ पवित्र है उसको प्रतीक रूप में पार्वती और गंगा व्यक्त करती हैं।

और विदेहराज दुहिता सीता ? रामायण और महाभारत दोनों में पतित पावनी सीता देवी का यश गाया गया है। कम लोग जानते हैं विदेह देश भारतीय मैदान तक ही सीमित नहीं था। आधुनिक खोजों से बौद्धग्रंथ के उस उल्लेख का समर्थन हुआ है जिसमें बताया गया है कि मेरू के पूर्व में पूर्व-विदेह नामक देश था। डा० बुद्धप्रकाश ने हाल ही में पूर्व-विदेह की स्थिति पर अच्छा प्रकाश डाला है। किष्किन्धाकाण्ड में सुग्रीव ने बानरों को सीता की खोज के लिये विभिन्न स्थानों में जाने को कहा था, उसमें हिमालय के विभिन्न स्थानों और जातियों के नाम गिनाये हैं। उसमें यामुन पर्वत का उल्लेख है। लेवी पुराने अभिलेखों से इस नतीजे पर पहुँचे थे कि यामुन पर्वत बाद का रूप है, पुराना शब्द अमून था। अमून आधुनिक मुननांग का ही संस्कृत रूप है। यह आजकल

चीनी शासन के अन्तर्गत है। यहीं पूर्व-विदेह था जिसे बाद में गान्धार कहा जाने लगा। फजलुल्लाह रसीदुद्दीन अबुलखैर ने इस कंदाहार (पूर्वी गान्धार) को हिन्दू राज्य के रूप में पाया था और इसकी गज सेना की बड़ी प्रशंसा की थी। चीनी इतिहासकारों की गवाही से और वहाँ के ध्वंसावशेषों से भी इस बात का समर्थन होता है। ईसा मसीह के तीन सौ वर्ष से भी पहले से यह पूर्व-विदेह चला आ रहा था। बारहवीं शताब्दी तक इसका इतिहास अटूट रहा है। किसी जमाने में यह हिन्दू राज्य आसाम और मिथिला तक फैला हुआ था। रामायण में विशाला नगरी (बाद की वैशाली) विदेह राजा विशाल द्वारा स्थापित बताई गई है। अमून या यामुन पर्वत के इर्द-गिर्द बसा पूर्व-विदेह (बाद में पूर्वगांधार) सैकड़ों वर्ष तक मूलभूमि से विच्छिन्न होकर भी चीनी सेना का सफल प्रतिरोध करता रहा। यहाँ से अनेक बौद्ध लेखों और पगोडाओं का उद्धार हुआ है। हमारी गफ़लत से यह अति प्राचीन विदेह भूमि अपरिचित बन गई है। विदेह हिमालय के समूचे पूर्वी छोर के अधिकारी थे। हमारी संस्कृति की आदर्श प्रतिमा वैदेही विदेहराज की कन्या थीं। चीनी सूत्रों से विदेह का मिथिला नाम भी मिल जाता है। इस प्रकार वैदेही सीता का संबंध भी हिमालय से जुड़ता है।

हिमालय की किरात जातियों का इतिहास भी महाभारत और रामायण से मिल जाता है। शिव के उपासक किरातों की चर्चा महाभारत में बहुत है। किरातों और चीनों को महाभारत में साथ-साथ गिनाया गया है। वस्तुतः चीनों को किरात ही भारतभूमि से अलग करते थे, उनकी मध्यस्थता में ही चीनों का सम्पर्क भारतभूमि से होता था। ऐसा जान पड़ता है कि चीन लोग पूर्व-सीमान्त (प्राग्ज्योतिषपुर) से ही भारत पहुँचते थे। उन्हें पूर्व की जातियों में ही गिना जाता था। उनके चीनांशुक या रेशम का काम भारतवर्ष में पसंद किया जाता था और भारतीय सम्राटों के अभिषेक के समय चीनजाति के प्रतिनिधियों द्वारा भेंट किया जाता था। महाभारत में चीनों के साथ गांधारों की जो चर्चा आती है वह कदाचित् पूर्व-विदेह के निवासी रहे हैं—यवना किराता गान्धाराश्चीनाः शर्वरवर्बराः (१२-६५-१४)। वनपर्व में हिमालय के कोने-कोने में बसनेवाली जातियों की चर्चा है। किरातों को महाभारत में नुकीली चोटी वाले, सोने के रंग के, कच्चा मांस और मछली खानेवाले और बहादुर बताया गया है। सभा पर्व में भी इसका उल्लेख है। इसी प्रकार तुषारों, ऋचीकों, विद्याधरों, किन्नरों, खस्ते, काम्बोदों आदि का विस्तारपूर्वक उल्लेख है। इनके साथ विवाह आदि के संबंधों की बड़ी रोचक कहानियाँ इन काव्यों में पाई जाती हैं। भारतीय महाजाति के निर्माण में, व्रत-उपासना और धार्मिक चेतना

के निर्माण में इन जातियों की महत्त्वपूर्ण देन है। भारतवर्ष के महामानवसमुद्र को रूप देने में इन जातियों का बहुत महत्त्वपूर्ण योग है। इनका संबंध इस देश का आत्मीय संबंध है। गन्धर्वों, किन्नरों, विद्याधरों और अन्य पार्वत्य जातियों की चर्चा से हमारे दोनों महाकाव्य प्रखर हैं। इनका कला-प्रेम, संगीत-प्रेम और अपेक्षाकृत स्वच्छंद जीवन भारतीय संस्कृति का अभिन्न अंग बन गए हैं। संगीत को तो गन्धर्ववेद ही कह दिया गया है। हिमालय के विभिन्न भागों में बसी हुई जातियों की परम्पराओं के सम्यक् अध्ययन से हमारे इतिहास की अनेक गुत्थियों के सुलझने की आशा है। इस समय आवश्यकता है सत्य-जिज्ञासु विद्वान शोधकों की। इस ओर अभी तक हमारे विद्वानों का यथोचित ध्यान नहीं गया है। सरकार को भी इस दिशा में अधिक प्रयत्नशील होना है। हिमालय हमारी संस्कृति का ही नहीं, हमारे अस्तित्व का भी मेरुदण्ड है। इस विषय में हमारे पूर्वज जितने जागरूक थे उतने हम नहीं हैं।

हिमालय की महिमा अपार है। उसे रामायण और महाभारत में अप्रधर्ष्व माना गया है। एक बार कैलास को जीतने की दुराकांक्षा रावण के मन में आई थी। उसने यक्षों और गंधर्वों को जीतकर कैलास पर जोर आजमाने की हिम्मत की थी। नंदी के मना करने पर भी वह नहीं रुका। नन्दी ने कहा था—सर्वेस्वामेव भूतानामगम्यः पर्वत कृतः—यह पर्वत सर्वभूत के लिये अगम्य बताया गया है। रावण नहीं माना। उसने हिमालय के सर्वोत्तम शृंग कैलास को उठा लेने की कोशिश की। क्षण भर के लिये कैलास डगमगा गया। पर क्षण भर के लिये ही। महादेव ने अपने पादांगुष्ठ से—पैर के अँगूठे से उसे दबाया और फिर त्रैलोक्य काँप उठा। महादेव ने तो उसे गिड़गिड़ाते देख माफ कर दिया पर नन्दी का शाप उसे खा गया। मदमत्त रावण को बानर-भालुओं की सेना चाट गई। जिस किसी ने इस गिरिराज को मदमत्त होकर हिलाने का प्रयत्न किया उसी की यही दशा हुई है। आज भी मदगर्वित सेनानियों को कहा जा सकता है कि साव-धान, चट्टान पर सिर न मारो, रावण की गति को न प्राप्त हो।

हिमालय देवभूमि है। कालिदास ने शिव से पार्वती के प्रति कहलवाया था—पितु-प्रदेश स्ताव देवभूमयः। तुम्हारे पिता (हिमालय) के प्रदेश देवभूमि हैं। यह केवल पवित्रता के कारण ही नहीं कहा गया है। वस्तुतः हिमालय से भारतवर्ष को अनेक प्रकार के रत्न प्राप्त होते रहे हैं। वाल्मीकि रामायण में हिमालय को धातुओं की खान कहा गया है···शैलेन्द्रो हिमवान्ताम् धातूनामा-करो महान् (बालक ३६-१३) इसी बात को कालिदास ने 'अनेक रत्न प्रभव' कहकर दोहराया है। हमारे पुराने ग्रन्थों में हिमालय के विविध रत्नों के खानों

की चर्चा मिलती है। स्वयं वाल्मीकि रामायण में जादूनद (सोना), चाँदी, सीसा, ताम्बा, काला लोहा आदि के मिलने की चर्चा है (बाल० ३७)।

इस प्रकार हिमालय हमारी भौतिक और आध्यात्मिक समृद्धि का उत्स माना जाता रहा है। हिमालय को भारतीय साहित्य और इतिहास से हटा दिया गया तो वह बहुत निष्प्राण हो जाएगा। हिमालय हमारा प्रहरी है, देवभूमि है, रत्नखानि है, इतिहास-विधाता है, संस्कृति-मेरुदण्ड है।

हिमालय [२]

भारतीय साहित्य में हिमालय की बड़ी महिमा है। हिमालय को कविकुल-गुरु कालिदास ने 'देवतात्मा' कहा है। भारतीय साहित्य इस 'देवतात्मा' की महिमा से मुखर है। एक बार भारतवर्ष के रक्षात्मक साहित्य से उन उपकरणों को हटा दीजिए जो इस देवतात्मा नगाधिराज के प्रसाद रूप में हमें प्राप्त हैं और देखिए कि वह कितना अकिंचन हो जाता है। आपको ऐसा करते समय हिमालय-दुहिता पार्वती को खो देना पड़ेगा जो भारतीय नारी का आदर्श हैं, सतीत्व की मर्यादा हैं, तपस्या का मूर्तिमान विग्रह हैं और पातिव्रत की विजयध्वजा हैं। आपको गंगा को, यमुना को, सरयू को, ब्रह्मपुत्र को, और न जाने कितनी नदियों को भुला देना पड़ेगा जो हमारे जीवन को सरस, पवित्र और आनन्दोल्लसित कर रही हैं, अन्य गंधर्व, यक्ष, किन्नर, सिद्ध, विद्याधर और देवयोनि-जात विचित्र रसपोषक तत्त्वों से वंचित रह जायेंगे जो हमारे कवियों और कथाकारों को सरस अभिप्रायों को सुलभ किया करते हैं और उचित अवसरों पर विचित्र उपादानों से साहित्य और शिल्प को समृद्ध करते रहते हैं। तब आपके हाथ में रसहीन, वैचित्र्य-वंचित एक ऐसा मरुकान्तार रह जाएगा, जहाँ मानसरोवर की धवल तरंगों में विलास करने वाले स्वर्ण कमलों के कषाय अंकुर को कुतरने वाले राज-हंस लापता हैं, कर्तकंकार से वर्षा-काल को कोलाहल-मुखर करनेवाले क्रौंच-युगलों का अभाव है; असिंचित-नूपुर वाम चरणों के आघात के शौकीन झबरीले स्तवकों वाले अशोक पुष्प का चिह्न नहीं है; और वे सैकड़ों महर्षि-रत्न गायब हैं जो अलंकरण को बहुमूल्य और प्रकरण को अमूल्य बना देते हैं। हिमालय के प्रसाद से वंचित भारतीय साहित्य में काम्यक वन नहीं होगा, कनकपुरी गायब हो जायगी, कैलास और

कामाख्या-पीठ निकल जाएँगे, कदलीवन लुप्त हो जायगा, सौंदर्य, शालीनता ग्रौर सौकुमार्य के केन्द्र तिरोहित हो जायेंगे। जिन तत्वों ने हमारे साहित्य को अपूर्व रस-सामग्री से मंडित किया है ग्रौर हमारे चित्त को अजाने उल्लास से अकारण कंपित, ग्रालोड़ित बनाया है वे हिमालय की कृपा से ही प्राप्त हैं। उनके अभाव में साहित्य नीरस हो जाएगा, शिल्प वीरान हो जाएगा, ललित कलाएँ विकलांग बन जाएँगी।

कालिदास ने कहा है कि हिमालय पृथ्वी के मानदंड-समान स्थित है। मानदंड भी कैसा? पूर्व ग्रौर पश्चिम समुद्र—महोदधि ग्रौर रत्नाकर—का दोनों किनारों से अवगाहन करके विराजमान। हिमालय का यह बहुत ही उत्तम ग्रौर सटीक परिचय है। भारतवर्ष की उत्तरी सीमा पर वह छाया हुग्रा है। एक ग्रोर वह अरब समुद्र या रत्नाकर के उत्तरी तट को स्पर्श करता है ग्रौर दूसरी ग्रोर ग्रासाम, मणिपुर ग्रौर त्रिपुरा को अपनी छत्रछाया में समेटता हुग्रा पूर्व समुद्र या महोदधि में निमज्जित होता है। इस प्रकार पृथ्वी को वह दो टुकड़ों में बाँट देता है। भारतीय विचारक इसे केवल जड़ धरित्री-खण्ड का विभाजन-मात्र नहीं मानते। इस विराट मानदंड ने मनुष्य के शील ग्रौर ग्राचार-विचार का भी स्पष्ट भेद कर डाला है। हिमालय रूपी मानदंड को यदि ग्राधार मान लिया जाए, तो एक त्रिकोण महादेश बनता है, जिसका शीर्ष-बिन्दु कुमारिका अन्तरीप है। इस त्रिकोण भू-खण्ड को कुमारिका खण्ड कहते हैं। प्रसिद्ध है कि जब हिमालय पर्वत की कन्या पार्वती शिव को वर रूप में प्राप्त करने के लिये कैलास पर विकट तपस्या कर रही थीं, उस समय सुदूर दक्षिण से अगस्त्य मुनि उनके पास पहुँचे ग्रौर प्रार्थना की कि भगवति, ग्रापके पवित्र पद-संचार से हिमालय की यह देव-भूमि पवित्र हो गई है परन्तु मैदान ग्रौर विंध्यशृंखला के दक्षिण के प्रदेश इन चरणों के स्पर्श से वंचित रह गए हैं। तपोनिरता कुमारी पार्वती ने अगस्त्य की प्रार्थना स्वीकार की ग्रौर उसी अवस्था में नीचे की भूमि में उतर ग्राईं। कुछ दिनों तक इस त्रिकोण के अन्तिम छोर पर उन्होंने तप भी किया। उनके पवित्र चरणों से वह सारी त्रिकोण भूमि पवित्र हो गई। यहाँ के स्त्री-पुरुष तप की महिमा के कायल हुए, इनमें शील ग्रौर ग्राचार धर्म की प्रतिष्ठा हुई। इसीलिए त्रिकोण भूमि—ग्राज का भारतवर्ष—कुमारिका खण्ड कहलाया। इसीलिए, सिर्फ इसी पवित्र भूमि में वर्ण-व्यवस्था विशुद्ध रूप में प्राप्त होती है। जहाँ हिमालय-दुहिता कुमारी पार्वती के पवित्र चरण नहीं गये वहाँ वर्णाश्रम धर्म ग्रौर उसकी महत्त्वपूर्ण परम्परा भी नहीं चल पाई। उन्हीं चरणों के स्पर्श का यह फल है कि इस कुमारिका खण्ड में शील

और आचार की मर्यादा को महत्त्व प्राप्त हुआ। जो वंचित रह गये, सो रह ही गये।

स्पष्ट ही इस कथा में यह बताने का प्रयत्न किया गया है कि हिमालय की ही यह देन है कि यह देश संसार के अन्य देशों की तुलना में शील और आचार के मामले में विशिष्ट हो गया है, यह मनुष्य के जन्म और कर्म की—पुनर्जन्म और कर्म-फल की स्वीकृत महिमा है। जो जैसा करता है उसका फल उसे भोगना पड़ता है। इस कठिन नियम से देवता भी परित्राण नहीं पा सकते। सचमुच ही हिमालय ने केवल इस देश के मैदानों को ही शस्य-श्यामल नहीं बनाया है; केवल इसकी भौतिक सम्पत्ति को ही रत्नों और महौषधियों से समृद्ध नहीं बनाया है बल्कि इसके अन्तरतर को भी प्रभावित किया है। इस नगाधिराज को पृथ्वी का मानदंड कहना उचित ही हुआ है।

इस अन्तरतर को प्रभावित करने का ही यह परिणाम है कि भारतवर्ष ने शिल्प-साहित्य और दर्शन के क्षेत्र में ऐसा बेजोड़ वाङ्मय दिया है जो सब प्रकार से उसका अपना है। हमारे सहस्रों वर्ष के इतिहास में जो काव्य, नाटक, कथा, आख्यायिका, इतिहास, पुराण और दर्शन लिखे गये हैं उनका मूल स्वर जन्म और कर्म के विशिष्ट सिद्धान्तों से प्रभावित है। ऊपरी विभेदों और वैचित्र्यों के रहते हुए भी उनमें एक ऐसा सर्वमान्य सूत्र प्रोत है कि मामूली ढंग से विचार करनेवाला भी आसानी से कह सकता है कि यह वस्तु भारतीय है और यह भारतीय नहीं है। भारतीय काव्य, नाटक, संगीत, नृत्य आदि ललित मनोहर शिल्प कैलासवासी शिव और उनकी चिरसंगिनी हिमालय-दुहिता पार्वती के ऋणी हैं। फिर बचा क्या है जो यहाँ से प्रेरित और चालित न हो?

हिमालय भारतीय साहित्य के उस महान संदेश की प्रेरणा-भूमि है जो भोग नहीं त्याग देता है, जड़ शरीर विकारों को नहीं, अंतरतर की ऊर्ध्वमुखी शम भावना को प्रतिष्ठित करता है, मानसपटल पर उत्थित होनेवाली चंचल तरंग-माला का नहीं, गुहाहित गट्टोष्ठं तत्त्व की अविचल स्थिति का गुणगान करता है। इस महिमामय जीवन दर्शन को किसी समृद्धशाली नगर की शान-शौकत से प्रेरणा नहीं मिली है। मिली है तो हिमालय की कंदराओं और दरी गुहाओं में तपोनिरत ऋषियों से। हिमालय में विराजमान मन्दाकिनी के सीकर निर्झरों की गोद में पले हुए आश्रम, देवदारु द्रुम मंजरियों की सुरभि से सिक्त सरिताओं के तट प्रदेश और निस्तब्ध भाव से विचरण करनेवाले कृष्णसार मृगों से अध्युषित तपोवन हमारी समस्त रसमय संपत्ति के प्रेरणास्रोत हैं। सहस्रों वर्षों से इन केन्द्रों ने भारतीय साहित्य, शिल्प, नृत्य, गीत, नाटक,

अभिनय आदि को प्रेरित, चालित और आन्दोलित किया है।

हिमालय केवल पृथ्वी का मानदंड ही नहीं है, वह हमारी अनादि काल से चली आती हुई सांस्कृतिक परम्परा की उत्स-भूमि है; भारतवर्ष का जो कुछ श्रेष्ठ है, महान है, गौरवास्पद है, उसका आश्रय है। हिमालय-हीन भारतवर्ष उसी प्रकार हो जाएगा जैसा मस्तिष्कहीन मनुष्य। हिमालय हमारा अविच्छेद्य अंग है, ऐसा अंग जो हमारी समस्त सत्ता का भण्डार संचित रखे है।

कालिदास ने एक जगह हिमालय की बर्फीली चोटियों को आनन्द-मत्त महादेव का पुंजीभूत अट्टहास कहा है। आनन्द-विह्वल महादेव का पुंजीभूत अट्टहास, आनन्दोल्लसित मंगलमय देवता का हर्षोल्लास न हो, तो गंगा और यमुना की धारा भी नहीं होगी, भारतवर्ष का अद्वितीय शस्य-श्यामल मैदान भी नहीं होगा और इस देश के नरनारियों के चित्त में उल्लसित होनेवाली महिमा भी नहीं रहेगी।

हिमालय है, सदा रहेगा, हमारा रहेगा; क्योंकि वह है इसलिए हम हैं, हमारी देवतात्मा संस्कृति है…!

व्योमकेश शास्त्री उर्फ हजारीप्रसाद द्विवेदी

बात काफी पुरानी हो गई है। सम्बद्ध लोग भी प्रायः संसार छोड़ चुके हैं। जो हैं वे बुरा नहीं मानेंगे, इसलिए आज कह देने की इच्छा हुई है।

लगभग सत्ताइस-अट्ठाईस वर्ष पहले की बात है। मैं शान्तिनिकेतन से काशी आया था। उन दिनों महामना मालवीयजी 'सनातन धर्म' नामक पत्र निकालते थे। मेरे सहयोगी मित्र पं० (अब डॉक्टर) भुवनेश्वर मिश्र 'माधव' उसका सम्पादन करते थे। काशी आया तो माधवजी से मिले बिना कैसे जा सकता था! काफी अरसे के बाद हम दोनों मिले थे। देर तक बातें करते रहे, हँसते-हँसाते रहे। चलते-चलते माधवजी ने कहा, "कुछ 'सनातन धर्म' के लिए लिखा कीजिए।" मैंने स्वीकार कर लिया। शान्तिनिकेतन आया तो माधवजी की आज्ञा का पालन करना आवश्यक समझा, परन्तु लिखूँ क्या? सनातन धर्म के योग्य क्या लिख सकता हूँ? धर्म का उपदेश देना मेरा काम नहीं है, यह मैं समझ गया था। ज्योतिष-का नशा तब भी नहीं उतरा था। सोचा पंचांगों की ही चर्चा कर दो। सनातन धर्म में तो इनका काफी महत्त्व है। लेख लिख दिया। क्या शीर्षक था—यह याद नहीं है। पर प्रसंग-क्रम से विश्व-पंचांग की चर्चा आ गई। यह पंचांग हिन्दू विश्वविद्यालय से निकलता था। सम्पादकों में पण्डित मदनमोहन मालवीयजी का भी नाम था। मेरे महादेव-तुल्य औढर दानी गुरु पं० रामयत्न ओझाजी का भी नाम था। किसी जमाने में मैं स्वयं उसमें कुछ काम भी कर चुका था। मुझे उसकी गणना-पद्धति, जिसे गुरुजी 'दृश्यादृश्यवाद' कहा करते थे, पसन्द नहीं थी। गुरुजी से कई बार उलझने की धृष्ठता कर चुका था। गुरुजी भोजपुरी में कहते थे, "अबहीं समुझत नइख, बाद में समुझि जइबे," और हँस देते। उनके स्नेहसिक्त वाक्यों से

निरुत्तर हो जाता । इस बार गुरुजी के मत की, उनका नाम लिए बिना आलोचना कर दी । लेख लिखा पूरे उत्साह से, किन्तु भेजने का समय आया तो मन काँप उठा । गुरुजी पढ़ेंगे तो क्या कहेंगे । फिर सोचा, गुरुजी तो जानते ही हैं, बहुत होगा डाँट देंगे । उनसे क्षमा माँग लेना तो बड़ा ही आसान काम था : मगर सत्य बात कह देनी चाहिए । उन दिनों नया जोश था । समझता था, जो मुझे सत्य मालूम होता है, वही सारी दुनिया का सत्य है । गुरुजी की बात बहुत समझ में आई । उन्होंने कहा था, 'बाद में समुझि जइबे,' अब थोड़ा-थोड़ा समझने लगा हूँ । लेख लिख गया था, उसे छपना भी चाहिए । सो, भेजने का निश्चय किया। लेखक का नाम था—व्योमकेश शास्त्री । पता-ठिकाना कुछ नहीं । यह माधवजी को भी चकमा देने का प्रयास था । लेख भेज दिया । छप गया । मैं प्रसन्न हुआ कि किसी को पता नहीं लगा, उधर विधाता कुटिल हँसी हँस रहे थे—'छिपते हो ? छिपना क्या इतना आसान है !'

बाद की घटना बड़ी मजेदार है। एक दिन शान्तिनिकेतन का डाकिया एक बड़ा-सा बण्डल (रजिस्टर्ड पार्सल) लिए व्योमकेश शास्त्री का पता पूछते मेरे पास पहुँचा । मैंने कहा, "यहीं रहते हैं, दे जाओ ।" पार्सल ले लिया । व्योमकेश शास्त्री तो प्रथम बार 'सनातन धर्म' में अवतरित हुए थे, उनके नाम यह भारी पोथा कहाँ से आ गया ? मैंने उत्सुकतापूर्वक बण्डल खोला । एक बड़ा पोथा था—इन्दौर की पंचांग समिति की रिपोर्ट, जो बहुत ही उपयोगी पुस्तक थी । आज भी मैं उस पुस्तक को उपयोग में लाता हूँ । कुछ और छोटी-छोटी पुस्तिकाएँ थीं और साथ में प्रसिद्ध पंचांग-निर्माता पं० दीनानाथ शास्त्री चुलेट का पत्र था । वे इन्दौर के महाराजा के ज्योतिषी थे और वहीं से पंचांग प्रकाशित करते थे। एक बार मैं उनसे मिल भी चुका था । उन्होंने व्योमकेश शास्त्री को सम्बोधित करके लिखा था कि 'सनातन धर्म' में प्रकाशित लेख से वे बहुत प्रभावित हुए हैं । उसमें जो मत प्रकाशित हुआ है वह लगभग ज्यों-का-त्यों उनका भी मत है । इन्दौर में एक अखिल भारतीय ज्योतिष-सम्मेलन का आयोजन किया गया है । पण्डित मदनमोहन मालवीयजी ने सभापति पद स्वीकार कर लिया है । पंचांग समिति ने देश के सभी पंचांग निर्माताओं को निमन्त्रित किया है । उद्देश्य है सारे भारत में एक ही पद्धति का पंचांग निकालने वाला मार्ग खोजना । ग्यारह विद्वानों की एक निर्णायक समिति बनाई गई है, उसमें बंगाल के प्रतिनिधि व्योमकेश शास्त्री को रखा गया है । पं० दीनानाथ शास्त्री ने बड़े आग्रह से लिखा था कि आप अवश्य पधारें ।

मैं हैरान ! मालवीयजी महाराज सभापति होंगे, पंचांग-निर्माताओं में

अपने-अपने पक्ष की स्थापना के लिए निमन्त्रित विद्वानों में गुरुजी भी रहेंगे और यह अपदार्थ 'व्योमकेश शास्त्री' निर्णायक समिति में फैसला सुनाने के लिए विराजमान रहेगा। ऐसी अनहोनी भी कभी हुई है! जरूर माधवजी ने भण्डाफोड़ किया है। मगर बाद में माधवजी से मालूम हुआ कि वे भी नहीं पहचान सके थे कि व्योमकेश शास्त्री और हजारीप्रसाद द्विवेदी एक ही हैं। बुकपोस्ट पर शान्तिनिकेतन के डाकघर का ठप्पा देखकर उन्होंने दीनानाथ शास्त्री को बता दिया था कि यह कोई शान्तिनिकेतन का महापण्डित है! मैं सोच में पड़ गया। मालवीयजी भी जान जायेंगे, गुरुजी भी जान जायेंगे कि उन्हीं के पत्र में उन्हीं का लड़का उन्हीं की आलोचना कर रहा है। हाय, धरती फटती क्यों नहीं। मुझे बड़ी ग्लानि हुई। पं० दीनानाथ शास्त्रीजी को सच्ची बात लिख दी। 'मैं बंगाल का प्रतिनिधि नहीं हो सकता। मैं व्योमकेश शास्त्री नहीं हूँ, ठूंठ हजारीप्रसाद हूँ। मुझे वहाँ न बुलाइए। निर्णायक कोई वृद्ध विद्वान् हो तो शोभा देगा। मैं कैसे निर्णायक बन सकता हूँ।' पं० दीनानाथ शास्त्री ने मेरा नाम जाना तो और भी प्रसन्न हुए। बोले, "तुम्हें तो मैं नहीं छोड़ूंगा। आना ही पड़ेगा। सत्य कहने से डरते हो? कैसे नौजवान हो?" हाय राम! नौजवान होना दोष ही है।

पूरा दिन उधेड़-बुन में बीता। यह कैसे अस्वीकार करूँ कि सत्य कहने में नौजवान को नहीं डरना चाहिए। उन दिनों सारे देश में उथल-पुथल थी। नौजवान की स्तुति में उन दिनों जितना लिखा गया उतना कदाचित् कभी नहीं लिखा गया था। वे सिर पर कफन बाँधकर चलते हैं, वे हँसते-हँसते फाँसी के तख्ते पर झूल जाते हैं, उनके रक्त से धरती पवित्र होती है, और जाने क्या-क्या। सो, मैंने शास्त्रीजी को लिखा—अवश्य आऊँगा। सत्य कहने में क्या डर है! शास्त्रीजी प्रसन्न हुए। इधर नाड़ी सूखने की प्रक्रिया तेजी से बढ़ने लगी। निर्णायक समिति में व्योमकेश शास्त्री के स्थान पर हजारीप्रसाद द्विवेदी का नाम छपा। मान का भूखा चित्त चंचल हुआ। चलो, देखा जायगा।

जैसे-जैसे सम्मेलन के दिन निकट आते गये, धुकधुकी बढ़ती गई। गुरुजी क्या कहेंगे मालवीयजी क्या सोचेंगे?

इन्दौर जाने के दिन से दो दिन पूर्व मेरी बेचैनी बढ़ गयी। नौ बजे दिन को मैं बहुत व्याकुल हुआ। एकाएक बात सूझ गई। क्यों न गुरुदेव से सलाह ली जाय! तुरन्त चल पड़ा। एकदम उनके द्वार पर ही पहुँचकर रुका। संयोग की बात कि वे उस समय उत्तरायण के बरामदे में अकेले चुपचाप बैठे थे।

मुझे देखते ही स्नेहसिक्त स्वर में बोले, "एशो" अर्थात् आओ। मैं इतनी जल्दी उनसे मिलने की आशा लेकर नहीं आया था। प्रणाम करके एक ओर बैठ गया। गुरुदेव ने मेरी ओर देखा, अत्यन्त वत्सल भाव से। फिर बोले, "कुछ चिन्तित जान पड़ते हो। क्या बात है ?" अब सोचने-विचारने का अवसर ही नहीं रहा। सारी बात ज्यों-की-त्यों सुना दी। अपनी दुविधा और संकोच की बात कही और अपनी पुस्तकी बंगला भाषा में उपसंहार करते हुए कहा, "मूर्खता से धर्म-संकट पैदा कर लिया है, अब आपकी सलाह माँगने आया हूँ। जाऊँ या न जाऊँ। जाने को कह चुका हूँ।" गुरुदेव ने क्षण-भर मेरी आँखों में चुपचाप देखा। भगवान जाने उन्होंने क्या पढ़ा उनमें। फिर सहज भाव से कहा, "न जाओ। तुम में सत्य के प्रति जितनी आस्था है उससे कहीं अधिक भय और संकोच है। भय और संकोच तुम्हें सत्य का पक्ष नहीं लेने देंगे।" मैं सिहर उठा। हाथ जोड़कर चुपचाप उनकी ओर ताकता रहा। वे कुछ देर मौन रहे, फिर बोले, "सत्य बड़ा महसूल चाहता है। तुमने अपना नाम छिपाया, वहीं से तुम गलत रास्ते पर चल पड़े। देखो, जब किसी की प्रतिकूल आलोचना करनी हो तो नाम मत छिपाया करो। नाम छिपाना पहली कमजोरी है। फिर वह और कमजोरियों को खींचती जाती है। नाम छिपाना भी सत्य को छिपाना ही है।"

मुझे लगा कि गुरुदेव ने मेरे अन्तर तक वेध दिया है। मैंने जल्दी-जल्दी उठने का उपक्रम किया और उनकी ओर ताके बिना ही कहा, "तो फिर यही आज्ञा है ?" उत्तर मिला, "हाँ।" मैं उठने लगा तो जरा जोर से बोले, "बैठो।" बैठना पड़ा। फिर उन्होंने पंचांगों के बारे में मैंने क्या लिखा है यह पूछा और देर तक उस सम्बन्ध में बात करते रहे। मुझे लगा कि वे अब मेरे घाव पर अमृत लेपने का प्रयास कर रहे हैं। बड़े ही कोमल हृदय के थे। बोले, "मुझे प्रसन्नता है कि तुम ठीक ढंग से सोच रहे हो। पर डरा न करो। जो ठीक समझो, खुल के कहो। मालूम हो कि तुमने गलती की तो तुरन्त सुधार लो। सत्य अपना पूरा दाम चाहता है।"

गुरुदेव के यहाँ से लौटकर मैंने तार दे दिया, "नहीं आ सकूँगा। क्षमा करें।"

बात खत्म हो गई। मन का एक बोझ उतरा। दूसरा अभी बाकी था। गुरुजी तो जान ही गये होंगे, क्या सोचते होंगे। सोचा क्षमा माँग लूँ। मज-मून बनाया, काटा, फिर लिखा। पत्र ठीक बन नहीं पा रहा था। इतने में गुरुजी का पत्र आ गया। लिखा था, 'तू इन्दौर क्यों नहीं गया ? मैं तो उस

दिन अपनी विद्या सफल मानता जिस दिन तुझे निर्णायक की गद्दी पर बैठा देखता।'

आँखों में आँसू आ गये। इतने महान् गुरु का शिष्य हूँ मैं। दौड़ा-दौड़ा फिर गुरुदेव के पास पहुँचा। उन्हें पत्र दिखाया। उन्हें भी बड़ा आनन्द अनुभव हुआ। बोले, "तुम्हारे गुरु सच्चे गुरु हैं। उनकी महत्ता देखकर मैं मुग्ध हूँ।" मुझे लगा कि मैं किसी जादू से बहुत-बहुत बड़ा हो गया हूँ। आज मेरे दोनों सच्चे गुरु इहलोक त्याग चुके हैं। सोचता हूँ: 'ऐसे गुरु की शिष्यता प्राप्त करनेवाले मेरे जैसे भाग्यवान कितने हैं!'

भारत की समन्वय साधना : धर्म और दर्शन के क्षेत्र में

भारतवर्ष के धार्मिक और दार्शनिक क्षेत्रों की साधना का इतिहास बहुत प्राचीन है। प्रागैतिहासिक काल से लेकर आज तक न जाने कितनी साधनाएँ उद्भूत हुई हैं, कितने दार्शनिक मतों का उदय हुआ है और कितने सामाजिक संगठन उद्भूत हुए हैं। सब हमेशा के लिए प्रमुख स्थान अधिकार नहीं कर सके पर सबने विशाल भारत धर्म के निर्माण में कुछ-न-कुछ योगदान दिया है। वैदिक, बौद्ध, जैन, कापालिक, पाशुपत, शाक्त, शैव, वैष्णव आदि अनेक धार्मिक साधनाएँ किसी समय देश-भर में, या देश के किसी विशेष भाग में अत्यन्त प्रबल थीं, पर बाद में उनमें उतार भी आया और अन्य मतों को आश्रय करके नये सिरे से उठने का प्रयास भी दिखाई दिया। कई साधनाएँ नाम और रूप बदलकर अब तक जीती चली आ रही हैं।

भारतवर्ष का इतिहास अन्य देशों से कुछ विचित्र रहा है। सभ्यता के उषःकाल से लेकर आधुनिक काल के आरम्भ तक हमारे देश में विभिन्न मानव समूहों की धारा बराबर चली आ रही है। इसमें सभ्य, अर्द्धसभ्य, और बर्बर श्रेणी के मनुष्य रहे हैं। भारतीय मनीषी शुरू से ही मनुष्य के बहुविध विश्वासों और मतों को जानने का अवसर पाते रहे हैं। इसीलिए यहाँ धर्म-विज्ञान (थियालाजी) और तत्त्व-जिज्ञासा (फिलासफी) कभी भी परस्पर-विरोधी शास्त्र नहीं बन पाये। कुछ पश्चिमी आलोचकों ने तो यहाँ तक कहा है कि भारतवर्ष में विशुद्ध तत्त्व-जिज्ञासा या फिलासफी नामक शास्त्र बना ही नहीं। 'दर्शन' शब्द का अर्थ ही देखना है। दर्शन ऐसे आचार्यों का दृष्ट सत्य ही हो सकता है जो सब प्रकार से आप्त हैं—भय, लोभ या काम से कभी विचलित

न होने वाला आप्त होता है। उसकी ज्ञानपूत दृष्टि से जो देखा जाता है, उसी को दर्शन कहते हैं। फिलासफी के मूल में सन्देह होता है। दर्शन के मूल में शुद्ध और सम्यक् दृष्टि। भारतीय मनीषियों ने दोनों का उचित सामंजस्य किया है। यह सामंजस्य या संगति लाना भारतीय मनीषा की बड़ी भारी देन है। हर धर्म-साधना के तीन पक्ष होते हैं—उसके पीछे काम करनेवाली तत्त्व-मीमांसा (दर्शन), उसको सरस रूप में उपस्थित करनेवाला वाङ्मय (काव्य) और उसे जीवन के व्यवहार के क्षेत्र में ले आने के लिए तत्त्वानुयायी कर्मकाण्ड (क्रिया)। ये तीनों ज्ञान, इच्छा और क्रिया के प्रतिपादक होते हैं। धर्म-साधना में इन तीनों का अन्तर्भाव होता है। समस्त भारतीय धर्म-साधना में इन तीन पक्षों को खोजा जा सकता है।

अभी कहा गया है कि दर्शन का अर्थ देखना है। इनका अन्तर्निहित अर्थ यह है कि 'दर्शन' नामक शास्त्र कुछ सिद्ध महात्माओं के देखे हुए (साक्षात्कृत) सत्यों का प्रतिपादन करते हैं। यह देखना तब वास्तविक होगा, जब केवल इन्द्रिय द्वारा, या प्राण द्वारा, या मन द्वारा, या यहाँ तक कि बुद्धि द्वारा भी दिखाई देने-वाले स्थूल विषयों को पीछे छोड़कर इनसे परे, इनसे सूक्ष्म चिदानंद द्वारा साक्षात्कृत हों : इसी को स्वसंवेद्य ज्ञान कहते हैं। परन्तु यह नहीं समझना चाहिए कि प्रत्येक व्यक्ति जो कुछ अनुभव करता है या देखता है वह सत्य है। सारे भारतीय दर्शन मानते हैं कि शरीर और मन की शुद्धि आवश्यक है। इन्द्रिय बाह्य कारण है, वे बाहरी सत्ता को अन्तर में से उतारने के साधन हैं। आन्त-रिक इन्द्रिय मन, बुद्धि, अन्तःकरण है, इनसे हम बाहरी सत्ता से गृहीत इन्द्रियार्थ को जोड़ते हैं। गलत से सही को अलग करते हैं, और बाह्यकरणों को यथा-दृष्ट दिशा में नियुक्त करते हैं। परन्तु बाह्यकरण हों या अन्तःकरण, दोनों ही साधन हैं। करण का अर्थ ही साधन है। इनसे काम करानेवाला मालिक कोई और है, वह चैतन्य है। इसीलिए ठीक-ठीक जानकारी के लिए बाह्यकरण और अन्तःकरण दोनों ही की शुद्धि आवश्यक है। जब तक मनुष्य के भीतर और बाहर दोनों ही शुद्ध, निर्मल और पवित्र नहीं होते तब तक वह गलत बात को सही समझने की गलती कर सकता है। यह जो बाह्य और अन्तःकरण की शुद्धि है, वह सम्पूर्ण भारतीय धर्म-साधनाओं में आवश्यक शर्त मानी गई है। इस विचार ने विरुद्ध दिशागामी विचारों को एक सूत्र में बाँधने का काम किया है। इसीलिए धर्म को इस देश में आचार से इतना घनिष्ठ भाव से जोड़ दिया गया है। मनुस्मृति के आरम्भ में ही धर्म की परिभाषा में कहा गया है कि धर्म वह है जो जानकार, सच्चे, रागद्वेषहीन व्यक्तियों द्वारा सेवित या

आचरित होता है—'विद्वद्भिः सेवितः सद्भिः नित्यमद्वेषरानिभिः'। जैसे-तैसे रह-कर, जैसा-तैसा सोचकर बड़े सत्य को अनुभव नहीं किया जा सकता। चंचल मन केवल गलत ढंग की बात सोचने में लगा रहता है। इस चंचलता को दूर करने के लिए इस देश के मनीषियों ने जो उपायादि बताए हैं, उनकी समष्टि का नाम योग है। भगवान श्रीकृष्ण ने गीता में बताया है कि इस चंचल चित्त को अभ्यास और वैराग्य से ही वश में किया जा सकता है। समस्त भारतीय धर्म-साधनाएँ और दर्शन अभ्यास और वैराग्य पर बल देते हैं। योग द्वारा स्थिरीकृत चित्त सबमें आवश्यक माना गया है। ऊपर-ऊपर से अभ्यास और वैराग्य को रूपायित करनेवाली पद्धतियों में वैविध्य है, पर यह सभी मानते हैं कि इनका होना आवश्यक है। इस विश्वास ने ऊपर से विरुद्ध दिखनेवाले मतों में भी पारस्परिक श्रद्धा भाव उत्पन्न किया है और समन्वय का मार्ग प्रशस्त किया है।

पुराकाल से अनेकों जातियों, कबीलों, नस्लों और घुमक्कड़ खानाबदोशों के दल-के-दल इस देश में आते रहे हैं। कुछ देर के लिए उन्होंने देश के वातावरण को विक्षुब्ध बनाया है। पर अन्त तक वे पराए नहीं रह सके हैं। उनके देवता भी तैंतीस करोड़ सिंहासनों में से किसी एक को दखल करके बैठ जाते रहे और पुराने देवताओं के समान ही श्रद्धाभाजन बन जाते रहे हैं, और कभी-कभी तो अधिक श्रद्धा के भी अधिकारी सिद्ध हुए हैं। भारतीय संस्कृति की कुछ ऐसी विशेषता रही है कि समागत कबीलों, नस्लों और जातियों की भीतरी समाज-अवस्था और धर्ममत में किसी प्रकार का हस्तक्षेप नहीं किया गया और फिर भी उन्हें सम्पूर्ण रूप से भारतीय बना लिया गया। भारतीय संस्कृति इतने अतिथियों को जो अपना सकी है, उसका एक कारण यह था कि उसकी धर्म-साधना शुरू से ही वैयक्तिक रही है। प्रत्येक व्यक्ति अपने किए का जिम्मेदार आप है। श्रेष्ठता की निशानी किसी धर्ममत को मानना या देव विशेष की पूजा करना नहीं है, बल्कि आचार-शुद्धि और चारित्र्य है। यदि कोई अपने कुल-धर्म के पालन में दृढ़ है, चरित्र से शुद्ध है, दूसरी जाति या व्यक्ति के आचरण की नकल नहीं करता, बल्कि स्वधर्म में मर जाने को ही श्रेयस्कर समझता है, ईमानदार है, सत्यवादी है तो वह निश्चय ही श्रेष्ठ है, फिर चाहे वह शूद्र हो या ब्राह्मण, शैव हो या वैष्णव हो। कुलीनता पूर्व-जन्म के कर्मों का फल है, चारित्र्य इस जन्म के कर्मों का प्रकाशक है। देवता किसी एक जाति की सम्पत्ति नहीं होता, वह सबकी पूजा पाने का अधिकारी है। पर यदि स्वयं देवता ही चाहता हो कि वह किसी विशेष जाति की ही पूजा ग्रहण करेगा तो भारतीय संस्कृति

को इसमें भी एतराज नहीं। राहु देवता अगर डोमों को दिए दान से ही प्रसन्न होते हैं तो यही सही। ब्राह्मण भी डोम को दान देकर ही उन्हें प्रसन्न करेगा। इन विश्वासों ने एक विचित्र प्रकार की सहनशीलता, सौन्दर्य और सर्ववादी दृष्टि उत्पन्न की है। इसी विश्वास ने सब जगह से और सब जातियों से उत्तम आचार-विचार को संग्रह करने और उन्हें यथावसर, यथास्थान सजाने की समन्वय बुद्धि को प्रतिष्ठित किया है।

भारतीय इतिहास में इसलाम का आगमन एक बहुत ही महत्त्वपूर्ण घटना थी। शुरू-शुरू में ऐसा लगा कि उसकी मूल भावनाओं से स्थानीय भावनाओं का मेल नहीं बैठेगा। पर धीरे-धीरे भारतीय मनीषा ने उसके साथ भी एक समझौता किया। दोनों धर्मों के मूल तत्त्वों को खोज निकाला गया और मध्य-काल के सन्तों ने दोनों के भीतर सेतु निर्माण करनेवाले साहित्य की रचना की। उत्सव, मेले, पोशाक, गहने, बातचीत, रीति-रस्म के भीतर से दोनों एक-दूसरे के निकट आने लगे। दोनों के भीतर मिलानेवाले आध्यात्मिक तत्त्वों को ढूंढ़ निकाला गया। अंग्रेजों के आने से पूर्व भारतीय मनीषा बहुत कुछ एकत्व की खोज कर चुकी थी, पर बाद में उसे झटका लगा। शीघ्र ही भारतीय मनीषी, जिनमें गांधीजी प्रमुख थे, नए मिलन मार्ग को प्रशस्त करने में समर्थ हुए। बार-बार झटके खाने के बाद भी यह प्रक्रिया अपना काम किये जा रही है।

भारतीय मनीषियों की समन्वय साधना का मुकाबला इतिहास की किसी संस्कृति से शायद ही किया जा सके। दर्शन और धर्म के क्षेत्र में उसने मिलन-भूमि प्रशस्त करने में अद्भुत कुशलता का परिचय दिया है।

प्राचीन ज्योतिष

आज हमें यह विचार करना है कि भारतीय संस्कृति में प्राचीन ज्योतिष का क्या स्थान था। हमारी सभ्यता के प्रधान उत्स वेद हैं। यद्यपि आज के भारत-वर्ष को बनाने में ऐसी अनेक सांस्कृतिक धाराएँ काम करती रही हैं जिनका वेदों से कोई सम्बन्ध नहीं स्थापित किया जा सकता तथापि मुख्य धारा वैदिक ही रही है। वैदिक सभ्यता के केन्द्र में यज्ञ-याग हैं। ये यज्ञ-याग ही इस देश में ज्योतिष के अध्ययन के मूल कारण हैं। विशेष-विशेष यज्ञों के लिए समय का निश्चय करना बहुत आवश्यक था। गणित ज्योतिष के सबसे प्राचीन ग्रंथ लगधमुनि-प्रणीत वेदांग ज्योतिष के अन्त में लिखा है कि वेद यज्ञ के लिए अभिप्रवृत्त हुए हैं और यज्ञों का विधान समय के अनुसार हुआ है। इसीलिए काल का विधान करने वाले इस ज्योतिष शास्त्र को जो जानता है वस्तुतः वही यज्ञों को जानता है। इस प्रकार यज्ञों का काल निर्णय करने के लिए गणित ज्योतिष की प्रतिष्ठा हुई। इसे ६ वेदांगों में स्थान मिला। रूपक की भाषा में शास्त्रकारों ने इसे वेद पुरुष की आँख कहा है। मध्य युग के अन्तिम श्रेष्ठ ज्योतिषी भास्कराचार्य ने कहा था कि चूँकि यह शास्त्र वेद की आँख है इस-लिए यह सब अंगों में श्रेष्ठ है···'वेदचक्षुः किलेदं स्मृतंज्योतिषं मुख्यता चांग मध्येऽस्य तेनोच्यते।' यज्ञ की वेदियों के निर्माण के लिए ही शुल्व सूत्रों की विद्या ज्यामितिशास्त्र का उदय हुआ जो धीरे-धीरे संसार-भर की सभ्यता को गति देने में कारण बनी। एक बार आधुनिक सभ्यता के मूल से रेखागणित को हटाकर देखिए कि हमारी आधुनिक सभ्यता की क्या गति होती है। बड़े-बड़े शहर भहरा जाएँगे। ज्यामिति के अभाव में एक भी मकान नहीं बन सकेगा, एक भी सड़क ठीक-ठीक नहीं बनाई जा सकेगी। गणित में भारतीयों की देन विश्व-

विदित है। यह जो अंकों की दशगुणोत्तर पद्धति है, यह भारतीय सभ्यता की ही देन मानी जाती है। सोचकर देखिए कि यदि यह इकाई, दहाई, सैकड़ा, का ढंग न चल पड़ा होता तो गणित शास्त्र की क्या गति होती। मामूली जोड़-घटाना, गुणा-भाग भी ठीक से न हो पाते। इस दृष्टि से देखें तो भारतीय ज्योतिष संसार की संपूर्ण मानव-सभ्यता के मूल में है। यज्ञों के शुभाशुभ फलों की जानकारी की दृष्टि से ही उस शकुन-शास्त्र और प्रकृति-निरीक्षण-विद्या का सूत्रपात हुआ जो आज परिणत अवस्था के अनेक शास्त्रों के बीज हैं। निस्सन्देह मनुष्य की सभ्यता की अग्रगति के मूल में हमारे देश के मनीषियों के ये बड़े-बड़े आविष्कार हैं।

प्राचीन ज्योतिष को सुप्रसिद्ध ज्योतिषी वराहमिहिर ने तीन स्कंधों में विभाजित किया था—तंत्र, संहिता और होरा। तंत्र में पाटीगणित (एरिथमेटिक), बीजगणित (अलजब्रा), ग्रहगणित (मेथेमेटिकल एस्ट्रानामी), गोल (स्फेरिकल एस्ट्रानामी) और करण (प्रेक्टिकल एस्ट्रानामी) सम्मिलित हैं। संहिता में नाना प्रकार की प्राकृत घटनाओं के कारणों की चर्चा होती है और उन लक्षणों को बताया जाता है जिन्हें देखकर इन प्राकृतिक व्यापारों का अन्दाजा लग सके। और होराशास्त्र में जन्म के समय के ग्रह-नक्षत्रों की स्थिति से भविष्य-फल बताया जाता है। अंग्रेजी में जिसे एस्ट्रालाजी कहते हैं वह होरा-शास्त्र ही है। मगर भारतीय फलित-शास्त्र में होरा के अतिरिक्त और भी बहुत-सी बातें हैं।

ज्योतिष का भारतीय जीवन से कितना गहरा सम्बन्ध है इस बात को ठीक-ठीक अनुभव करने के लिए एक बार उन कामों की ओर दृष्टि डालिए जो ज्योतिषी की सलाह पर किये जाते हैं। कहीं जाना हो, कोई दवा खानी हो, कोई कपड़ा पहनना हो, कोई खरीद-बिक्री की बात हो, ज्योतिषी की सलाह आवश्यक होगी। जन्म हो, मरण हो, विवाह हो, द्विरागमन हो, ज्योतिष उसमें जरूर दखल देगा। व्रत हो, उपवास हो, उत्सव हो, त्यौहार हो, ज्योतिष के बिना हो नहीं सकता। ज्योतिषी के पास भारतीय गृहस्थ को हर छोटे-बड़े काम के लिए जाना ही पड़ता है। प्राचीन काल में ज्योतिष का क्षेत्र बहुत व्यापक था। बादल क्यों बनते हैं, सुबह-शाम आकाश क्यों लाल हो जाता है, भूकम्प का क्या कारण है, आँधी और तूफान कैसे होते हैं, ये सारी बातें ज्योतिष की विवेचना का विषय मानी जाती थी। पुरुष और स्त्री के कौन-से चिह्न सौभाग्य की निशानी हैं, कौन-से दुर्भाग्य की, हाथ और पैर की कौन-सी रेखा पुरुष को राजा या योगी बना देती है और स्त्री को रानी या विधवा बना देती

है, इसका विचार यही शास्त्र करता था। कौए के काँव-काँव से क्या सूचित होता है, श्रृगाली के रोदन का क्या फल होता है, उल्लू के कहाँ बैठने पर क्या होने की सम्भावना है, घोड़े की अकारण ह्रेषा से किस अमंगल की सूचना मिलती है, छाग और कुक्कुट के कौन-से लक्षण अच्छे या बुरे होते हैं, ये और इस प्रकार के अन्य सैकड़ों प्रश्नों का उत्तर ज्योतिष देता था। कब और कहाँ कुआँ बनाना चाहिए, मकान कहाँ और कैसा बनना चाहिए, तालाब का खुदना कब शुभ है कब अशुभ, खिड़की और दरवाजे कैसे और कहाँ लगने चाहिएँ, घर की खाट में कौन-सा काठ शुभ होगा कौन-सा अशुभ—ऐसी बीसियों बातों का उत्तर ज्योतिष देता था। कहना व्यर्थ है कि इस प्रकार के व्यापक क्षेत्रों पर सम्पूर्ण अधिकार रखनेवाला शास्त्र कितना प्रभावशाली होगा और राष्ट्रीय संस्कृति के निर्माण में कितना महत्त्वपूर्ण स्थान का अधिकारी होगा। आजकल के अनेक शास्त्र अपरिणत अवस्था में इस शास्त्र के अन्तर्गत पड़ते थे।

बहुत प्राचीनकाल से इस देश में ज्योतिषी का स्थान बहुत महत्त्वपूर्ण रहा है। धर्मसूत्रों और 'अर्थशास्त्र' के युग में भी वह केवल साधारण गृहस्थ का ही पथप्रदर्शक नहीं होता था, राजाओं के सधिविग्रह का परामर्शदाता भी होता था। 'अर्थशास्त्र' की व्यवस्था है कि राजा को ज्योतिषी अवश्य रखना चाहिए। ज्योतिषी का पुराना नाम 'दैवज्ञ' था। वराहमिहिर ने बृहत्संहिता के दैवज्ञ का जो लक्षण दिया है उससे सहज ही समझा जा सकता है कि उसे क्या-क्या काम करना पड़ता था। उसे हर प्रकार गणितशास्त्र से परिचित होना पड़ता था। देह के किसी अंग के फड़कने का क्या अर्थ है, किस स्वप्न से क्या फल प्राप्त होने की संभावना है, विविध शुभ कर्मों के आरम्भ या अन्त करने का ठीक समय कब आता है इत्यादि बातों की उसे जानकारी होनी ही चाहिए थी। ज्योतिषी आक्रमण करने का शुभ मुहूर्त तो बताता ही था, वह यह भी बता देता था कि किस पुरुष के सेनापतित्व में जीत होने की आशा है। उसे घोड़ा-हाथी आदि के इंगितों से भावी शुभाशुभ फलों का निर्देश कर देना पड़ता था। शास्त्र में बताया गया है कि यदि घोड़ा बार-बार ताड़न करने पर भी आगे न बढ़े और बार-बार मूत्र पुरीष का त्याग करता रहे तो लक्षण बुरा है। हाथी अगर पृथ्वी पर सूँड रख दे, आँख बन्द कर ले और कान खड़ा कर ले तो मामला संगीन होता है। ऐसे लक्षण देखकर ज्योतिषी को भावी पराजय की आशंका बता देनी पड़ती थी। पर सौभाग्यवश यदि हाथी सूँड उठाकर वेग से चल पड़े तो फिर जीत निश्चित मानी जाती थी। यह नहीं समझना चाहिए कि ये बातें पेशेवर ज्योतिषियों तक ही सीमित थीं। गृहस्थों को ऐसे अनेक

लक्षणों का ज्ञान रहता था। पुराने ग्रंथों में ऐसी बहुत-सी कथाएँ मिलती हैं जिनसे जान पड़ता है कि साधारण गृहस्थ इन बातों की ग्रच्छी जानकारी रखते थे। कभी-कभी इन विश्वासों ने ऐतिहासिक महत्व की घटनाग्रों के घटने में सहायता दी है। ग्रारम्भ में यह बातें बहुत साधारण रूप में थीं परन्तु धीरे-धीरे इन्होंने बड़े ही महत्त्वपूर्ण शास्त्रों का रूप ग्रहण किया। हाथियों के पहचान की विद्या, घोड़ों के पहचान की विद्या, विविध पशु-पक्षियों के लक्षणों की विद्या इन्हीं बातों का विकास है। मणियों ग्रौर रत्नों की परीक्षा ने भी महत्त्वपूर्ण कला का रूप ग्रहण किया है ग्रौर संहिता स्कन्ध के ग्रन्तर्गत ग्रानेवाले वास्तुशास्त्र ग्रौर प्रतिमा-तक्षण ने तो भारतीय धर्म ग्रौर सभ्यता में जो प्राण-संचार किया है वह किसी प्रकार भुलाया नहीं जा सकता। परवर्ती काल के विशाल मंदिर ग्रौर मनोहर मूर्तियों की निर्माण-विद्या मूलतः संहिताग्रों में ही ग्रन्तर्भुक्त थीं। बहुत पुराने जमाने में ही राजकुमारों को जो कलाएँ सिखाई जाती थीं उनमें से बहुत-सी ऐसी हैं जिनका परिचय ग्राज केवल ज्योतिषिक संहिताग्रों से ही मिल सकता है। ललित विस्तर में लिखा है कि कुमार सिद्धार्थ को स्वप्नाध्याय, स्त्रीलक्षण, पुरुषलक्षण, ग्रश्वलक्षण, हस्तिलक्षण, गोलक्षण, ग्रजलक्षण, मिश्रित लक्षण ग्रादि कलाएँ सिखाई गई थीं। वराहमिहिर की वृहत्संहिता से इन विषयों की थोड़ी-सी जानकारी हो जाती है। इन सब विद्याग्रों पर बड़े-बड़े ग्रंथ लिखे गये थे, पर दुर्भाग्यवश ग्रब सब मिलते नहीं।

लेकिन ज्योतिषी को केवल इतनी ही बातों तक ग्राकर रुक नहीं जाना पड़ता था। उसे सूर्य ग्रादि ग्रहों ग्रौर सप्तर्षि-मंडल ग्रादि नक्षत्रों के संचार का पता रखना पड़ता था। कौन-सा ग्रह कैसा रंग पकड़ रहा है, कब उदय हो रहा है, कब ग्रस्त जा रहा है, चंद्रमा की नोक किधर उठी हुई है, मंगल का रंग क्यों फीका पड़ गया है, चन्द्रमा के चारों ग्रोर परिवेश कितना बड़ा है, ग्रहण कब हो रहा है, इन सबकी खबर उसे रखनी पड़ती थी। उल्का, वायु, दिग्दाह, भूकम्प, संध्या की लालिमा, इन्द्रधनुष, गधर्व नगर सब पर उसकी ग्रनुसंधायिनी दृष्टि का पड़ना ग्रावश्यक था। इतने निपुण भाव से ग्राकाश का पर्यवेक्षण करनेवाले ज्योतिषियों ने यदि संसार को ज्योतिष ग्रौर गणित की महत्त्वपूर्ण बातों का संधान बताया तो इसमें ग्राश्चर्य की कोई बात नहीं है। ग्राज से कई हजार वर्ष पहले इन ज्योतिषियों को वर्षमान का ग्रौर ग्रहगणित का जैसा ज्ञान था वह ग्राज के वैज्ञानिक युग में ग्राश्चर्य की बात समझा जाता है। दुनिया इन बातों में उससे बहुत ग्रधिक ग्रागे नहीं बढ़ी है। यह दूसरी बात है कि गणित ज्योतिष का क्षेत्र ग्राज बहुत विस्तीर्ण हो गया है।

ज्ञान की जानकारी के आदान-प्रदान में सबसे अधिक संस्कारयुक्त ये ज्योतिषी ही रहे हैं। ज्ञान को इस क्षेत्र में जाति, धर्म और देश के ऊपर समझा गया है। हमारे देश के ज्योतिषियों ने असुरों (असीरियनों) और यवनों (ग्रीकों) से ज्ञान लिया भी है और दिया भी है। मध्यकाल के अरबों में जब विद्या की भूख बहुत बढ़ी थी तो हमारे देश के अनेक ज्योतिष-ग्रन्थों का अरबी में अनुवाद हुआ। वराहमिहिर ने कहा है कि यद्यपि यवन लोग म्लेच्छ हैं तथापि इस विद्या की जानकारी के कारण ऋषिवत पूज्य हैं। सो, ज्योतिष के आचार्यों में अद्‌भुत उदारता रही है। हमारी संस्कृति में ज्ञान की पवित्रता के प्रति जो निष्ठा है उसका सर्वोत्तम निदर्शन यह ज्योतिष विद्या है। मैंने एक बार भारतीय सम्वत की आलोचना ज्योतिष-शास्त्रीय परम्परा के अनुसार करते हुए देखा था कि इस सम्वत के साथ असुरों, यवनों, शकों और आर्यों की दीर्घ साधना से उपलब्ध ज्ञान की स्मृति जुड़ी हुई है। मैंने उस दिन बड़े उल्लास से अनुभव किया था कि इस शास्त्र के भीतर से हम मनुष्य की सामान्य संस्कृति की ही विजयगाथा सुनते हैं। यह शास्त्र मनुष्य के ज्ञानक्षेत्र के मिलन का अद्‌भुत निदर्शन है। जो लोग आज दुविधा में पड़े हुए हैं उन्हें यह बात आश्वस्त करती है कि यह जो कुंचित विकट भृकुटियों का अभिनय चल रहा है, यह जो दन्त-दष्ट अधरोष्ठों के द्वारा संघर्ष का भयंकर लक्षण स्पष्ट हो रहा है वह सब क्षणिक है। कठोर संघर्षों के भीतर भी मानव-मानव की मिलन-भूमि तैयार हो रही है। ज्योतिष-शास्त्र यह आशाकर सन्देश ही देता है। हमारी संस्कृति को उसने विश्व संस्कृति बनने में अद्‌भुत सहायता पहुँचाई है। उसने मनुष्य को आगे बढ़ने का साधन प्रस्तुत किया है, मिलन का क्षेत्र तैयार किया है और मनुष्य की उच्चतर वृत्तियों के प्रति हमारी आस्था को दृढ़ किया है।

भारतीय विचारधारा के विकास में ज्योतिषशास्त्र के विविध अंगों की देन बहुत अधिक है। अनेक भारतीय कलाओं के प्रवर्तन के मूल में मांगल्य भावना रही है; और इस भावना को ज्योतिष ने निरन्तर पुष्ट किया है। नाट्य-शास्त्र में नाट्य और नृत्य को भी मांगल्य समझकर प्रवृत्त बताया गया है। वस्तुतः जैसा कि सुप्रसिद्ध ज्योतिषी भास्कराचार्य ने कहा है, पुराने ज्योतिषी ज्योतिष-शास्त्र को आदेश कहते थे। आदेश हेतु का भी हो सकता है, फल का भी हो सकता है और सम्भावना का भी। जगत् के समस्त पदार्थों और व्यापारों का हेतु और फल यह शास्त्र बताया करता था और दूसरे पदार्थों और व्यापारों के मिलन से उत्पन्न होनेवाली सम्भावनाओं का भी आदेश करता था, इसीलिए उसने सम्पूर्ण भारतीय जीवन को निविड भाव से प्रभावित किया है।

शाक्त मार्ग का लक्ष्य—अद्वैत

मेरे मन में आगम शास्त्रों के प्रति बड़ी श्रद्धा है और इन शास्त्रों ने जो मनुष्य को बहुत ही महत्त्वपूर्ण जीवन-दर्शन दिया है, उसके प्रति अपार निष्ठा है। परन्तु श्रद्धा और निष्ठा ज्ञानानुगा होकर ही चरितार्थ होती हैं, ज्ञान-विरहित होने पर यह गलत दिशा की ओर भी ले जा सकती हैं। ज्ञान चैतन्य स्वरूप है। श्रद्धा और भक्ति चेतन-धर्म हैं, शैव आगमिकों की अहंता शक्ति इनका आश्रय है। निष्ठा स्थिति की वाचक है, परम शिव की इदन्ता शक्ति की आश्रिता है। परन्तु विशुद्ध चैतन्य परमानन्द-विभव परम शिव ही हैं। शक्ति तान्त्रिकों की भाषा में परमानन्द-विभव शिव में जब नानात्व विस्तार की इच्छा होती है, तो वे सगुण शिव और शक्ति के रूप में अपने आपको द्विधा विभक्त कर लेते हैं और उन्हीं की अभिन्न शक्ति अहन्ता-प्रधान 'नाद' और 'इदन्ता'-प्रधान 'बिन्दु' में प्रकाशित होती है। अन्यत्र इन दोनों को 'इच्छा-शक्ति' और 'क्रिया-शक्ति' भी कहा गया है। परम-शिव की ज्ञान-शक्ति से ये दोनों युगपत् समुत्थित होती हैं। शक्ति और शिव एक-दूसरे से अभिन्न हैं—

शिवस्याभ्यन्तरे शक्तिः शक्तेरप्यन्तरे शिवः।
अन्तरं नैव जानीमश्चन्द्रचन्द्रिकयोरिव ॥

अहन्ता और इदन्ता, नाद और बिन्दु, इच्छा और क्रिया, गति और स्थिति, काल और स्थान और आधुनिक काल के 'कंटिनुअम' और 'क्वैंटम' एक ही शक्ति के द्विधा विभाजित रूपों के नाम हैं, भिन्न-भिन्न धरातलों पर। ज्ञान-शक्ति से उद्भूत इच्छा और क्रिया, नाद और बिन्दु के निरन्तर अग्रसर होते रहने से जगत्प्रपंच प्रतिभात है। इसे ही शाक्त आगमों में अधोमुख त्रिकोण के प्रतीक से व्यक्त किया जाता है। ज्ञान, इच्छा, और क्रिया से

त्रिपुटीकृत जगत्प्रपंच को रूपायित करने के कारण ही शिव की आद्या-शक्ति 'त्रिपुरा' कही जाती है। ज्ञान से विमुख इच्छा और क्रिया विरुद्ध दिशाओं में अग्रसर हो रही हैं। कण-कण में, व्यक्ति-व्यक्ति में, समिष्ट-समष्टि में अपनी-अपनी दिशाओं में अग्रसर होती रहनेवाली इच्छा-शक्ति और क्रिया-शक्ति इस भेद-प्रधान प्रपंच को जटिल से जटिलतर बनाती जा रही हैं। यदि कभी ऐसा हो कि ज्ञान-शक्ति और क्रिया-शक्ति नज़दीक आने लगें और ज्ञान की ओर उन्मुख हो जाएँ और इच्छाएँ और सारी-सारी क्रियाएँ क्रमशः सिमटती हुई ज्ञान में परिसमाप्त हो जाएँ और मनुष्य को भगवान् श्रीकृष्ण की उस दिव्य वाणी के साक्षात्कार का अवसर मिले कि 'सर्वं कर्माखिल पार्थ ज्ञाने परिसमाप्यते' तो वह ऊर्ध्वमुख त्रिकोण बने जिसे शास्त्रकारों ने शिव के प्रतीक रूप में समझाया है और जीवन चरितार्थ हो जाए। पर कहाँ हो पाता है? माया-प्रपंच में पड़े हुए भाग्यहीन जीव को यह सुख कहाँ मिलता है? एक बार उलझा सो उलझता ही जाता है। बिहारी ने निराश होकर कहा था—

को छूट्यो यहि जाल परि कत कुरंग अकुलात।
ज्यों-ज्यों सुरझि भज्यो चहत त्यों-त्यों उरझत जात॥

जीवन के हर मोड़ पर मैं ऐसा ही अनुभव करता हूँ। और इस अनुभूति की मात्रा निरन्तर गाढ़ होती जा रही है, गाढ़ से गाढ़तर! भागवत में प्रह्लाद ने कहा था कि जो जितेन्द्रिय नहीं होते परन्तु शास्त्र और ज्ञान की चर्चा का रोजगार करते हैं वे फिर भी बहुत बुरे नहीं हैं, जो दाम्भिक हैं वे तो इतना भी नहीं कर पाते :

मौनव्रतश्रुततपोऽध्ययनस्वधर्मचर्चारहोजपसमाधय आपवर्ग्याः।
प्रायः परं पुरुष ते त्वजितेन्द्रियाणां वार्ता भवन्त्युत न वाऽत्र तु दाम्भिकानाम्।

फिर, आगमों के इस सिद्धान्त पर भी बड़ा भरोसा है कि परमशिव, जो साक्षात् चित्स्वरूप हैं, उनकी अभिन्न संविद्रूपा महाशक्ति ने कण-कण को अपनी लीला से सिक्त कर रखा है, क्षण-क्षण को उद्भासित कर रखा है। कुछ भी उनकी कृपा से वंचित नहीं है, कहीं भी, कभी भी, किसी भी धरातल पर, उसकी उँगली पकड़कर सहारा लिया जा सकता है। यह सारा जगत्प्रपंच अन्ततोगत्वा एक है और संविद्रूपा भगवती की महिमा से उद्भासित है। किसी भी क्षण—और किसी भी कण-बिन्दु पर उस करुणामयी की कृपा पाई जा सकती है। निराश होने की या हार मानने की कोई आवश्यकता नहीं है :

सत्त्वे सत्त्वे सकलरचना संविदेका विभाति।
तत्त्वे तत्त्वे परमरचना संविदेका विभाति॥

ग्रासे ग्रासे बहलतरला लम्पटा संविदेका।
भासे भासे भजत-भवता वृंहिता संवेदिका॥

'तंत्र' शब्द बहुत व्यापक अर्थों में प्रयुक्त होता रहा है। इसके बारे में कायिक आगम के तंत्रान्तर पटल में कहा गया है कि तत्त्व और मन्त्र से समन्वित विपुल अर्थों का विस्तार करने और संसार के भ्रान्त जीवों का त्राण करने के कारण इसे 'तन्त्र' कहते हैं :

तनोति विपुलानर्थान् तत्त्वमंत्रसमन्वितान्।
त्राणं च कुरुते यस्मात् तंत्रमित्यभिधीयते।

इसीलिए युक्ति-तर्क के आधार सत्य के अन्वेषी शास्त्र भी तन्त्र कहे जाते रहे हैं। फिर अनेक प्रकार के जीवन-दर्शनों और साधना-पद्धतियों में विश्वास करने वाले संप्रदायों के 'तंत्र' हैं। कभी-कभी हर प्रकार के आगम को तंत्र कहने की प्रवृत्ति भी देखी जाती है। लेकिन लोक में 'तंत्र' का प्रचलित अर्थ शाक्त आगमों की साधना-पद्धति है। बताया गया है कि आगम तीन श्रेणी के हैं—वैष्णव, शैव और शाक्त। व्यवहार में इनके प्रचलित नाम संहिता, आगम और तंत्र हैं। वैसे सभी आगमों के लिए सभी शब्दों का व्यवहार देखा जाता है। प्रधान रूप से हमारे इन प्रदेशों में तो तंत्र का अर्थ बहुत ही संकुचित रूप में ग्रहण किया जाता है। दुर्भाग्यवश, तंत्र के नाम पर प्रचलित ग्रन्थों में साधन विधियों का अधिक विस्तार देखकर शिक्षित लोगों में उस संकुचित अर्थ के प्रति आग्रह बढ़ भी गया है। यह बात भुला दी जाती है कि शाक्त-तंत्रों के क्रिया-बहुल ग्रन्थों में भी एक अन्तर्निहित तत्त्ववाद हो सकता है। स्वयं शाक्त आगमों में 'तंत्र' शब्द एक निश्चित अर्थ में व्यवहृत हुआ है। सात्त्विक अधिकारियों को उद्देश्य करके लिखे गये आगम 'तंत्र' कहे जाते हैं, राजस अधिकारियों के लिए उपदिष्ट ग्रन्थ 'यामल' कहे जाते हैं और तामस अधिकारियों को लक्ष्य करके लिखे गए शास्त्र 'डामर' कहे जाते हैं। कहा जाता है कि परम शिव की पाँच शक्तियाँ—चित्, आनन्द, ज्ञान, इच्छा और क्रिया हैं। इसीलिए उन्हें 'पंचवक्त्र' कहते हैं। उनके पाँच मुखों के नाम हैं—ईशान, तत्पुरुष, सद्योजात, वामदेव और अघोर। इन्हीं पाँच मुखों से निकली वाणियों के प्रस्तार-विस्तार से १० सात्त्विक आगम, १८ रौद्रागम और ६४ भैरवागमों की उत्पत्ति हुई है। शैव और शाक्त आगमों के अनुसार परमेश्वर शिव तत्त्वतः एक होकर भी शक्तियों के सम्बन्ध भेद से अनेक रूप में प्रतिभात होते हैं। उनकी अवस्थाएँ मोटी तौर पर तीन हैं—भेद प्रधान, भेदाभेद प्रधान और अभेद प्रधान। भेद प्रधान अवस्था से १० सात्त्विक आगम, भेदाभेद प्रधान

रूप से १८ रौद्र आगम और अभेद प्रधान रूप से ६४ भैरवागमों का आविर्भाव हुआ है।

'सम्मोहन तन्त्र' में बाईस भिन्न-भिन्न आगमों की चर्चा है। इनमें चीनागम, पाशुपत, पांचरात्र, कापालिक, भैरव, अघोर, जैन, बौद्ध आदि आगमों की भी चर्चा है। लेकिन बहुत प्राचीन काल से ही 'तंत्र' शब्द का प्रयोग शाक्त आगमों के साथ होता आ रहा है। 'कुब्जिका मततन्त्र' की एक प्राचीन प्रति गुप्तलिपि में लिखी मिली है जिससे निश्चित रूप से सिद्ध होता है कि गुप्त काल के पहले शाक्त-तन्त्रों का प्रचार बहुत अधिक था।

सं० ६०१ ई० का 'परमेश्वर मत तंत्र' और उसी समय का 'महाकुलांगना विनिर्णय तंत्र' भी प्राप्त है। हमने इसके पहले तीन प्रकार के मुख्य आगमों की चर्चा की है। इनमें वैष्णव आगम दो हैं—पांचरात्र और वैखानस संहिताएँ। शैव आगमों के माहेश्वर लाकुल, भैरव, कश्मीर आदि कई सम्प्रदाय हैं। शाक्तों के भी नौ आम्नाय और चार सम्प्रदाय हैं—केरल, कश्मीर, गौड़ और विलास। शाक्त आगमों का प्रचार समूचे भारत में है। इन सभी साम्प्रदायिक आगमों में थोड़ा अन्तर होते हुए भी समानताएँ बहुत हैं। सभी अपने उपास्य को परमतत्त्व के रूप में स्वीकार करते हैं, देवता की शक्ति या शक्तियों में तथा ईश्वर की इच्छा-शक्ति तथा क्रिया-शक्ति में विश्वास करते हैं। आर्थर एवेलन (सर जॉन वुडरफ) ने कहा है कि मंत्र, यंत्र, न्यास, दीक्षा, गुरु आदि तत्त्व जिसमें हों वही तंत्रशास्त्र है और इस दृष्टि से सभी आगम तंत्रशास्त्र हैं या तांत्रिक प्रभावापन्न हैं। भेद अनेक हैं, पारिभाषिक शब्द भी अनेक हैं पर मूल स्वर सबका एक है। उन्होंने लिखा है कि इनका मूल स्वर इतना मिलता-जुलता (एक) है कि पारिभाषिक शब्दों के भिन्न-भिन्न होने से कुछ बनता-बिगड़ता नहीं है। पांचरात्रों की भाषा में लक्ष्मी, शक्ति, व्यूह और संकोच कहें या शाक्तों की भाषा में त्रिपुरसुन्दरी, महाकाली, तत्त्व और कंचुक कहें, इनमें कुछ विशेष भेद नहीं रह जाता।

निस्संदेह, आगम शास्त्र बहुत प्राचीन हैं। योगशास्त्र के भाष्यकार ने अनेक स्थलों पर आगमिकों को प्रमाण कोटि में रखकर उसका मत उद्धृत किया है। इनमें स्वभावतः अनेक प्रकार के दार्शनिक विज्ञान और व्यावहारिक विधान भी रहे हैं। परन्तु शैव और शाक्त आगमों की परिणति अद्वैतवाद में ही हुई है। ब्रह्मवाद से यह अद्वैत-दृष्टि थोड़ी अलग है। समूचे शाक्त तंत्र के साहित्य में शक्ति को चिद्रूपा माना गया है। वैसे प्रायः सभी दर्शन शक्ति को किसी-न-किसी प्रकार स्वीकार करते ही हैं और पिछले दो हज़ार वर्षों से तो भारतवर्ष का शायद

ही कोई ऐसा संप्रदाय हो जिसमें उपास्य देवता की शक्ति की कल्पना न की गई हो। हमारे देश का मूर्तिशिल्प शक्तिकल्पना के कारण बहुविचित्र रूप में समृद्ध हुआ है। शैव और शाक्त-तंत्रों की विशेषता यह है कि वे चिद्रूपा-शक्ति को स्वातंत्र्यमयी मानते हैं। यह विश्व-शक्ति के स्वातंत्र्य का ही फल है। जान-बूझकर 'परिणाम' शब्द का व्यवहार नहीं कर रहा हूँ। भारतीय दर्शनों में 'परिणाम' शब्द का एक निश्चित पारिभाषिक अर्थ है। उस दृष्टि से यह परिदृश्यमान जगत् विश्व-शक्ति का वैसा ही 'परिणाम' नहीं है जिस प्रकार दही दूध का परिणाम होता है। वह वस्तुतः शक्ति का प्रसार और संकोच है। 'प्रसार' और 'संकोच' शक्ति आगमों के अपने शब्द हैं लेकिन आधुनिक भौतिकशास्त्रियों के 'वाइब्रेशन' (कम्पन, एजन) से आश्चर्यजनक साम्य रखते हैं। जगत् के रूपायित होने के मूल में संकोच और प्रसार या 'एजन' की निरन्तर चलती रहनेवाली प्रक्रिया है। सो यह सृष्टि शक्ति का परिणाम नहीं, शक्ति रूप ही है। आधुनिक भौतिकशास्त्री 'एजन' या 'संकोच-प्रसारशील कंपन' का संधान तो पा गए हैं पर उसकी चिद्रूपता स्वीकार करने में हिचकते हैं। शाक्ततंत्र उसकी चिद्रूपता को स्वीकार करके ही आगे बढ़ता है। मूलतः वह चैतन्य तत्त्व का ही अन्वेषी है। उपरले स्तर पर विरोध और वैविध्य दिख सकता है पर मूल प्रश्न एक ही है। यह मार्ग भी चिन्मय आनन्द तत्त्व का ही अन्वेषक है।

हमारा यह देश बहुत बड़ा है, स्थान में भी और काल में भी। न जाने कब से यहाँ के ऋषियों, मुनियों, संतों और कवियों ने अपने अनुभूत सत्य को नाना भाव से प्रकट करने का प्रयत्न किया है। वेदों का सम्मान निरन्तर होता आया है, परन्तु ऐसे शक्तिशाली संप्रदाय भी उत्पन्न हुए हैं जो वेदों को नहीं मानते। अनेक प्रकार की विचारधाराएँ जब क्रमबद्ध युक्ति-तर्क का आश्रय लेती हैं तो 'दर्शन' कहलाती हैं; जब जीवन के नियामक विश्वासों और आचरणों का रूप ग्रहण करती हैं तो 'धर्म' कहलाती हैं और जब जीवन के मंगल के लिये ठोस सुन्दर रूप में अभिव्यक्ति पाती हैं तो 'कला' का नाम धारण करती हैं। यह 'कला' छन्द और स्वर का भी माध्यम ग्रहण करती है, चित्र वास्तु और मूर्ति के रूप में भी प्रकट हो सकती है तथा मिट्टी, पत्थर, काँसा और ताँबे की कमनीय मूर्तियों का रूप भी ले सकती है। इस प्रकार प्रत्येक आचरण और निर्माण के पीछे एक स्पष्ट विचारधारा है। इन विचारों का बौद्धिक रूप 'दर्शन' है, आचरणात्मक रूप 'धर्म' है और सुन्दर माङ्गल्यमय अभिव्यक्ति 'कला' है। हमारे दर्शन का साहित्य बहुत ही बड़ा है; संक्षेप में उसकी चर्चा करना संभव नहीं।

उसी प्रकार धर्म और कला का साहित्य भी अत्यन्त विशाल है। संस्कृत, पालि, अपभ्रंश और आधुनिक देश-भाषाओं में लाखों पुस्तकें लिखी गई हैं और अब भी लिखी जा रही हैं। क्या कोई एक मूल बात इस सारे साहित्य में खोजी जा सकती है ? ऊपर-ऊपर से देखने से यह बात बिलकुल कठिन जान पड़ती है। वह कौन-सी बात है जो आस्तिक और नास्तिक कहे जानेवाले दर्शनों में, सगुण और निर्गुण कही जानेवाली भाव-धाराओं में, ब्राह्मण और ब्राह्मणेतर मानी जाने वाली विचारश्रृंखलाओं में समान रूप से पाई जा सके। क्या ऐसी कोई प्राण-शक्ति है जो ऊपर-ऊपर से बहु-विचित्र दीखने वाली दर्शन, धर्म, और कला की मूल प्रवर्तिका मानी जा सके ? कुछ विद्वानों ने उस मूल-प्रवृत्ति को खोजने का प्रयास किया है। सर जॉन उडरफ ने एक भारत-धर्म की कल्पना करने का प्रयास किया था। उनका कहना है कि भारत-धर्म की पहली विशेषता यह है कि यह जगत् केवल अस्त-व्यस्त और अव्यवस्थित रूप नहीं है बल्कि एक निश्चित व्यवस्था में बँधा हुआ है। यह व्यवस्था या आर्डर बहुत ही महत्त्वपूर्ण वस्तु है। यह जगत् अस्त-व्यस्त वस्तुओं का भाण्डार नहीं है जिसके प्राणियों में परस्पर कोई नियामक सम्बन्ध नहीं है। धर्म वही नियामक सम्बन्ध है जिसके कारण विश्व स्थित है। धर्म-रहित संसार नष्ट-भ्रष्ट हो जाएगा, किंतु ऐसा होना संभव नहीं है क्योंकि धर्म अधर्म में भी रहता है। धर्म सम्पूर्ण के अंश में भी विद्यमान हो सकता है, वह संसार की वस्तुओं की प्रवृत्ति में निहित है। अतएव इसका अभ्युदय प्रकृति के अनुकूल है। धर्म ऊपर से लादा हुआ कोई विधान नहीं है। संसार की जो वस्तु जिस रूप में है वह उन तत्त्वों की प्रकृति के कारण है जिनके द्वारा उस वस्तु का निर्माण हुआ है। धर्म वस्तुतः सत्ता का प्रकाशन है, वह पूर्णतया तभी नष्ट हो सकता है जब संसार नष्ट हो जाय। अतएव धार्मिकता में विश्वास करने का अर्थ किसी निरंकुश नियन्ता के सम्मुख अपनी विवशता में नहीं, अपितु तर्क पर आधारित बुद्धिग्राह्य सिद्धान्तों में विश्वास करना है। धर्म व्यष्टि और समष्टि दोनों का नियमन करता है। यह समष्टि भी अनुरूपात्मक है, जिस सिद्धान्त द्वारा व्यष्टि और समष्टि अङ्गाङ्गि भाव से सम्बद्ध रहते हैं वह भी धर्म ही है। अतएव 'भारत धर्म' के अनुसार धार्मिक व्यक्ति वह है जो यह समझता है कि वह संसार के सभी प्राणियों से अनेकानेक रूपों में सम्बद्ध है, तथा अधार्मिक वह है जो अन्य प्राणियों का कोई ध्यान रखे बगैर सभी को अहंकार-वश अपने सीमित स्वार्थों की दृष्टि से आँकता है। यदि सभी प्राणी इस अधार्मिक प्रवृत्ति को ग्रहण कर लें तो संसार का नाश हो जाय। इसीलिए सभी मजहब नैतिकता के मूल सिद्धान्तों के विषय में एकमत हैं। सभी मजहब इस बात की

घोषणा करते हैं कि स्वार्थपरता पाप का मूल है। इससे प्रकट हुआ कि नैतिकता मनुष्य का वास्तविक स्वभाव है। सामान्य-धर्म सर्व-नियामक है किन्तु विशेष-धर्म विशिष्ट प्राणि-समूहों के अनुसार भिन्न-भिन्न हैं। अतः अननुरूपता दुःख है और असद् व्यवहार ही सब बुराइयों की जड़ है। जो जैसा करता है उसको वैसा ही फल मिलता है यह एक सर्व-ग्राह्य सिद्धान्त है। कर्मानुसार फल शीघ्र भी दिखाई दे सकता है और काफी समय के उपरान्त भी। यदि इस जन्म में नहीं तो आगामी जन्म में सही, किन्तु कर्मों का फल भोगना अवश्य पड़ता है। जन्म और मरण का अर्थ शरीर-रचना और शरीर का नाश है। शरीरबद्ध आत्म-तत्त्व शाश्वत और संख्यातीत है। भौतिक विश्व बनता-बिगड़ता रहता है क्योंकि दृश्य और अदृश्य होते रहने का तात्कालिक कारण इच्छा है जिसे बौद्ध मत 'तृष्णा' कहता है। 'तृष्णा' का अर्थ है दृश्य जगत् में भोग की इच्छा। 'इच्छा' कर्म को प्रेरणा देती है और कर्म पुनः इच्छा उत्पन्न करता है। कर्म धार्मिक भी हो सकता है और अधार्मिक भी। धार्मिक कर्म से व्यक्ति को सुख और अधार्मिक कर्म से दुःख होता है। प्रत्येक जीवात्मा को संसार में बार-बार उस समय तक जन्म लेते रहना पड़ता है, जब तक कि उसे सभी इच्छाओं से मुक्ति नहीं मिल जाती। पुनर्जन्म का सिद्धान्त इसी से सम्बद्ध है। संसार में अर्थ और काम का अनुगमन करते हुए भी धर्म के द्वारा अल्पस्थायी सुख प्राप्त किया जा सकता है और धर्म के द्वारा उचित इच्छाओं की पूर्ति की जा सकती है। धर्म, अर्थ, और काम इन्हीं तीनों को ब्राह्मण-मत 'पुरुषार्थ' वर्ग कहता है किन्तु जिस प्रकार इच्छा का प्रकाशन 'रूप' में होता है उसी प्रकार इच्छा का अभाव रूप-हीनता की ओर ले जाता है। जो इस स्थिति (इच्छा-हीनता) को प्राप्त कर लेते हैं उन्हें मोक्ष या निर्वाण मिल जाता है। मोक्ष को चौथा पुरुषार्थ कहा गया है जो परिवर्तनशील रूप-जगत् से ऊपर परम आनन्द की अवस्था है। इस स्थिति में पहुँच जाने पर इच्छाजन्य दुःखों से मुक्ति मिल जाती है। इस प्रकार लोग या तो सर्वसामान्य नियम अर्थात् कर्म का पालन करते हुए अपनी सांसारिक इच्छाओं की पूर्ति कर सकते हैं या इच्छाओं को त्याग कर निर्वाण प्राप्त कर सकते हैं। धर्ममय सभ्यता व्यष्टि और समष्टि का हित करती हुई सबकी आध्यात्मिक उन्नति करती है जिससे प्राणि-मात्र को न्यायोचित ढंग से वास्तविक सुख की प्राप्ति होती है, क्योंकि सुख मानवता का तात्कालिक और अंतिम लक्ष्य है।

इस विचार में धर्म शब्द का बड़ा व्यापक अर्थ लिया गया है। वह समस्त विश्व की परिचालित व्यवस्था का ही नामान्तर है किन्तु इसमें संदेह नहीं कि

समूचे भारतीय साहित्य में कुछ मुख्य बातें समान भाव से स्वीकार कर ली गई हैं। मनुष्य जो कुछ करता है उसका फल मिलता है, फल भोगने के लिए उसे अनेक जन्म धारण करने पड़ते हैं, फलाकांक्षा के कारण अनेक योनियों में भटकना पड़ता है, आकांक्षा की निवृत्ति से उसे छुटकारा मिलता है। निश्चित रूप से आचरण रूप में उल्लिखित सामान्य और विशेष धर्म उसे फलाकांक्षा निवृत्त करने के उपाय मात्र हैं। आकांक्षा की समाप्ति उसे शुद्ध निर्लिप्त 'केवल' रूप में छोड़ देती है। यहाँ 'केवल' बन जाना ही कैवल्य या मोक्ष है। साधक का 'स्व-रूप' में अवस्थान ही कैवल्य है। वही परम काम्य आनन्द है।

शिव प्रकाश हैं, शक्ति विमर्श हैं। प्रकाश रूप शिव के साथ विमर्श रूपा शक्ति के सामरस्य को ही 'परा संवित्' कहते हैं। शिव सदा शक्तियुक्त रहते हैं, इसलिए उनके निष्क्रिय रूप की कल्पना ही नहीं की जाती। शाक्त आगम 'होना-मात्र' (भवनव्यापार) को भी क्रिया ही मानते हैं। शिव में शक्ति योग से जो कर्तृत्व है वह स्वाभाविक है, कृत्रिम, आरोपित या आगन्तुक नहीं। शुद्ध प्रकाश या शुद्ध विमर्श एक आदर्श या कल्प (आइडियल) है, जो परिकल्पना मात्र है। आत्मस्थिति में अवस्थान ही शुद्ध विमर्श है। उसी के क्षोभ से 'एजन' होता है और विश्वप्रपंच का विस्तार होता है। जो कुछ है (अस्ति) और जो कुछ भासित हो रहा है (भासते) वह सब संविद्रूपा भगवती का ही रूप है। शाक्त आगम मानता है कि 'अस्ति' और 'भासते' वस्तुतः एक ही तत्त्व के वाचक हैं। जो है (सत्ता) उसी का भान होता है (चिति), और जिसका भान होता है वह सत्ता ही है। सो चिति ही सत्ता है और सत्ता ही चिति। सत्ता के स्तर पर चिति का और चिति के स्तर पर सत्ता का साक्षात्कार हो सकता है।

कोई नहीं बता सकता कि परिदृश्यमान विश्व-प्रपंच कब शुरू हुआ, इसीलिए यह अनादि कहा जाता है। श्रुति से जाना जाता है कि सच्चिदानन्द परब्रह्म को इच्छा हुई कि 'मैं एक हूँ अनेक होऊँ'। क्यों उसे इच्छा हुई? उसे किस बात का अभाव था? कोई नहीं बता सकता। यह उसकी लीला है। यही इच्छा प्रथम स्पन्द है। ज्ञान से इच्छा हुई और इच्छा ने क्रिया का रूप धारण किया। इस प्रकार ज्ञान इच्छा-क्रिया का क्रम शुरू हो गया। वस्तुतः सारा जगत् ज्ञान-इच्छा-क्रिया रूप में त्रिपुटीकृत है। शाक्त आगमों में इस त्रिपुटीकरण की विधायिका शक्ति को ही 'त्रिपुरा' कहा गया है। ब्रह्म की यह एक शक्ति है। शैव आगमों में परंब्रह्म को ही 'परमशिव' कहते हैं।

इस वेद-वाक्य के आधार पर ही समस्त आस्तिक दर्शन सृष्टि-प्रपंच की व्याख्या करते हैं। ज्यों ही ब्रह्म में इच्छा-शक्ति का आविर्भाव हुआ त्यों ही

वह सगुण हो गया। सृष्टि का हेतु यह सगुण ब्रह्म ही है। वेदान्त इसी को अपरंब्रह्म कहता है और शैवागम अपरशिव। यहीं प्रथमा कला का प्रादुर्भाव होता है, इसीलिए शैवागम 'सकल' परमात्मा कहता है। सकल अर्थात् कलायुक्त। सच्चिादानन्द-विभव परब्रह्म या परमशिव से सगुण अपरंब्रह्म या सकल परमेश्वर तक आने की स्थिति तक कितने ही रूपों की कल्पना की जा सकती है। परम (सुप्रीम) तत्त्व क्रमशः सूक्ष्म (सट्ल) और फिर क्रमशः स्थूल (ग्रॉस) रूप में व्यक्त हो रहा है। एक रूप से दूसरे तक पहुँचने की अन्तर्वर्ती अवस्थाएँ अनेक होंगी। अनन्त हो सकती हैं। साधना-मार्ग के यात्रियों ने अपने अनुभव अनेक प्रकार के बताये हैं। मूल बात यह है कि सगुण ब्रह्म या सकल परमात्मा में जो इच्छा हुई वह एक प्रकार का स्पन्दन या कंपन (वाईब्रेशन) है, उपनिषदों की भाषा में 'एजन' है। यह कहने की आवश्यकता नहीं कि शब्द कम्पन का ही मूर्त रूप है। इसलिए शैव और शाक्त आगमों में ब्रह्म की (या शिव की) इस इच्छा-शक्ति को 'नाद' कहते हैं। यह अत्यन्त सूक्ष्म है। मनुष्य अपने कानों से जो शब्द सुनता है वह स्थूल है, बहुत स्थूल। केवल बौद्धिक दृष्टि से हम उस प्रथम सूक्ष्म स्पन्द की बात सोच सकते हैं। इच्छा ही नाद है। इच्छा के साथ क्रिया लगी है। क्रिया को ही 'बिन्दु' कहते हैं। 'शारदा तिलक' (१-७) में कहा गया है कि सच्चिदानन्द विभव शिव सकल (कला सहित, सगुण) परमात्मा के रूप में प्रकट हुए और उन्हीं की शक्ति से 'नाद' उत्पन्न हुआ और नाद से 'बिन्दु' की उत्पत्ति हुई :

सच्चिदानन्दविभवात् सकलात् परमात्मनः ।।
आसीच्छक्तिस्ततो नादस्तमाद्बिन्दुसमुद्भवः ।।

सकल परमात्मा की इस शक्ति को ज्ञान-शक्ति कहते हैं। नाद इच्छा-शक्ति है, बिन्दु क्रिया-शक्ति है। यही ज्ञान, इच्छा और क्रिया का त्रिकोण है। नाद या इच्छा-शक्ति गति है, विन्दु या क्रिया-शक्ति स्थिति। गति और स्थिति मिलकर रूप या आकार प्रकट करते हैं।

यद्यपि यह परम सूक्ष्म तत्त्व है, स्थूल उच्चरित शब्द से उसका ठीक-ठीक तात्पर्य नहीं समझा जा सकता, पर लाचारी यह है कि उसको मानस पटल पर ले आने का साधन तो हमारे पास यही स्थूल शब्दों वाली भाषा है। सो, जब हम उस तत्त्व को समझाने के लिए भाषा का प्रयोग करते हैं तो सारी बातें उसमें अँटती नहीं। इसलिए ऐसे प्रसंगों में भाषा को साधन मात्र मानना चाहिए। उसकी सीमा में नहीं उलझना चाहिए। यहाँ स्थूल

शब्दों में इस बात को समझने का प्रयत्न किया जा रहा है। मान लीजिए, प्रथम स्पन्द नाद रूप में प्रकट हुआ। हमारे पास सबसे सूक्ष्म अक्षर 'अकार' है। सबसे स्थूल ओष्ठ्य वर्णों का अन्तिम 'म' कार है, जो ओष्ठों को तो बन्द कर ही देता है, नाक तक की सहायता लेता है। अब, हमारा जाना हुआ मूल स्वर या नाद 'अ' कार ही है। मान लीजिए, प्रथम स्पन्द 'अ' रूप में गतिशील हुआ। यदि सिर्फ गतिशील ही रहे तो कम्पन या स्पन्द नहीं होगा। स्थिति भी चाहिए। नाद ही गति है, बिन्दु ही स्थिति है। गति और स्थिति का विलास ही जगत् है। सो गति रूप नाद सृष्टि के लिये आवश्यक है, उसके साथ ही बिन्दु भी 'म' कार अनुस्वार या चन्द्रबिन्दु रूप में ही तो बदलता है। अब 'अ' स्वर में 'म' व्यञ्जन से रुद्ध हुआ। कण्ठ से ओष्ठ तक उसे यात्रा करनी पड़ी और ओष्ठ बन्द हो गए। बन्द होते समय वह 'उ' जैसा हो जाएगा, इस प्रकार अ-उ-म प्रथम स्पन्द हुआ। पर समाप्त नहीं हुआ। यह तो कम्पन है, चलता ही रहेगा। एक बार उठकर बन्द हो गया तो फिर कम्पन कैसा ? अ-उ-म के इस अक्षरत्रय का मिलित रूप है 'ओम्'। स्थूल वर्णों में समझाया गया है, इसलिए इसके स्थूल उच्चारण पर ही ध्यान जायगा। परन्तु यह समझने का एक तरीका-भर है। प्रथम विश्व-ब्रह्माण्ड-व्यापी स्पन्द (कॉस्मिक वाइब्रेशन) कुछ इसी प्रकार का—लेकिन अत्यन्त सूक्ष्म रूप में—होगा। इसीलिए यह 'ओंकार' विश्व का आरम्भ है। सगुण ब्रह्म का यह नवरूप है। 'नव', 'नवीन' आदि शब्द बहुत अच्छे नहीं हैं, क्योंकि जो नया होता है वह पुराना भी हो जाता है; प्रथम नया स्पन्द कभी पुराना नहीं हुआ। वह प्रतिक्षण नित्य स्पंदित हो रहा है। इसीलिये केवल 'नव' कहना ठीक नहीं है—वह 'प्रणव' है। 'नवं नवं जायमानः' है।

आगमों में ज्ञान-शक्ति, इच्छा-शक्ति और क्रिया-शक्ति को ही बीज, नाद और बिन्दु कहा गया है। आधिदैविक भाषा में कहें तो यह ब्रह्मा, विष्णु, और शिव हैं। इस त्रिधा-विभाजित शक्तित्रय के अधिष्ठातृ-देवता ही ब्रह्म विष्णु और शिव हैं। सृष्टि करने को उद्यत अपरंब्रह्म ही के ठीक पूर्व की निष्कलुष अवस्था को निरंजन कहा जाता है। निरंजन ही सकल परमात्मा या अपरंब्रह्म के रूप में अभिव्यक्त होता है।

परंब्रह्म या परमशिव से अपरंब्रह्म या सकल परमात्मा तक की परिणति का व्यवहार में कोई विशेष उपयोग नहीं है। पर मध्य काल के आगमों और निर्गुणमार्गी साहित्य में मध्यवर्ती अवस्थाओं की कल्पना की गई है और उन कल्पनाओं के आधार पर अल्पविकसित बुद्धि के अनुयायियों ने

पौराणिक आख्यान लिखे हैं। जैसा कि पहले बताया गया है, निष्कल परम शिव से सकल परमात्मा तक की यात्रा की, मनुष्य-बुद्धि की पहुँच के अनुसार, सैकड़ों-हजारों अवस्थाओं की गणना की जा सकती है, की भी गई है। कभी-कभी तो इस विस्तार की जटिल पद्धतियों से औसत तत्त्वजिज्ञासु बिदक जाते हैं। मूल बात को मन में रखकर देखने पर बिदक जाने की सम्भावना नहीं रहेगी।

शास्त्रकारों ने चार अवस्थाएँ बताई हैं—परा, पश्यन्ती, मध्यमा और वैखरी। बिन्दु के विस्फोट के पूर्व परा नामक अवस्था होती है। मूलाधार में कुंडलिनी में यह विद्यमान है। जब यह गतिशील होती है, तब उसमें स्पन्द होता है। इसी सामान्य स्पन्द को पश्यन्ती कहते हैं। इसका स्थान मूलाधार से मणिपूरचक्र तक है। यहीं इसका मन से संयोग होता है। कई पुराने वैयाकरण परा वाक् की चर्चा नहीं करते। अभिनवगुप्त ने 'जरद् वैयाकरणों' के इस मत को ठीक नहीं माना था (प्रत्यभिज्ञाविमर्शिनी, द्वि. भा. पृ० १६१) पर जहाँ स्पन्द ही नहीं है उससे वैयाकरणों का क्या लेना-देना। स्फोट के बाद पश्यन्ती—देखती हुई। बीज में से अंकुर के निकलने पर जो क्रमशः वक्र भाव से ऋजु भाव तक आने की स्थिति है उसकी कल्पना कीजिए। यही साधक भक्तों की 'वामा' या कुटिला पाशहस्ता भगवती हैं। यह शिव की वामा शक्ति है, शब्द और अर्थ की एकमेक मिलितावस्था। फिर मध्यमा, जहाँ वर्ण अलग-अलग होकर सूक्ष्म रूप में उपस्थित होते हैं। यही ऋजुरूपा दण्डहस्ता देवी है। यह 'पंचाशन्मुण्ड-मालिनी' देवी है क्योंकि संस्कृतवर्णमाला के ५० अक्षर की माला धारण किए है। इन्हीं पचास अक्षरों के प्रस्तार-विस्तार से अनन्त पद बनते हैं, अनन्त पदार्थमय जगत् को अर्थ देते हैं। यह भावजगत् है। फिर मातृका! शिव की ज्येष्ठा नामिका वैखरी वृत्ति। शब्द अलग, अर्थ अलग। मन्त्र साधना के सिद्धान्त इसी व्यवस्था से बने हैं। मन्त्र द्वारा उत्पादित देवता नाभि से कंठ तक विद्यमान मध्यमा वृत्ति के विषय हैं। ध्यान द्वारा मनःसंयोग होने से मन्त्र-चैतन्य सिद्ध होता है। जिस मन्त्र में मनःसंयोग नहीं है वह 'मन्त्र' ही नहीं है। मनन के योग से ही मन्त्र बनता है। अङ्गन्यास, मुद्रा और ध्यान से ही पूर्ण मन्त्र-चैतन्य की उपलब्धि होती है। उत्पादित देवता नित्य नहीं होता। मन्त्र तब जाकर सफल होता है जब उससे अपने ही भीतर विद्यमान विशुद्ध चैतन्य को साधक पा जाता है—तन्मय हो जाता है। तन्त्रग्रन्थों में इन बातों का बहुत विस्तार है। देवी के विभिन्न रूपों की सैकड़ों अवस्थाओं की कल्पना है। केवल चिन्मय तत्त्व की उपलब्धि के लिए सैकड़ों ध्यान-मन्त्र और स्तोत्र लिखे गए हैं। कंठ के ऊपर वैखरी वृत्ति

का क्षेत्र है। कंठ के नीचे के चक्रों में सूक्ष्म अक्षरों का विन्यास है। अक्षरों के लिए ही दलों की कल्पना है। किसी अँग्रेज़ साधक को यह तत्त्व सूझ गया होता तो छब्बीस दलों की ही कल्पना करता पर भारतीय साधकों को पचास दलों की कल्पना करनी पड़ी। इक्यावनवाँ अक्षर स्वयं ओंकार है—एकाक्षरब्रह्म! अ से लेकर म तक के अक्षरों का—इसीलिए पद और पदार्थ-मात्र का—समाहार ओम्।

कई बार पद जाना होता है, पदार्थ भी सामने होता है पर 'पहिचान' नहीं होती। 'पहिचान' अर्थात् प्रत्यभिज्ञान। आप गुलाब शब्द (पद) जानते हैं, गुलाब अर्थ (पदार्थ) भी है, फिर भी पहिचान नहीं। इससे स्पष्ट है कि पद और पदार्थ के अतिरिक्त एक और वस्तु है जो दोनों का मेल कराती है। यही 'प्रत्यय' है। अर्थात् पद और पदार्थ को मिलाने वाला तत्त्वद्रष्टा चेतन मन है। जहाँ कहीं वाच्य और वाचक होगा वहीं चेतनद्रष्टा का यह ज्ञान उपस्थित होना चाहिए। नहीं तो अर्थ की प्रतीति नहीं होगी। अब ओंकार या प्रणव क्या है? यदि प्रणव को परमात्मा का वाचक माना जाए तो स्वीकार करना पड़ेगा कि किसी चेतन तत्त्व की प्रतीति भी इसके साथ सम्बद्ध है। लेकिन आगमों के अनुसार प्रणव या ओंकार सूक्ष्म वेद है अर्थात् ज्ञान ही है। वह ज्ञाता नहीं है, ज्ञेय भी नहीं है। वह स्वयं ज्ञान है। दूसरे शब्दों में ज्ञेय की प्रतीति का साधन है। स्थूल ज्ञान से वह भिन्न है। वह सूक्ष्म ज्ञान है। इसलिए उसे वाचक नहीं कहा जा सकता। परन्तु उसमें भी ज्ञाता और ज्ञेय का भेद मिटा नहीं है। वहाँ भी ज्ञातृ-ज्ञेय-भेद बना हुआ है। इस बात को आगमों में अनेक प्रकार से समझाया गया है। अ, उ और म इन तीन अक्षरों को कभी बीज, नाद और बिन्दु कहा गया है, कभी ज्ञान, इच्छा और क्रिया कहा गया है। यह स्थूल बीज, नाद और बिन्दु से भिन्न, केवल भावरूप में वर्तमान होने के कारण सूक्ष्म है। यही कारण है कि आगमों में यज्ञ-याग का विधान करने वाले ध्वन्यात्मक वेद को स्थूल वेद कहा है। और यज्ञ-याग की साधन-भूत सामग्रियों को रूप देनेवाले, भावरूप में वर्तमान ओंकार रूप समष्टिगत स्पन्द को सूक्ष्म वेद कहा है। यह भी साधन है 'पर ज्ञान' नहीं है 'अपर ज्ञान' है। पर ज्ञान तो परासंवित् ही है। जहाँ ज्ञाता, ज्ञेय और ज्ञान एकमेक हो जाते हैं, वहाँ ज्ञान दृश्य या दर्शन मात्र नहीं है। वह द्रष्टास्वरूप भी है। इसीलिए परासंवित् इससे भी अधिक सूक्ष्म है। शैवागमों में इस परासंवित् की महिमा इस प्रकार बताई गई है—"प्रत्येक पिण्ड में वही चंचला परासंवित् रूपायित हो रही है। प्रत्येक मनोभाव में उसी परासंवित्

का रूप स्फुरित हो रहा है। और प्रत्येक बौद्धिक व्यापार में उसी परासंवित् का प्रकाश उद्भासित हो रहा है। इस प्रकार परासंवित् ही संसार के स्थूल और सूक्ष्म सभी पदार्थों के रूप, प्रकाश और बोध के रूप में प्रकाशित हो रही है।

सो, विशुद्ध ज्ञानमयी संविद्रूपा भगवती ही इस दृश्यमान जगत्प्रपंच के रूप में हमारे सामने हैं। किसी बिन्दु पर उन्हें प्राप्त किया जा सकता है। समस्त जगत्प्रपंच की आदि योनि होने के कारण ही उन्हें 'कुल' कहा जाता है। शिव 'अकुल' हैं। कुल और अकुल का संबंध ही कौलभाव है। 'सौभाग्यभास्कर' में इसी बात को इस प्रकार कहा गया है—

कुलं शक्तिरिति प्रोक्तम् अकुलं शिव उच्यते।
कुलेऽकुलस्य संबंधः कौलमित्यभिधीयते॥

शाक्त तंत्र अद्वैत तत्त्व में विश्वास करते हैं। ससार के सभी पदार्थ ज्ञाता, ज्ञेय और ज्ञान इन तीन भागों में विभक्त हैं। ज्ञाता ज्ञान का कर्त्ता है और ज्ञेय उसका विषय। जानने की प्रक्रिया ही ज्ञान है। बताया गया है कि ज्ञाता, ज्ञेय और ज्ञान के रूप में यह जगत् त्रिपुटीकृत है। ज्ञान रूप धर्म के एक होने के कारण ये सारे सजातीय हैं अर्थात् 'कुल' हैं। कुल सम्बन्धी सच्ची जानकारी को ही 'कौल-ज्ञान' कहते हैं। और भी स्पष्ट शब्दों में कहा जा सकता है कि ब्रह्म ज्ञानरूप है, जगत् ब्रह्ममय है, इसलिए ब्रह्म से भिन्न नहीं है—इस प्रकार का जो पूर्ण अद्वैत ज्ञान है वही 'कौल-ज्ञान' है। प्रत्येक मनुष्य समान भाव से विकसित नहीं है। पर सत्य को प्राप्त करने की इच्छा होनी चाहिए। कुछ जीवों में सांसारिक आसक्ति अधिक होती है। साधना मार्ग में आने पर वे 'पशु' भाव के साधक कहे जाते हैं। उन्हें ऐसा इसलिए कहा जाता है कि वे मोहपाश में बद्ध रहते हैं। ऐसे साधकों के लिए शास्त्रों में अलग ढंग की साधना विहित है। कुछ दूसरे ऐसे होते हैं जिन्हें अद्वैत भाव का उथला आभास मिला रहता है। यह भी भगवती का अनुग्रह ही है कि उन्हें परम सत्य का आभास मिला रहता है। गुरु की कृपा से और निरन्तर साधना से वे मोहपाश को छिन्न करने में समर्थ होते हैं। ये 'वीर साधक' कहे जाते हैं। ये क्रमशः सीढ़ी-दर-सीढ़ी अद्वैत ज्ञान की ओर अग्रसर होते रहते हैं और आगे चलकर अद्वय ज्ञान प्राप्त कर लेते हैं। परन्तु जो साधक जन्मजन्मांतर के पुण्य के बल से ज्ञान को ग्रहण कर सकते हैं वे 'दिव्य' कहलाते हैं। इन तीन श्रेणी के साधकों में भी अनेक मध्यवर्ती अवस्थाएँ हैं। इनके लिए अलग-अलग साधनाओं का विधान है।

तन्त्रशास्त्र में सात प्रकार के आचार बताए गए हैं—वेदाचार, वैष्णवाचार, शैवाचार, दक्षिणाचार, वामाचार, सिद्धान्ताचार और कौलाचार। इनमें जो (१) वेदाचार है उसमें वैदिक काम्य कर्म यागयज्ञादि विहित हैं। तंत्र के मत से वह सबसे निचली कोटि की उपासना है। (२) वैष्णावाचार में निरामिष भोजन, पवित्र भाव से व्रत-उपवास, ब्रह्मचर्य और भजनासक्ति विहित है। (३) शैवाचार में यम-नियम, ध्यान-धारणा, समाधि और शिव शक्ति की उपासना, तथा (४) दक्षिणाचार में उपर्युक्त तीनों आचारों के नियमों का पालन करते हुए रात्रिकाल में भाँग आदि का सेवन करके इष्ट मंत्र का जाप करना विहित है। यद्यपि इन चारों में पहले से दूसरा, दूसरे से तीसरा और तीसरे से चौथा श्रेष्ठ है, परन्तु ये चारों ही आचार पशु भाव के साधक के लिए ही विहित हैं। इसके बाद वाले आचार वीर भाव के साधक के लिये हैं। (५) वामाचार में आत्मा को वामा (शक्ति) रूप में कल्पना करके साधना विहित है। (६) सिद्धान्ताचार में मन को अधिकाधिक शुद्ध करके यह बुद्धि उत्पन्न करने का उपदेश है कि शोधन से संसार की प्रत्येक वस्तु शुद्ध हो जाती है। ब्रह्म से लेकर ढेले तक में कुछ भी ऐसा नहीं है जो परमशिव से भिन्न हो। इनमें सबसे श्रेष्ठ आचार है अन्तिम कौलाचार। इसमें कोई भी नियम नहीं है। इस आचार के साधक साधना की सर्वोच्च अवस्था में उपनीत हो गये होते हैं, और जैसा कि 'भावचूड़ामणि' में शिवजी ने कहा है, कर्दम और चन्दन में, पुत्र और शत्रु में, श्मशान और गृह में तथा स्वर्ण और तृण में लेश मात्र भी भेद-बुद्धि नहीं रखते :

कर्दमे चन्दनेऽभिन्नं पुत्रे शत्रौ तथा प्रिये।
श्मशाने भवने देवि तथा वै काञ्चने तृणे।
न भेदो यस्य लेशोऽपि स कौलः परिकीर्तितः।

इसी भाव को बताने के लिए मत्स्येन्द्र ने 'अकुलवीर तन्त्र' में कहा कि जब तक अकुलवीर रूपी अद्वैतज्ञान नहीं, तभी तक बाल बुद्धि के लोग नाना प्रकार की जल्पना करते रहते हैं। यह धर्म है, यह शास्त्र है, यह तप है, यह लोक है, यह मार्ग है, यह दान है, यह फल है, यह ज्ञान है, यह ज्ञेय है, यह शुद्ध है, यह अशुद्ध है, यह साध्य है, यह साधक है, यह तत्त्व है, यह ध्यान है—ये सब बाल बुद्धि के विकल्प हैं (अकुलवीर तंत्र, ए ७८-८७)। जिसे यह अद्वैत ज्ञान प्राप्त हो गया रहता है उसे प्राणायाम, समाधि और ध्यान-धारणा की आवश्यकता नहीं रहती (१७-२०), वह ब्रह्मा, शिव, रुद्र, बुद्ध, देवी आदि उपास्यों से अभिन्न होकर स्वयं ध्यान और ध्याता बन जाता है

(२६-२८)—यह यज्ञ-उपवास, पूजा-अर्चना, होम, नित्य-नैमित्तिक विधि, पितृकार्य, तीर्थ-यात्रा, धर्म-अधर्म, स्नान, ध्यान सब के अतीत हो जाता है (४३-४६)। और अधिक कहने से क्या लाभ, वह व्यक्ति समस्त द्वन्द्वों से रहित हो जाता है :

अथ किं बहुनोक्तेन सर्वद्वंद्वविवर्जितः।

वस्तुतः तंत्रशास्त्र का लक्ष्य अद्वैत ज्ञान ही है। तंत्र ग्रंथों में जो अनेक प्रकार की सिद्धियों और साधनाओं का विस्तार है वह अनेक प्रकार के अधिकारियों को ध्यान में रखकर लिखे गये हैं। तंत्रशास्त्र में बीज तत्त्व, मंत्रजप, मंत्रचैतन्य, नाद-बिन्दु-कला, गुरु-तत्त्व, दीक्षा-तत्त्व, अध्वशुद्धि, मातृका विचार, न्यास आदि विधियाँ विस्तारपूर्वक समझाई गई हैं। उनका लक्ष्य शिव और शक्ति के अद्वय रूप के साथ सामरस्य अनुभव करना ही है। सर्वत्र मुख्य लक्ष्य अद्वैतभाव या कौलभाव ही है। कई बार इस बात को बड़ी धक्का-मार भाषा में कहा गया है पर उद्देश्य एक ही है—विधि-निषेध के पचड़े से ऊपर उठकर मूल और अद्वैत भाव की प्राप्ति।

कौल मार्ग का अत्यन्त संक्षिप्त और फिर भी अत्यन्त शक्तिशाली उपस्थापन 'कौलोपनिषद्' में दिया हुआ है। इस उपनिषद् के पढ़ने से इस मत के साधकों का अडिग विश्वास और रूढ़िविरोधी मनोभाव स्पष्ट हो जाता है और यह भी स्पष्ट हो जाता है कि बौद्ध नैरात्म्यवाद से इस मत का मौलिक भेद है। यह उपनिषद् सूत्र रूप में लिखी गई है। आरम्भ में कहा गया है कि ब्रह्म का विचार हो जाने के बाद ब्रह्मशक्ति (धर्म) की जिज्ञासा होती है। ज्ञान और बुद्धि ये दोनों धर्म (शक्ति) के स्वरूप हैं। जिनमें एकमात्र ज्ञान ही मोक्ष का कारण है, और मोक्ष वस्तुतः सर्वात्मता सिद्धि (अर्थात् समस्त जागतिक प्रपंचों के साथ अपने को अभिन्न समझने) को कहते हैं। प्रपंच से तात्पर्य पाँच विषयों (शब्द, स्पर्श, रूप, रस, गंध) से है। इन पाँच विषयों को जानने वाला प्राण विशिष्ट जीव भी अभिन्न ही है। फिर योग और मोक्ष दोनों ज्ञान हैं, अधर्म का कारण अज्ञान है, परन्तु यह अज्ञान भी ज्ञान से भिन्न नहीं है। मतलब यह कि यद्यपि ब्रह्म का कोई धर्म नहीं है फिर भी अविद्या के कारण ब्रह्म को ही मनुष्य नानारूपधर्मारोप के साथ देखता है, अविद्या भी ज्ञान अर्थात् ब्रह्म की शक्ति ही है। अज्ञान ही ज्ञान है और अधर्म ही धर्म है। इसका मतलब यह है कि ब्रह्म और ब्रह्मशक्ति में कोई भेद नहीं है। यही मुक्ति है। जीव के पाँच बन्धन हैं—(१) अनात्मा में आत्मबुद्धि, (२) आत्मा में अनात्म बुद्धि, (३) जीवों में परस्पर भेद ज्ञान, (४) ईश्वर (अर्थात् उपास्य) और

आत्मा (अर्थात् उपासक) में भेद बुद्धि, और (५) चैतन्य अर्थात् परं ब्रह्म से आत्मा को पृथक् समझने की बुद्धि। ये पाँचों बन्धन भी ज्ञान रूप ही हैं क्योंकि यह सभी ब्रह्मशक्ति का विलास हैं। इन्हीं बन्धनों के कारण मनुष्य जन्म-मरण के चक्रों में पड़ता है। इसी देह में मोक्ष है। ज्ञान यह है—समस्त इन्द्रियों में नयन प्रधान है, नयन अर्थात् आत्मा। धर्मविरुद्ध कार्य करणीय है, धर्म-विहित करणीय नहीं है। यहाँ धर्म का तात्पर्य धर्मशास्त्र से है जो सीमित जीवन के विधि-निषेध का व्यवस्थापक माना जाता है। सब कुछ शांभवी (शक्ति) का रूप है। इस मार्ग के साधक के लिए वेद मान्य नहीं हैं। अर्थात् वैदिक कर्म-काण्ड चरम साधना नहीं है। गुरु एक ही होता है और अन्त में सर्वैक्यता बुद्धि प्राप्त होती है। मंत्रसिद्धि से पूर्व वेदादि का अर्थात् कर्मकाण्ड का त्याग करना चाहिए, उपासना पद्धति को प्रकट नहीं करना चाहिए। अन्याय ही न्याय है। किसी को कुछ नहीं गिनना चाहिए। अपना रहस्य शिष्य-भिन्न किसी को नहीं बताना चाहिए। भीतर से शाक्त, बाहर से शैव और लोक में वैष्णव होकर रहना यही आचार है। आत्मज्ञान से ही मुक्ति होती है। लोक-निन्दा वर्जनीय है। अध्यात्म यह है—व्रताचरण न करे, नियमपूर्वक न रहे। नियम मोक्ष का बाधक है। कभी कौल संप्रदाय की स्थापना नहीं करनी चाहिए, सबमें समता की बुद्धि रखनी चाहिए, ऐसा करनेवाला ही मुक्त होता है—वही मुक्त होता है।

इस धवकामार भाषा में जो बात मुख्य रूप से कही गई है वह यह है कि अद्वैत भाव की अनुभूति ही चरम लक्ष्य है। भेद-बुद्धि के कारण ही ऊँच-नीच, छोटा-बड़ा, पवित्र-अपवित्र, शोभन-अशोभन का विचार किया जाता है। जो पहुँचा हुआ ज्ञानी है उसके लिए ये नियम और मर्यादाएँ अनावश्यक हैं।

आगमों का परमात्मा कहीं बाहर खोजने को नहीं है। जो कुछ ब्रह्माण्ड में है वह सब पिण्ड में उपलभ्य है—'ब्रह्माण्डेऽप्यस्ति यत् किंचित् तत् पिण्डेऽप्यस्ति सर्वथा'। इसी शरीर में शिव और शक्ति की लीला निरन्तर चल रही है। मन्त्र-शक्ति, जप और ध्यान के सहारे अन्तःस्थित संविद्रूपा भगवती को प्राप्त किया जा सकता है। परवर्ती काल के भक्ति मार्ग में इस विचार के ग्रहण किए जाने और स्वीकार करने के प्रयत्न हुए हैं। वस्तुतः भारतीय साहित्य इस साधना से पूर्णतः प्रभावित है। चाहे वह निर्गुण-मार्गी भक्तों का साहित्य हो चाहे सगुणमार्गी भक्तों का, उसके मूल में आगमों के तत्त्ववाद का प्रभाव है। भारतीय धर्म-साधना या शिल्प-साधना के रहस्यों को समझने के लिए तन्त्रसाहित्य के मूलसिद्धान्तों की जानकारी आवश्यक है।

इतने महत्त्वपूर्ण शास्त्र की उपेक्षा एक भयंकर प्रमाद है। परन्तु खेद के साथ कहना पड़ता है कि यह प्रमाद हो रहा है और पता नहीं कब तक चलता रहेगा। संस्कृत-साहित्य के अनुरागियों के लिए तो इस शास्त्र का अनुशीलन आवश्यक है ही, परवर्ती भारतीय भाषाओं के साहित्य के अध्ययन के लिए भी परम आवश्यक है। आशा है संस्कृत-साहित्य सम्मेलन इस महत्त्वपूर्ण साहित्य के सम्पादन, प्रकाशन और प्रचार में अधिक सचेष्ट होगा। तन्त्र सोसाइटी ने इस दिशा में महत्त्वपूर्ण कार्य किया है। इस देश में भी ऐसा प्रयत्न होना चाहिए और भारतीय भाषाओं के माध्यम से शास्त्रीय तत्त्वों की व्याख्या का प्रयत्न होना चाहिए। यदि हमारे देश के विद्वानों में ऐसा प्रयत्न करने की सद्-बुद्धि आए तो आज की यह चर्चा सार्थक कही जाएगी। इस आशा को मन में रखकर मैं आपको अपनी हार्दिक प्रणति निवेदन करता हूँ।[1]

१. तंत्रपरिषद् (अखिल भारत संस्कृत साहित्य सम्मेलन, दिल्ली, १९६६) के अध्यक्ष पद से दिया गया भाषण।

संविद्रूपा महामाया

तुलसीदासजी कह गये हैं कि इस जगत् में सभी पदार्थ भरे पड़े है, परन्तु कर्म-हीन मनुष्य उन्हें पा नहीं रहा है—'सकल पदारथ एहि जग माँहीं, करम हीन नर पावत नाहीं' ! निस्सन्देह यह जगत् 'पदार्थों' से भरा है। पदार्थ, अर्थात् पदों के अर्थ; शब्दों के मतलब। 'घट' एक शब्द है और संसार में जो एक विशेष आकार-प्रकार का बना हुआ पात्र है वह उसका अर्थ है। व्यवहार की दुनिया में जो कुछ दिखाई दे रहा है वह किसी-न-किसी पद का अर्थ है—पदार्थ है। यह जगत् पदार्थों से भरा है। मगर इस तरह कहने-सुनने वाले मान लेते हैं कि पद पहले है, पद का अर्थ बाद में। 'घड़ा' नामक पदार्थ वस्तुतः 'घड़ा' शब्द का अर्थ है। उस वस्तु का नाम घड़ा नहीं है, बल्कि 'घड़ा' शब्द का वह अर्थ है। बात कुछ साफ नहीं हुई। यह भी सोचने का कोई ढंग है ? लेकिन इस देश के बड़े-बड़े दार्शनिक ऐसा ही कह गये हैं और हमारी भाषा इसी ढंग से सोची हुई अभिव्यक्तियों को ढोती चली आ रही है। हम जानकर और अन-जान में भी वस्तुओं को 'पदार्थ' कहते जा रहे हैं। कुछ बात होनी चाहिए। तुलसीदासजी के कथन के उत्तरार्ध से आज हम नहीं उलझने जा रहे हैं। सच-मुच ही 'करमहीन नर' इन पदार्थों को पा रहा है या नहीं पा रहा है, इस झमेले में अभी हम नहीं पड़ रहे हैं। सवाल यह है कि जगत् पदों के अर्थ से भरा है या इस दुनिया में जितनी चीज़ें दिखाई दे रही हैं, उनके लिए हम अलग-अलग नाम दिया करते हैं, शब्द बनाया करते हैं। शब्द 'नाम' है और अर्थ 'रूप' है, शब्द 'पद' है और उसके द्वारा अभिधेय वस्तु 'पदार्थ' है। इस विचित्र देश के विचित्र विचारक कहते आये हैं कि संसार पदार्थों से भरा है—जो कुछ दिख रहा है या अनुभूत हो रहा है, वह पदों का अर्थ है। मन मानना नहीं चाहता

कि शब्द पहले है और अर्थ बाद में। मगर 'पहले' का क्या मतलब ? और बाद का भी क्या मतलब ? मतलब ऊपर-ऊपर से ऐसा ही लगता है कि मनुष्य के मन में शब्द पहले आता है और अर्थ बाद में। हैं दोनों ही। सिर्फ मन में आने की बात का झगड़ा है। पदों के अर्थ बराबर विकसित होते रहे। आजकल इन पदों के अर्थ-विकास के वैज्ञानिक अध्ययन के लिए अलग शास्त्र बन गया है। अपने देश में भी इसके अध्ययन का विस्तृत शास्त्र बना था। आजकल अर्थ-विकास का वैज्ञानिक विवेचन करनेवाले शास्त्र को अंग्रेजी में सिमेंटिक्स कहते हैं। लेडी फ्लोरिडा नाम की विदुषी महिला ने अर्थ-विकास के अध्ययन के बाद यह अनुभव किया कि 'शास्त्र' नाम की जितनी वस्तुएँ आजकल प्रचलित हैं, उनमें 'वास्तविकता' या 'रिएलिटी' तक हम नहीं पहुँचते। वे केवल शब्दों की मार-पेंच सिखाते हैं। वे कहती हैं कि गणित और तर्कशास्त्र (लॉजिक) में भी हम 'रिएलिटी' को नहीं स्पर्श करते, केवल शब्दों का खेल खेला करते हैं ! वास्तविकता अछूती रह जाती है। उसे समझने के लिए शास्त्र केवल इंगित-भर करते रहते हैं। स्वयं तो वे केवल शब्द जाल हैं। मध्यकाल के वैष्णव कवि ने जब कहा था कि, जो जितना ही कल्पना-कुशल है वह उतना ही बड़ा पंडित माना जाता है और अपनी कल्पनाओं को ही तार्किक लोग 'शास्त्र' माना करते हैं—

> **ये यत्राधिककल्पनाकुशलिनस्ते तत्र विद्वत्तमाः**
> **स्वीयं कल्पितमेव शास्त्रमिति ते मन्यन्त्यहो तार्किकाः !**

तो वह प्रकारांतर से लेडी फ्लोरिडा की तरह ही सोच रहा था।

जब कहा जाता है कि जगत् पदार्थों से भरा है तो, असल में यह कहा जाता है कि पदार्थ छोटे हों या बड़े, सब सीमित हैं। अनेक होने का मतलब ही सीमित होना है। प्रत्येक पदार्थ की सीमा है। वह कुछ स्थान घेरता है, कुछ समय तक बना रहता है। पदार्थमात्र देश और काल की सीमा से घिरे हैं। जिसे हम स्थान कहते हैं, या देश कहते हैं वह अनन्त बिन्दुओं का संघात मात्र ही तो है। कोई भी पदार्थ ले लीजिए। वह अनेक टुकड़ों से बना है। टुकड़े की कल्पना कीजिए। छोटा, और भी छोटा, और भी छोटा,—'छोटा' की कोई सीमा है ? बरसों सोचते रहिए, और भी छोटा, और भी छोटा। समाप्त नहीं होगा। गणित का पंडित कहता है, किसी वस्तु को अनन्त से विभाजित करने पर वह शून्य हो जाता है। परन्तु सचमुच क्या शून्य हो जाता है ? यह तो मनुष्य की हार है, बुद्धि की असमर्थता है कि और भी छोटा, और भी छोटा सोचते-सोचते वह 'शून्य' पर पहुँच जाता है। सो जगत् में जो कुछ भी दिख रहा

है, वह अनन्त शून्यों का संघात है! और काल की बात भी सोचिए। जो आनेवाला है और जो बीत गया, दोनों कभी थे या होंगे, इसका कोई सबूत है? प्रत्यक्ष तो केवल एक क्षण है। हम सिर्फ एक क्षण को जानते हैं। परन्तु क्षण वह छोटा-से-छोटा है। कल्पना कीजिए, हम जिस वर्तमान को प्रत्यक्ष अनुभव करते हैं वह कितना है। एक क्षण। और भी छोटा, और भी छोटा, और भी छोटा—कुछ नहीं, शून्य! अर्थात् काल भी अनन्त शून्यों का संघात है। वह एक प्रतीति-मात्र है। सो यह जो-कुछ स्थान और काल के रूप में दिख रहा है वह कुछ नहीं है। दादू ने कहा था—"कुछ नाहीं का नाम दे, भरमा यह संसार!" भरम ही तो रहा है यह संसार। जो कुछ नहीं है, उसका कुछ नाम दे देता है और जब नाम दे देता है तो, उसका अर्थ भी समझने लगता है। जरा सोचिए कि किसी वस्तु का अनन्तवाँ भाग क्या सचमुच 'शून्य' है? 'अनन्त' और 'शून्य' मनुष्य की बुद्धि की पराजय के सूचक हैं, भाषा में चलनेवाले काम-चलाऊ शब्द हैं। नहीं तो कैसा अनन्त और कैसा शून्य!

यह अनन्तता विशुद्ध गति है, शून्यता विशुद्ध स्थिति है। एक गति-मात्र है, दूसरी स्थिति-मात्र है। आधुनिक बोली में पहला 'कन्टिनुअम' है, दूसरा 'क्वैन्टम्' है। तंत्रशास्त्र में इन्हीं के लिए पारिभाषिक शब्द हैं 'नाद' और 'बिंदु'। नाद अनंत गति है और बिंदु शून्यरूपा स्थिति। सत्य दोनों से परे है। जगत् में जो कुछ रूप दिखता है, वह गति और स्थिति का विलास है! नाद बिंदु का उन्मिषित रूप है। इसलिए सारी सृष्टि नाद-बिंदु का विलास है। नाद को ब्रह्म की इच्छा-शक्ति कहते हैं, बिंदु को क्रिया-शक्ति। नाद पद रूप में प्रकट होता है, बिंदु पदार्थ के रूप में। नाद शब्द है, बिंदु रूप है। जो वास्तविकता है उसे ब्रह्म कहा जाता है। क्या यह मज़ेदार बात नहीं है कि जो शब्द और अर्थ के अतीत है उसे भी एक ('ब्रह्म') नाम देना पड़ा, वह भी वाक् या वाणी का विषय बना! परन्तु नाम भले ही दे लीजिए, ब्रह्म उसका अर्थ हो नहीं सकता। वह तो वस्तुतः अनुभव की वस्तु है! गूंगे का गुड़ है। स्पष्ट है कि पद और पदार्थ नाद-बिंदु के पचड़े हैं, नाम रूपात्मक सृष्टि के निदर्शक हैं। जहाँ से नानात्व शुरू होता है वहाँ से पद और पदार्थ शुरू होते हैं। जो लोग सोचते हैं कि पद पहले हैं पदार्थ बाद में, उनको स्पष्ट मालूम है कि 'पहले' और 'बाद में' ये शब्द प्रतीति मात्र हैं। अपने आप में ये एक प्रकार की प्रतीति की धारणा लिये हुए हैं।

एक बार संस्कृत के एक विदेशी विद्वान् शान्तिनिकेतन आये थे। जब मैंने उन्हें आम्रमंजरी दिखाई तो वे आनंद से उछल पड़े। बोले, यही वह आम्रमंजरी

है, जिसका वर्णन करते संस्कृत के कवि नहीं अघाते ? उन्होंने अपार हर्ष प्रकट किया। मैं सोचने लगा कि ये न जाने कब से 'आम्रमंजरी' शब्द पढ़ते आये हैं और कई दिनों से उसका अर्थ—आम्रमंजरी पदार्थ—भी देख रहे हैं पर आनन्दित आज हो रहे हैं। इनके सामने पदार्थ था, पद भी था, फिर नवीनता कहाँ आई ? नवीनता असल में प्रतीति में थी। पद और पदार्थों को जोड़नेवाला भी कोई तत्त्व है। वह हमारे भीतर बैठा हुआ चैतन्य है। योगशास्त्र में शब्द और अर्थ का सम्बन्ध स्थापन करनेवाला तत्त्व ही प्रत्यय कहा जाता है। कहने का मतलब यह है कि केवल नाम और बिंदु ये दो ही तत्त्व मानने से काम नहीं चलेगा। इन दोनों का सम्बन्ध स्थापित करनेवाला भी कोई तत्त्व होना चाहिए। जैसे नाद ब्रह्म की इच्छा-शक्ति है, बिंदु क्रिया-शक्ति है, वैसे ही ब्रह्म की एक ज्ञान-शक्ति है। इस प्रकार सारा परिदृश्यमान जगत् ब्रह्म की ज्ञान-शक्ति, इच्छा-शक्ति और क्रिया-शक्ति से त्रिपुटीकृत है। कुछ ज्ञाता है, कुछ ज्ञान है, कुछ ज्ञेय है। इसी त्रिपुटीकृत शक्ति का संहत रूप 'त्रिपुरा' कहा जाता है। कहते हैं किसी समय ब्रह्म को—जिसे शाक्त आगम शिव कहना पसंद करते हैं—इच्छा हुई कि मैं एक हूँ, अनेक होऊँ और वह अनेक बना। 'मैं एक हूँ' यह उसकी ज्ञान-शक्ति का विलास है, 'अनेक होऊँ' यह उसकी इच्छा-शक्ति का विलास है और अनेक हो जाना क्रिया-शक्ति का विलास है। इस प्रकार वह प्रपंचात्मक त्रिकोण बनता है, जिसके मूल में ज्ञान है और दोनों ऊपर की ओर जानेवाली भुजाएँ इच्छा-शक्ति और क्रिया-शक्ति हैं और उनके उपरले किनारों को जोड़नेवाली रेखा प्रत्यय या प्रतीति है।

शाक्त तंत्र इसे अधिस्त्रिकोण कहते हैं और अनेक रूपों में इसका उल्लेख करते हैं। शिव ही पिंड में जीवरूप से बैठा है। फिर जब उसे ज्ञान होता है कि मैं अनेक हो गया हूँ, एक होऊँ और एक होने की ओर अग्रसर होता है तो, ऊर्ध्वमुख त्रिकोण बनता है और वह मुक्त हो जाता है। इसी ऊर्ध्वमुख त्रिकोण के योग से अधोमुख त्रिकोण श्रीचक्र बनता है—प्रतीक रूप में इसी को योनि और लिंग कहते हैं। इसी का उपरला आधा शिव का 'त्रिशूल' है और निचला आधा शक्ति का 'पाश' है। शक्ति, ब्रह्म का अनेकत्व की ओर जानेवाला रूप है, शिव एकत्व की ओर। एक माया है, दूसरा मोक्ष है। शाक्त आगमों में न जाने कितने रूपों में इसे समझाया गया है और कितने प्रतीकों के द्वारा इसे अभिव्यक्त करने का प्रयत्न किया गया है। प्रतीकों के अन्तर्निहित अर्थ को देखना चाहिए। उन्हीं को चरम और परम मान लेना बुद्धिमानी नहीं है।

शब्द को इच्छा-शक्ति का स्थूल रूप मानने से ही पद का प्रथम स्थान है,

पदार्थ का परवर्ती। परन्तु यह सीमित चित्त का विकल्प मात्र है। पद हो या पदार्थ, दोनों मूल ज्ञान के बाद ही आते हैं। कैसा आश्चर्य है कि अनन्त पदों और पदार्थों का यह जगत्, वस्तुतः अनन्त शून्यों का संघात है अर्थात् प्रतीतिमात्र है। जिसे यह प्रतीति हो रही है वही सत्य है। और फिर भी जो प्रतीत हो रहा है, उसे अंतिम विश्लेषण के बाद शून्य कहना और अन्तिम संश्लेषण के बाद अनन्त कहना केवल मानव-बुद्धि की पराजय की कहानी मात्र है। यह बुद्धि हारती है, पर हार नहीं मानती। थकती है पर थकने का नाम नहीं लेती। जो कुछ दिख रहा है या दिख सकता है, सबको छापना चाहती है, छाप नहीं पाती, छाप न पाने से हार नहीं मानती। यद्यपि इसकी सीमा स्पष्ट है, पर इसके पीछे कोई सीमाहीन सत्य काम कर रहा है, यह बात भी उतनी ही स्पष्ट है। इस बुद्धि के पीछे काम करने वाली जो असीम शक्ति है, उसी का नाम शक्ति है, देवी है, त्रिपुरा है, महामाया है। वह पदों की कल्पना करती है, पदार्थों की सृष्टि करती है और पद और पदार्थों की प्रतीति का हेतु बनती है। इस तीन रूपात्मक जगत् में वह अनेक रूपों—अनन्त रूपों—में देखी जा सकती है। फिर भी वह एक है। ऐसे पद भी हैं जिनका अर्थ किसी ने कभी देखा नहीं। भावजगत् में स्थित वे पदार्थ भी उसी की सृष्टि हैं। स्वर्ग है, अपवर्ग है, कल्पवृक्ष है, कामधेनु है—पद हैं पर पदार्थ किसी ने देखा नहीं। स्थूल जगत् में वे अप्राप्य हैं, पर भावजगत् में वह उन्हें उपलब्ध करा सकती है :

सर्वस्य बुद्धिरूपेण जनस्य हृदि संस्थिते।
स्वर्गापवर्गदे देवि नारायणि नमोऽस्तु ते॥

जो कहता है कि यह दृश्यमान् जगत् पदार्थों से भरा है, वह वस्तुतः यह मान कर चलता है कि समस्त दृश्यमान् जगत् के पीछे किसी चेतन की इच्छा-शक्ति काम कर रही है। फिर जो कहता है कि काल व्यक्ति-चित्त की प्रतीति मात्र है, वह मानता है कि प्रतीति के पीछे काम करनेवाली कोई बड़ी शक्ति है। इसीलिए समष्टि-चित्त की प्रतीति को हमारे शास्त्रकारों ने 'कल्प' कहा है। प्रत्येक पुराण कल्प और सृष्टि की बात बताता है। कल्प समष्टि-चित्त की कल्पना या इच्छा है। सृष्टि उसकी क्रिया है।

नाद या शब्द क्या है? वस्तुतः यह एक प्रकार का कम्पन है। उपनिषदों की भाषा में 'एजन' है, आधुनिक वैज्ञानिक इसे 'वाइब्रेशन' कहना पसंद करता है। आज यह बात तर्क-साध्य नहीं रह गई है कि, शब्द और प्रकाश और नाद और कंपन ये सब एक दूसरे के रूप में बदले जा सकते हैं। केवल वैज्ञानिक की प्रयोगशाला में ही नहीं, व्यवहारजगत् में भी बदले जाने लगे हैं।

क्योंकि, ये सब एक ही शक्ति के मात्राभेद से बनी हुई चीज़ें हैं। इसलिए आज गति या कंपन या एजन की मूल शक्तिरूपता संदेह का विषय नही रह गई हैं। यह गति कहाँ से आती है। कौन है जो केवल स्थितिरूपा, निःस्पंद, निष्कंप, स्थिर सत्ता में विक्षोभ पैदा करता है, कंपन की तरंग उल्लसित करता है, निस्पंदता में विस्फोट लाता है? वैज्ञानिक चुप है। मनुष्य की बुद्धि हैरान है। परन्तु हैरान होकर भी वह चुप नहीं रह सकती। कहीं से आवाज़ आ रही है कि कोई है, जो उसे गति दे रहा है। गति किसी की इच्छा है, तभी यह सब स्पंदित हो रहा है। यह भीतर की ध्वनि है—हाँ, वह है! ऋषियों की बोली में कहें तो ओम्, तत् सत्—हाँ, वह है।

इस देश में ऐसे भी मनीषी हुए हैं, जिन्होंने 'क्षण' तक आकर रुक जाना पसंद किया। क्षणभर—बहुत ही छोटा क्षण अर्थात् शून्य 'सर्वं क्षणिकम्। सर्वं शून्यम्। मगर इन अनन्त शून्यों के संघात से बने काल और देश की प्रतीति को क्या भुलाया जा सकता है? कुछ मनीषी ऐसे हैं जो 'क्षण' तक रुक तो नहीं जाते, पर प्रतीति के धोखे को मानने से भी इनकार करते हैं। शाक्त आगम अद्वैत तत्त्व में विश्वास करते हैं—चेतन अद्वैत तत्त्व में। परन्तु प्रतीति को धोखा नहीं कहते। यह जो कालखंडों के माध्यम से परिणत होता हुआ जगत् दिख रहा है, वह अपने आप में चाहे जैसा हो, प्रतीत हो अवश्य रहा है। कौन इस परिणाम का नियन्ता है। कला और काष्ठा—काल और देश की छोटी से छोटी सीमा—आदि के रूप में विश्व की परिणति हम देख रहे हैं। कौन है इस परिणाम की प्रेरणादायिनी शक्ति? शाक्त आगमों ने चित्तत्त्व की इसी चित् शक्ति को सैकड़ों नाम दिए हैं:

कलाकाष्ठादिरूपेण परिणामप्रदायिनि।
विश्वस्योपरतौ शक्ते नारायणि नमोऽस्तु ते॥

इन शून्योपम काल-खंडों के भीतर से परिणत होते हुए शून्योपम बिंदुखंडों के विपुल संघात में जो अपार शोभा है, वह क्या धोखा मात्र है? हरे-हरे तृण शाद्वलों से शोभित धरित्री, विशाल वनस्पतियों से भरापूरा वनप्रदेश, कल-कल निनाद से मुखरित स्रोतस्विनी में प्रतीयमान सौंदर्य क्या छलना मात्र है? इस त्रैलोक्य-सौभग रूप की सूत्रधारिणी धन्य है। नाम उसके अनेक हैं, रूप उसके विपुल है, पर है वह एकमात्र संवित्—चिद्रूपा भगवती। रूप, रस, वर्ण, गन्ध से भरे इस विश्व की सूत्रधारिणी संविद्रूपा महामाया।

त्रैलोक्यसौभगे देवि विश्वरूपस्य सौत्रिके।
संविद्रूपे महामाये परस्पंदस्वरूपिणि॥

शक्ति का संविद्रूपा होना इन आगमों की विशेष देन है। आश्चर्यजनक ढंग से उनका प्रतिपादन आधुनिक विज्ञान से मिलता है। केवल विज्ञान शक्ति की संविद्रूपता स्वीकार करने में हिचकता है। कब तक ?

तांत्रिक वाङ्मय में शाक्त दृष्टि

भारतवर्ष के मूर्द्धन्य विद्वान् महामहोपाध्याय डा० गोपीनाथ कविराज महोदय का अत्यन्त महत्त्वपूर्ण ग्रन्थ "तांत्रिक वाङ्मय में शाक्त दृष्टि" है। यह ग्रन्थ हाल ही में बिहार राष्ट्रभाषा परिषद्, पटना की ओर से प्रकाशित हुआ है। कविराजजी नाना शास्त्रों के मर्मज्ञ हैं, परन्तु आगम शास्त्रों के तो वे अद्वितीय विद्वान् हैं। वे स्वयं उच्च कोटि के साधक हैं, और शास्त्रीय ज्ञान उनके लिए केवल बुद्धि-विलास नहीं है। वे उसमें रचे हुए हैं, और वह उनमें रमा हुआ है।

भारतवर्ष का तन्त्र-साहित्य बहुत विशाल था। अब भी बहुत कुछ नष्ट हो जाने के बाद जो कुछ बचा हुआ है, वह बहुत विस्तीर्ण है। शैव, शाक्त, वैष्णव, जैन, बौद्ध आदि सम्प्रदायों में तंत्र का विशाल साहित्य उपलब्ध होता है, परन्तु कविराजजी ने इस ग्रन्थ की प्रस्तावना में ही स्पष्ट कर दिया है कि इस प्रसंग में तांत्रिक साहित्य शब्द से शाक्त और शैव आगम तथा तन्मूलक ग्रन्थ समझना चाहिए। यद्यपि वैष्णवागमों में भी शाक्त दृष्टि है और आगमिक संस्कृति की साधारण पृष्ठभूमि का प्रकाश उसमें भी लक्षित होता है, तथापि उसकी आलोचना पृथक् रूप से होनी चाहिए। यह समझ कर उसे स्थान नहीं दिया गया। इस प्रकार इस ग्रन्थ में शैव और शाक्त आगमों में उपलब्ध होने वाली शाक्त दृष्टि की ही चर्चा है, परन्तु प्रसंग-क्रम से अनेक स्थलों पर अन्यान्य आगमों की चर्चा भी आ ही गई है। ग्रन्थ का पाठक अन्यान्य आगमों से एकदम अपरिचित नहीं रह जाएगा, कविराजजी की प्रतिपादन शैली की एक बड़ी विशेषता यह है कि वे एक मत के सिद्धान्त का प्रतिपादन करते समय अन्यान्य दर्शनों के समशील सिद्धान्तों का प्रतिपादन भी कर जाते हैं और यह

बताना नहीं भूलते कि अन्यान्य मतों से प्रतिपादित मत का पार्थक्य किस बात में है। कभी-कभी वे पाठक को सहज ही समझा देते हैं कि दूसरे दर्शनों में अन्य नाम से प्रसिद्ध होने पर भी इन मतों के अमुक-अमुक शब्द वस्तुतः समानार्थक हैं। इससे पाठक का ज्ञान-परिसर तो बढ़ता ही है, किसी परिचित शब्दावली के सहारे अपरिचित तत्त्व को हृदयंगम करने में उसे आसानी भी होती है। कविराजजी की यह शैली बड़ी प्रभावोत्पादक है। पाठक को इससे प्रतिपाद्य के ठीक-ठीक स्वरूप को समझने में बड़ी सुविधा होती है।

तांत्रिक साहित्य में जो शाक्त दृष्टि है, वह क्या है? कविराजजी ने बताया है कि यह शक्ति शिव से अभिन्न होने पर भी विश्वसृष्टि का मूलभूत है। इसका परिणाम नहीं होता, परन्तु प्रस्तर तथा संकोच होता है। भोक्ता तथा भोग्य दोनों ही शक्ति रूप हैं। इनकी नियामिका भी शक्ति है। वस्तुतः अभिनय भी शक्ति ही करती है और अपने अभिनय की प्रेक्षिका भी शक्ति ही है। स्वरूप स्थिति में जीव भी शक्त्यात्मक होने के कारण द्रष्टामात्र है। तटस्थ जीव स्वरूपतः द्रष्टा, माया जाल से बद्ध भोक्ता तथा किंचित् जाग्रत जीव ही अभिनेता है। पूर्ण जागरण के अन्त में जीव ही शिव रूप में प्रकट होता है। उस समय पूर्ण शक्ति उसी की निज शक्ति है। साधारण पाठक के मन में प्रश्न होगा कि यदि यही तंत्र-वाङ्‌मय की शाक्त दृष्टि है तो वह अद्वैत वेदान्तियों के "जीवो ब्रह्मैव नापरः" का ही क्या शब्दान्तर में कथन नहीं है?

इसके उत्तर में कहा गया है कि—

"महाशक्ति अथवा स्वातंत्र्यमयी चिति शक्ति परम शिव के साथ अभिन्न रूप में विराजित है। इस अवस्था में शिव और शक्ति में सामरस्य रहता है। शैव इसको शिव की संज्ञा देते हैं और शाक्त इसे शक्ति कहते हैं। परन्तु है यह (परम शिव) अखंड स्वरूप एक ही वस्तु जिसमें प्रकाशात्मक शिव के साथ विमर्श या अतिशय या स्वभाव का तादात्म्य है। यही संवित् है। प्रकाश में यह धर्म (शक्ति) न रहने पर उसमें अर्थ का पराग पड़ने पर भी स्फटिक के सदृश वह प्रकाश जड़-सा ही है। यही प्रकाश का कर्तृत्व रूप जड़ धर्म है। यह स्वाभाविक है, आरोपित नहीं। शक्ति हीन प्रकाश (शिव) स्वतंत्रता के अभाव से, महेश्वर नहीं कहा जा सकता। ब्रह्मवाद से शाक्त दृष्टि की यही विलक्षणता है। प्रकाश जैसे ग्राह्य का प्रकाशक है, वैसे ही ग्राहक का भी। परन्तु, इस शक्ति रूप विमर्श के स्फुरण या औन्मुख्य का सम्बन्ध होने पर प्रकाश में कर्तृत्व आ जाता है। तब तक प्रकाश आणवादि मल राशि को दग्ध करने में समर्थ होता है। इसका फल यह होता है कि इन सब मलों का प्रकाश के स्वरूप मे

अनुप्रवेश हो जाता है। यहाँ मल शब्द का अर्थ भी समझ लेना चाहिए। पुण्य-पाप की वासना से जिस मल का उद्भव होता है, उस मल का नाम "कार्मण मल" है। वेद्य वस्तु को अपने स्वरूप से भिन्न समझना माया-मल है तथा अपूर्णमन्यता अथवा जीवत्व आणव-मल के नाम से प्रसिद्ध है। अग्नि की उष्णता, चन्द्रमा की शीतलता, शय्या की मृदुता, पाषाण की कर्कशता, साधारण मनुष्य का मोह और योगी का ज्ञान यह सब परमेश्वर का स्वातंत्र्य-मात्र है।

"शाक्त दृष्टि का एक वैशिष्ट्य यह है कि इसमें परम प्रकाश का निष्क्रियत्व स्वीकार नहीं किया जाता। वस्तुतः, इस मत में परम स्थिति में भी तदनुरूप शक्ति रहती है। स्वरूप-दृष्टि से देखने से यह शक्ति क्रिया से अभिन्न है। उस परम प्रकाश या स्वात्म को सत् मानने पर भी उसमें भवनाख्य क्रिया माननी पड़ती है एवं उस क्रिया का कर्त्ता उसे मानना पड़ता है। यह जो भवन क्रिया है यह कर्तृत्वमयी है। इसी का पारिभाषिक नाम है 'विमर्श'। यह भवन या सत्वसामान्य रूप है। भाव के माने हैं क्रिया, इसलिये धातु का अर्थमात्र ही क्रिया है, जिसकी दो अवस्थाएँ हैं—जब यह आत्मस्वरूप में स्थिति मात्र है तब उस विमर्श का नाम है शुद्ध विमर्श, परन्तु जब यह क्षोभ का अनुभव करता है, अर्थात् जब इसमें विकल्पों का उन्मेष होता है, तब विचित्र प्रपंच का स्फुरण होता है। यही तान्त्रिक परिभाषा से विमर्श का विश्वविस्तार कहा जाता है। यह कहना अनावश्यक है कि प्रकाश का स्वभाव ही शक्ति है। इसलिये प्रकाश स्वभावतः ही कृत्यकारी है। इन कृत्यों का सम्पादन आगन्तुक धर्मों से निष्पन्न नहीं होता।"

कहने का तात्पर्य यह है कि जो प्रचलित ब्रह्मवाद है उसमें चित्-शक्ति की स्वतंत्रता नहीं स्वीकार की गई। ब्रह्म, सृष्टि के लिये जब ईश्वर रूप में आता है तो उसमें जो ऐश्वर्य है वह स्वाभाविक नहीं है बल्कि औपाधिक तथा आगन्तुक है जब कि शाक्त दृष्टि से वह स्वाभाविक है। वस्तुतः शिव का जो स्वभाव है—अपना निजी भाव—वही शक्ति है। इसीलिये आगमसम्मत चित् स्वरूप में ऐश्वर्य औपाधिक नहीं है, स्वाभाविक है। परम शिव में प्रकाश (शिव) और विमर्श (शक्ति) एकमेक होकर स्थित हैं। इसीलिए प्रकाश रूप शिव और विमर्श रूप शक्ति में तादात्म्य सम्बन्ध है। कविराजजी ने और भी स्पष्ट करते हुए लिखा है कि "ज्ञानी की भाषा में अद्वैत शिव का नाम परम शिव है और उपासक की भाषा में अद्वैत शक्ति का नाम महाशक्ति या परमाशक्ति है। दोनों नाम एक ही अखंड सत्ता के निर्देशक हैं—शाक्त मत स्वतन्त्राद्वैत

वाद है। इस मत में कोई भी तदव्यतिरिक्त नहीं माना जाता। इसीलिए शिव और शक्ति का वास्तविक रूप ऐक्य स्वभाव है :

> **त्वं यथा शिवमयी तथा शिवस्त्वन्मयो हि शिवयोरभेदिनोः।**
> **तत्त्वमेकमवहिर्मुखास्पदं यत्र भिन्न इव विश्वविक्रिया॥**
>
> (कोमलबल्लीस्तव)

परमाणु से लेकर ब्रह्मांड तक सर्वत्र यह अद्वय-अखंड शक्ति व्याप्त है। स्थावर उद्भिद, पशु, पक्षी आदि चौरासी लाख योनियों में भ्रमण करता हुआ जीवन मनुष्य शरीर प्राप्त करता है। मनुष्येतर योनियाँ सिर्फ भोग-योनि हैं। उनमें प्राक्तन शुभाशुभ कर्मों का भोग किया जाता हैं। मनुष्य-पूर्व योनियों में केवल अन्नमय और प्राणमय कोष होते हैं। मनोमय कोष का विकसित रूप मनुष्य देह में मिलता है। इसमें मनुष्य केवल भोगता नहीं, कुछ करता भी है। यह कर्तृत्व का अभिमान भी एक विकट बन्धन है। अनेक जन्मजन्मान्तर तक वह बान्धता ही रहता है। साधना द्वारा, धार्मिक आचरण द्वारा, गुरु की कृपा से भगवान् का अनुग्रह प्राप्त होने पर ही विवेक ज्ञान होता है और मनुष्य अपने आपको पहचान पाता है और उसे इस अद्वय तत्त्व का साक्षात्कार होता है। मनुष्य अपने चैतन्य का केवल चैतन्य रूप में साक्षात्कार करता है। योगी इसी से संतुष्ट हो जाता है, केवल की अनुभूति का ही नाम कैवल्य है। पर शाक्त दृष्टि वहीं नहीं रुकती। सिर्फ अपने को जड़ तत्त्वों से पृथक् 'केवल' रूप में अनुभव कर लेना ही पर्याप्त नहीं है। इस अनुभव का आनन्द लेना और भी गहराई की साधना है। जब तक इस आनन्द की उपलब्धि नहीं होती तब तक जीव 'शिव' नहीं बनता। शिव जो स्वभावतः शक्ति युक्त है, जो समस्त विश्व से अतीत होकर भी विश्वमय है। यह शाक्त दृष्टि की विलक्षणता भक्तों और सन्तों में भी मिलती है। इस परम सत्य की अनुभूति और अनुभूति का रसास्वादन ही मनुष्य के जीवन को चरितार्थ करता है।

इस ग्रन्थ के अनुशीलनार्थी को भारतीय दार्शनिक परम्परा का अच्छा ज्ञान अपेक्षित है। कविराजजी ने अनेक प्रसंगों का इंगित से उल्लेख किया है जो आरंभिक जिज्ञासु के लिए कुछ कठिन प्रतीत होते हैं। वस्तुतः कविराजजी के लिए शास्त्र करामलक की भाँति है। एक प्रसंग को छोड़ने पर अनायास उससे सम्बद्ध अन्यान्य प्रसंग उपस्थित हो जाते हैं। सत्य का पारमार्थिक रूप शाक्त दृष्टि से क्या है, किस प्रकार परम शिव से इस सृष्टि का प्रसार हुआ है, अद्वैत और द्वैत तत्त्व के भिन्न-भिन्न रूपकों का रहस्य क्या है, भगवदनुग्रह क्या है

ग्रौर कैसे प्राप्त होता है, मानव देह के शक्ति केन्द्र, षट् चक्र भेद ग्रादि का क्या रहस्य है, सामरस्य या महामिलन क्या चीज़ है, ग्रादि ग्रनेक रहस्यों का समाधान इस ग्रन्थ में मिलेगा।

पुस्तक में कुछ ग्रध्याय ऐसे भी हैं जो फुटकर लेखों के रूप में लिखे गए प्रतीत होते हैं। यद्यपि शाक्त दृष्टि के लिए उनमें महत्वपूर्ण जानकारियाँ मिलती हैं फिर भी वे पुस्तक में जोड़े हुए से ही लगते हैं।

कविराजजी की प्रतिपादन शैली की एक बड़ी विशेषता यह है कि वे प्रतिपादन का वैशिष्ट्य स्पष्ट कर देते हैं। दूसरी बात यह है कि वे किसी साधना या मत के बारे में कोई ऐसी बात नहीं कहते जिससे पाठक के चित्त में उसके प्रति कोई वितृष्णा उत्पन्न हो सके। शाक्त दृष्टि के व्याख्याता ग्राचार्य की यह वैष्णव-वृत्ति सारे ग्रन्थ में मिलती है। वे किसी दृष्टि के प्रति ग्रनादर का भाव नहीं व्यक्त करते बल्कि कुछ इस प्रकार की धारणा उत्पन्न करते हैं कि एक-एक प्रकार की निश्चित रुचि ग्रौर संस्कार वाले ग्रधिकारी के लिए निश्चित प्रकार की साधनाग्रों का विधान किया गया है। वे पूरी सच्चाई के साथ विश्वास करते हैं कि ग्रन्ततोगत्वा सारी साधनाएँ एक ही महासत्य की ग्रोर साधक को ले जाती हैं। लगभग साढ़े तीन सौ पृष्ठों के इस महान् ग्रन्थ में साधना साहित्य के बहुमूल्य रत्न भरे पड़े हैं। दीर्घकालीन ज्ञान ग्रौर साधना का यह परिपक्व फल है। हम इसे ग्रत्यन्त महत्त्वपूर्ण प्रकाशन मानकर इसका हार्दिक स्वागत करते हैं।

प्राचीन जीवन के सुकुमार विनोद

यदि 'रस' भारतीय साहित्य की अपनी विशेषता है और निस्सन्देह बहुत ही महत्वपूर्ण देन है, जो भारतवर्ष ने संसार के साहित्य को दी है, तो फिर प्रश्न यह उठता है कि क्या कारण है कि 'रस' को प्रधान वस्तु समझ कर भी भारतीय कवि और काव्यशास्त्री काव्य में ऐसी बहुत-सी शब्द-चातुरी को स्थान देते हैं, जिनका 'रस' से कोई सम्पर्क नहीं। अक्षरच्युतक, मात्राच्युतक, बिंदुमती प्रहेलिका[1] आदि के साथ रस का कोई सीधा सम्बन्ध तो है ही नहीं,

---

१. अक्षरच्युतक—ऐसा श्लोक जिसमें से एक अक्षर हटा देने से दूसरे कवि-वांछित अर्थ की प्रतीति हो। जैसे—'कुर्वन्दिवाकराश्लेषं दधच्चरण-डंबरम्। देव यौष्माकसेनायाः करेणुः प्रसरत्यसौ।' इसका अर्थ यह है कि हे महाराज, तुम्हारी सेना का करेणु (हाथी) सूर्य के बिंब को ढकता चलने का आडंबर करता हुआ फैल रहा है। इसमें 'करेणु' शब्द का 'क' अक्षर हटा दें, तो 'रेणु' (=धूल) रह जायगा और अर्थ स्पष्ट हो जायगा।

मात्राच्युतक—ऐसा श्लोक जिसमें एक मात्रा (आकार, इकार आदि) हटा देने पर कवि-वांछित अर्थ प्रकट हो जाय।

बिंदुमती—ऐसा श्लोक जिसमें अक्षरों की जगह पर बिंदु देकर मात्राएँ दी गई हों। इन विंदुओं पर से श्लोक को पढ़ना होता है—जैसे :

ि०. ००० ०ॢ०। ० ०ं ि०.०ं ि००ः ०ु०ु० ०ी ०ं०ुः।

अर्थात् त्रिनयन चूड़ा रत्नं मित्रं सिंधो; कुमुद्वती बंधुः।

प्रहेलिका—ये प्रहेलियां हैं जिनके अनेकानेक भेद शास्त्र में बताये गये हैं। कभी श्लोक के भीतर ही इनका जवाब होता है, कभी बाहर। किसी-किसी ने इसके दो भेद किये हैं—शाब्दी और आर्थी। अनावश्यक समझ कर इनका यहाँ विस्तार नहीं किया गया।

उल्टे, जैसा कि विश्वनाथ ने साहित्यदर्पण में कहा है, ये रस के परिपंथी हैं। फिर यमकों, अनुप्रासों और चित्र-काव्यों की लम्बी सूचियाँ जो दण्डी आदि प्राचीन आलंकारिकों के ग्रन्थों में अनायास मिल जाती हैं, क्यों इतना महत्वपूर्ण स्थान अधिकार कर सकीं ? दण्डी, भामह और रुद्रट जैसे आचार्य क्या समझ नहीं सके थे कि ये शब्दों की भूलभुलैयाँ काव्य की कोटि में नहीं आ सकतीं ? इसी तरह अन्य शास्त्रों में भी प्रश्न उठते हैं। इस प्रश्न का उत्तर देने के लिये हमें थोड़ा और विचार कर लेने की ज़रूरत है। आगे हम इसी विचार का प्रस्ताव करते हैं।

जिन दिनों संस्कृत के बड़े-बड़े काव्य लिखे गये थे, उन दिनों की सामाजिक स्थिति आज ही जैसी नहीं थी। उन दिनों का सहृदय कैसा होता था यह जाने बिना उस युग के काव्य-प्रयत्नों को हम ठीक-ठीक नहीं समझ सकते। सहृदयों को लक्ष्य करके ही ये काव्य लिखे गये थे। ये सहृदय अधिकतर शहर के रहने वाले या 'नागर' थे। उन्हें ख़ास-ख़ास कलाओं का अभ्यास कराया जाता था और उनके मनोविनोद के साधनों में काव्य-चर्चा का एक महत्वपूर्ण स्थान था। उन दिनों किसी भी पुरुष को, जो राज-सभा और सहृदय गोष्ठियों में प्रवेश करने की इच्छा रखता था, अपने को इन गोष्ठी-चर्चाओं का उपयुक्त पात्र प्रमाणित करना पड़ता था। कादंबरी में वैशम्पायन नामक तोते को जब चाण्डाल-कन्या राजा शूद्रक के पास ले गई, तो उसके साथी ने उस तोते में उन सभी गुणों का उल्लेख किया, जो राज-सभा में सदस्य होने की योग्यता प्रमाणित करते थे। उसने कहा था[1] कि यह तोता सभी शास्त्रार्थों को जानता है; राजनीति प्रयोग में कुशल है, पुराण-इतिहास की कथा कहने में निपुण है, गान और बाईस श्रुतियों[2] का जानकार है, काव्य, नाटक, आख्यायिका, आख्यानक,

---

१. विदितसकलशास्त्रार्थः, राजनीतिप्रयोगकुशलः, पुराणेतिहासकथालाप-निपुणः वेदिता गीतश्रुतीनां, काव्यनाटकाख्यायिकाख्यानकप्रभृतीनामपरिमितानां सुभाषितानामध्येता स्वयं च कर्ता, परिहासालापपेशलः, वीणावेणुमुरजादी-नामसमः श्रोता, नृत्तप्रयोगदर्शननिपुणः, चित्रकर्मणि प्रवीणः, द्यूतव्यापारे प्रगल्भः, प्रणयकलहकुपितकामिनीप्रसादनोपायचतुरः गजतुरंगपुरुषस्त्रीलक्षणाभिज्ञः, सकलभूतलरत्नभूतोयं वैशम्पायनो नाम शुकः।—कादंबरी कथामुख

२. संगीत में सात स्वर, तीन ग्राम, उन्नीस मूर्च्छनाएँ, उनचास तान और बाईस श्रुतियाँ होती हैं—

सप्तस्वरास्त्रयो ग्रामा मूर्च्छाश्चैकोनविंशतिः।
ताना एकोनपंचाशद्द्वयधिका विंशतिः श्रुति॥

इत्यादि अनेकानेक सुभाषितों का पाठक और कर्ता है, परिहासालाप में चतुर है, वीणा, वेणु, मुरज आदि वाद्यों का अतुलनीय श्रोता है, नृत्त प्रयोग के देखने में निपुण है, चित्र कर्म में प्रवीण है, द्यूत-व्यापार में प्रगल्भ है, प्रणय-कलह में कोप की हुई मानवती प्रिया को प्रसन्न करने में चतुर है और हाथी, घोड़ा पुरुष और स्त्री के लक्षणों का जानकार है। इसी ग्रंथ में आगे चलकर राजकुमार चंद्रापीड़ की शिक्षा के प्रसंग में बताया गया है कि उन्हें निम्नलिखित क्रियाएँ सिखाई गई थीं[1]—पद, वाक्य, प्रमाण, धर्मशास्त्र, राजनीति, व्यायाम विद्या, चाप-चक्र-चर्म-कृपाण-शक्ति-तोमर-परशु गदा प्रभृति हथियारों का चलाना, रथ-चर्या, हस्तिपृष्ठ, वीणा-वेणु-मुरज-कांस्य-ताल-दर्दुरपुट प्रभृति वाद्यों का बजाना, भरतादि प्रणीत नृत्त-शास्त्र, नारद प्रणीत गांधर्व वेद, हस्ति शिक्षा, घोड़े की उमर पहचानना, पुरुष लक्षण, चित्रा कर्म, पत्रच्छेद्य, पुस्तक-व्यापार, लेख्य कर्म, समस्त द्यूत कलाएँ, पक्षियों की आवाज़ पहचानने की विद्या, ग्रहगणित, रत्न-परीक्षा, दारुकर्म (बढ़ई का काम), हाथीदाँत का व्यवहार, वास्तु विद्या, आयुर्वेद, मंत्र प्रयोग, विष दूर करना, सुरंगभेद, तैरना, लाँघना, कूदना, इंद्रजाल, कथा, नाटक, आख्यायिका, काव्य, महाभारत-पुराण-इतिहास-रामायण, सभी लिपियाँ, सब देशी भाषाएँ, सभी संज्ञाएँ या परिभाषाएँ, सभी शिल्प, छन्द और अन्यान्य कलाएँ। यह समझना भूल होगा कि काव्य-ग्रंथों में बताई गई ये कलाएँ और उनकी शिक्षा एक कवि-कल्पित व्यापार है। वात्स्यायन का कामसूत्र निश्चित रूप से कवि की कल्पना नहीं है, बल्कि वास्तविक परिस्थितियों को बताने वाला ग्रंथ है। इस ग्रंथ के अनुसार उन दिनों के नागरिकों को जिन चौंसठ कलाओं का अभ्यास करना आवश्यक माना जाता था, उनमें काव्यांगों और अन्य ललित कलाओं का ज्ञान आवश्यक अंग है। वह नायक गुणवान् माना जाता था जो विद्वान् हो, आख्यान-कुशल या अच्छी कहानी कहने वाला हो, वाग्मी हो, विविध शिल्पों को जानने वाला हो, उत्साह-परायण हो, त्यागी हो, मित्र वत्सल हो, घटा-गोष्ठी-समाज आदि में हिस्सा लेने वाला और उनका संगठन करने वाला हो, क्रीड़नशील हो, निरोग हो, जिसका शरीर विकृत न हो, प्राणवान हो और मद्यपान न करता हो।[2] कामसूत्र की ६४

१. **कादम्बरी, पृ० १४७-१४६**

२. **विद्वान् कविराख्यानकुशलो वाग्मी विविधशिल्पज्ञो महोत्साहस्त्यागी मित्रवत्सलो घटागोष्ठीप्रेक्षणकसमाजसमस्याःक्रीडनशीलो नीरुजोऽव्यग्रशरीर-प्राणवानमद्यपः।—कामसूत्र, ६. १.**

कलाओं[1] में कई का संबंध शब्द और अर्थ अर्थात् काव्य से है।

इन चौंसठ कलाओं में लगभग एक-तिहाई तो विशुद्ध साहित्य हैं; बाक़ी में कुछ नायक-नायिकाओं के विलास-क्रीड़ा के सहायक हैं, कुछ मनोविनोद के साधक हैं और कुछ दैनिक प्रयोजनों के पूरक हैं। गाना, बजाना, नृत्य, चित्रकारी (आलेख्य), प्रिया के कपोल और ललाट आदि की शोभा बढ़ा सकने वाले भोजपत्र के काटे हुए पत्रों की रचना करना (विशेषकच्छेद्य), फ़र्श पर विविध रंग के पुष्पों और रंगे हुए चावलों से नाना प्रकार के नयनाभिराम चित्र बनाना (तंडुल-कुसुम-विकार), फूल बिछाना, दाँत और वस्त्रों को रंजित करना, फूलों की सेज रचना, दाँत रंगना, वस्त्र रंगना, ग्रीष्मकाल में क्रीड़ा के लिये मरकत आदि पत्थरों का गज बनाना, सेज बिछाना, जल-क्रीड़ा में मुरज आदि बाजा बजाना, कौशलपूर्वक प्रेयसी के प्रति पानी के छींटे फेंकना, माला गूँथना, केशों को पुष्पों से सजाना; देश और काल के अनुसार शरीर सजाना, कान के लिये हाथीदाँत के पत्तरों से आभरण बनाना, सुगंधित धूप-दीप और वर्तियों का प्रयोग जानना, गहना पहनाना, इन्द्रजाल और हाथ की सफ़ाई, चोली आदि का सीना, नाना प्रकार के भक्ष्य भोज्य बना सकना, शरबत आदि तैयार करना, कुश आदि से आसन बना लेना, वीणा, डमरु आदि बजा लेना इत्यादि कलाएँ उन दिनों

---

१. **गीतम्, वाद्यम्, नृत्यम्, आलेख्यम्, विशेषकच्छेद्यम्, तंडुलकुसुमावलि-विकाराः, पुष्पास्तरणम्, दशनवसनांगरागः, मणिभूमिकाकर्म, शयनरचनम्, उदकवाद्यम्, उदकाघातः, चित्राश्चयोगाः, माल्यग्रंथनविकल्पाः, शेखरकापीड-योजनम्, नेपथ्यप्रयोगाः, कर्णपत्रभंगाः, गंधयुक्तिः, भूषणयोजनम्, ऐन्द्रजालाः कौचुमाराश्च योगाः, हस्तलाघवम्, विचित्रशाकयूषभक्ष्यविकारक्रियाः, पानकरसरागासवयोजनम्, सूचीवान कर्माणि, सूत्रक्रीडा, वीणाडमरुकवाद्यानि, प्रहेलिका, प्रतिमाला, दुर्वाचकयोगाः, पुस्तकवाचनम्, नाटकाख्यायिकादर्शनम्, काव्यसमस्यापूरणम्, पट्टिकावेत्रवानविकल्पाः, तक्षकर्माणि, तक्षणम्, वास्तुविद्या, रूप्यरत्नपरीक्षा, धातुवादः, मणिरागाकरज्ञानम्, वृक्षायुर्वेदयोगाः, मेषकुक्कुटलावकयुद्धविधिः, शुकसारिकाप्रलापनम्, उत्सादने संवाहने केशमर्दने च कौशलम्, अक्षरमुष्टिकाकथनम्, म्लेच्छितविकल्पाः, देशभाषाविज्ञानम्, पुष्पशकटिका, निमित्तज्ञानम्, यंत्रमातृका, धारणमातृका, संपाठ्यम्, मानसी-काव्यक्रीडा, अभिधानकोषः, छंदोज्ञानम्, क्रियाकल्पः, छलितिकयोगाः वस्त्रगोपनानि, द्यूतविशेषाः, आकर्षक्रीडा, बालक्रीडनकानि, वैनयिकीनां वैजयिकीनां व्यायामिकीनां च विद्यानां ज्ञानम् इति—कामसूत्र, १.३.**

नागरिकों के लिए ग्रावश्यक समझी जाती थीं। इनसे अपना घर और शरीर तो सजाना अभीष्ट ही था, असल उद्देश्य प्रेमी और प्रेयसियों को सन्तुष्ट करना था। संस्कृत साहित्य में इन कलाओं का भूरि-भूरि वर्णन मिलता है। किसी विलासिनी को इसलिये फूली हुई देखकर कि उसके प्रिय ने अपने हाथों उसके कपोल-तल पर मंजरी बना दी है, कोई सुहागिनी फ़िकरे कस रही है—'अजी, और कोई भी ऐसी ही फूली फिर सकती थी यदि कम्बख़्त कंपन ही दुश्मन न हो जाती[1]; कहीं अभिसारिकाओं की जल्दबाजी से केशों से गिरे हुए मन्दार पुष्पों, कान से भ्रष्ट स्वर्ण-कमल और पत्रच्छेद्यों तथा वक्षस्थल पर से टूटकर गिरे हुए हार के मोतियों से कामिनियों का अभिसार मार्ग सूर्योदय होते ही स्पष्ट ही सूचित हो जाता था,[2] कहीं सखियों द्वारा ललाट और कपोल देश पर रचित चंदन-पत्र-लेखा ऐसी दिखाई देती थी, मानों ईषत् पाण्डुर और क्षाम कपोल-भित्ति पर लगे हुए कामदेव के बाणों से जो घाव हो गया है उसी की पट्टी है[3]; कहीं जल-क्रीड़ा के समय पानी के भीतर से बजता हुआ मृदंग—जो तीर पर चक्कर काटने वाले उत्कलाप मयूरों की केका से अभिनंदित होता रहता था,—विलासिनियों के कान में प्रविष्ट होकर उनके कान और कपोल लाल कर देता था[4]; कहीं जलकेलि के समय खुले हुए केशपाश से स्खलित पत्र-लेखा, और मुक्ता फलों से विच्छिन्न पत्रवेष्टन, इन दोनों अभावों के होते

---

१. मा गर्वमुद्वह कपोलतले चकास्ति
कान्तस्वहस्तलिखता मम मंजरीति।
अन्यापि किं न सखि भाजनमीदृशानां
वैरी न चेद् भवति वेपथुरन्तरायः॥

२. गत्युत्कम्पादलकपतितैर्यत्र मन्दारपुष्पैः
पत्रच्छेदैः कनककमलैः कर्णविभ्रंशिभिश्च।
मुक्ताजालैः स्तनपरिसरच्छिन्नसूत्रैश्च हारै-
र्नैशो मार्गः सवितुरुदये सूच्यते कामिनीनाम्॥—मेघदूत ६८

३. अस्या ललाटे रचिता सखीभिर्विभाव्यते चन्दन-पत्र-लेखा।
आपाण्डुरक्षामकपोलभित्तावनङ्गबाणव्रणपट्टिकेव॥

४. तीरस्थलीभिर्बर्हिरुत्कलापैः प्रस्निग्धकेकैरभिनंद्यमानम्।
श्रोत्रेषु संमूर्च्छति रक्तमासां गीतानुगं वारिमृदंगवाद्यम्॥

हुए भी प्रमदाओं का वेश प्रेमियों का मन हर लेता था[1]; कहीं प्रियतमा के कपोल देश पर पत्रावली बनाने का संकल्प करके भी प्रेमी हाथ काँप जाने से असफल-काम हो जाता था[2]; कहीं स्वयं महावर लगाने को प्रयत्नशील प्रेमी अपनी प्रेमिका के वेश-भूषा का शैथिल्य देखकर चंचल हो उठता था[3] और इसी प्रकार और जाने क्या-क्या व्यापार उन दिनों के साहित्य के इतने प्रिय विषय हैं कि उन्हें लिख सकना असंभव है।

इन कलाओं के बाद इस लंबी कला-सूची में कुछ उपयोगी कलाएँ हैं, जैसे वास्तुविद्या या गृह-निर्माण की कला,[4] रूप्य-रत्न परीक्षा, धातु विद्या, क़ीमती पत्थरों का रंगना, वृक्षायुर्वेद या पेड़ पौधों का विज्ञान, हथियारों की पहचान, हाथी-घोड़ों के लक्षण आदि। कुछ का संबंध मनोविनोद मात्र से था, जैसे भेड़ों और मुर्गों की लड़ाई, तोतों-मैनों को पढ़ाना इत्यादि। बाक़ी विशुद्ध साहित्यिक थीं। इन साहित्यिक कलाओं में से अधिकांश को मनोविनोद की श्रेणी में रख सकते हैं।

इन कलाओं के प्रधान आश्रय अन्तःपुर थे। पुरुषों की दुनिया में वास्तविकता के कठोर आघातों से रोमांस का कोमल और मनोरम वातावरण प्रायः क्षुब्ध हो जाता था। आज हूणों का तो कल यवनों (= आयोनियन-ग्रीक) का आक्रमण नगर की शान्ति को विक्षुब्ध कर जाया करता था; परन्तु अन्तः-पुर में विक्षोभ की लहरियां कम ही पहुँचा करती थीं। शत्रु और मित्र दोनों

---

१. उद्बंधकेशश्च्युतपत्रलेखो विश्लिष्टमुक्ताफलपत्रवेष्टः।
मनोज्ञ एव प्रमदामुखानामंभोविहारात्कलितोऽपि वेषः॥

२. कपोले पत्रालीं पुलकितविधातुं व्यवसितः
स्वयं श्रीराधायाः करकलितवर्तिर्मधुरिपुः।
अभूद् वक्त्रेन्दौ यन्निहितनयनः कम्पितभुजः
तदेतत् सामर्थ्यं तदभिनवरूपस्य जयति॥

३. स स्वयं चरणरागमादधे योषितां न च तथा समाहितः।
लोभ्यमाननयनः श्लथांशुकैर्मेखलागुणपदैर्नितंबिभिः।

—रघुवंश १९, २६

४. वराहमिहिर की वृहत् संहिता से ऐसी बहुतेरी कलाओं की जानकारी हो सकती है, जैसे वास्तुविद्या (५३ अध्याय), वृक्षायुर्वेद (५५), वज्रलेप)५७), कुक्कुट लक्षण (६३ अ०), शय्यासन (७८ अध्याय), गंधयुक्ति (७७ अध्याय), रत्न-परीक्षा (८०-८३ अ०), इत्यादि।

ही उन दिनों अन्तःपुर की शान्ति का सम्मान करते थे।

साधारणतः संस्कृत-कवि का वर्णनीय अन्तःपुर धनी और राजवंशीय पुरुषों का ही होता था, क्योंकि संस्कृत काव्य-नाटक-आख्यायिका आदि के नायक और नायिकाएँ प्रख्यातवंशीय धनाढ्य हुआ करती थीं। इसीलिए संस्कृत-काव्यों के अन्तःपुर का ठाट-बाट बहुत ही विपुल और चित्ताकर्षक है। इन अन्तःपुरों और इनमें रहने वाली अन्तःपुरिकाओं का वर्णन संस्कृत-कवि बड़ी शान-शौकत के साथ करता है। प्रत्येक धनाढ्य नागरिक के घर के साथ उसका अन्तःपुर रहा करता था, जहाँ बड़े-बड़े पहरे की व्यवस्था रहती थी। अन्तःपुर से लगी हुई एक वृक्ष-वाटिका (या गृह-उपवन) हुआ करती थी। इसके बीच में एक दीर्घिका या तालाब की व्यवस्था रहती थी। इस वाटिका में फलदार वृक्षों के सिवा पुष्पों और लता-कुंजों की भी व्यवस्था रहा करती थी। गृह-स्वामिनी अपनी रंधनशाला के काम लायक तरकारियाँ भी इसी वाटिका के एक अंश में उत्पन्न कर लिया करती थीं। वात्स्यायन के[1] कामसूत्र (पृ० २२८) में बताया गया है कि वह इस स्थान पर मूलक (मूली), आलुक (कन्द आदि), पलंकी (पालक), दमनक (दवना), आम्रातक (आमड़ा), ऐर्वारुक (फूटी), त्रपुष (खीरा), वार्त्ताक (बैंगन), कुष्माण्ड (सफेद कुंभड़े), अलाबु (कद्दू), सूरण (सूरन), शुकनासा (अगस्ता), स्वयंगुप्ता (केंवाछ), तिलपर्णिका (शाक), अग्निमंथ (?), लशुन, पलाण्डु (प्याज) आदि साग-भाजी बोती थीं। इस सूची से जान पड़ता है कि भारतवर्ष आज से दो हजार वर्ष पहले जो साग-भाजियाँ खाता था, वे अब भी बहुत परिवर्तित नहीं हुई हैं। इन साग-भाजियों के साथ ये मसाले भी गृहदेवियाँ स्वयं तैयार कर लेती थीं—जीरा, सरसों, जवायन, सौंफ, तेजपात आदि। वाटिका के दूसरे भाग में कुब्जक (= मालती ?), आमलक (?), मल्लिका (बेला), जाती (मालती, और भावप्रकाश के मत से चमेली), कुरण्टक (कटसरैया), नवमालिका, तगर, जपा आदि के पुष्पों के गुल्म भी लगाया करती थीं (पृष्ठ ३२५)। वृक्षवाटिका के अन्तिम (बाहरी) किनारे पर बड़े छायादार वृक्ष—जैसे अशोक, अरिष्ट, पुन्नाग, शिरीष आदि लगाये जाते थे। वृहत्संहिता (५५-३) में बताया गया है कि ये वृक्ष मांगल्य होते हैं, इसलिये इनको घर या उद्यान के पूर्व भाग में रोपण करना चाहिए। उद्यान के बीचों बीच गृह-दीर्घिका या तालाब रहा करता था। इन तालाबों में नाना

१. इस लेख में सर्वत्र चौखंबा सीरीज़ में छपे हुए कामसूत्र की पृष्ठ-संख्याएँ दी हुई हैं।

प्रकार के जल-पक्षियों का रहना मंगलजनक समझा जाता था। इनमें कृत्रिम भाव से कमलिनी या नलिनी (पत्र-पुष्प-सहित कमल वृक्ष) उत्पन्न की जाती थी। वराहमिहिर ने वृहत्संहिता (५६-४-७) में लिखा है[१] कि जिस सरोवर में नलिनी-रूप छत्र से सूर्य-किरणें निरस्त होती हैं, हंस के कन्धों से धकेली हुई लहरियाँ कल्हारों से टकराती हैं, हंस, कारण्व, क्रौंच और चक्रवाकगण कल-निनाद करते रहते हैं और जिसके तटान्त की वेत्र-वनच्छाया में जलचारी पक्षी विश्राम करते हैं, ऐसे सरोवर के निकट देवतागण प्रसन्न भाव से विराजते हैं। इन वापियों में विविध पक्षियों के निवास का नाना भाँति से कवियों ने वर्णन किया है। इन्हीं वाटिकाओं में, वात्स्यायन ने लिखा है कि, सघन छाया में प्रेङ्खादोला या झूला लगाया जाता था, इन्हीं में पत्थर की स्थंडिल-पीठिकाएँ (बैठने के आसन) बनाये जाते थे (पृ० ४५)। भवन-दीर्घिका के एक पार्श्व में क्रीड़ा-पर्वत हुआ करते थे, जिनके इर्द-गिर्द मयूर मँडराते रहते थे। यहीं अन्तः-पुरिकाएँ नाना भाँति की विलास लीलाएँ करती थीं। दीर्घिका में और अन्यत्र धारायंत्र या फ़व्वारे बने होते थे, जिनमें कभी जलदेवता और कभी हंस-मिथुन अथवा चक्रवाक-मिथुन के जोड़े बने होते थे, जो जल-धारा को उच्छवासित करते थे। अलकापुरी में मेघदूत की यक्षिणी के अन्तःपुर में एक ऐसी ही वाटिका थी, जिसमें यक्ष-प्रिया ने एक छोटे से मंदार वृक्ष को—जिसके पुष्पस्तवक हाथ की पहुँच के भीतर ही थे—पुत्रवत् पाल रखा था।[२] इस उद्यान में मरकत-मणियों की सीढ़ी वाली एक वापी थी, जिसमें वैदूर्यमणि के बने हुए नालों पर हेम-पद्म प्रस्फुटित हो रहे थे और हंस विचरण कर रहे थे[३]। इसी वापी के तीर पर

१. सरः सुनलिनीच्छत्रनिरस्तरविरश्मिषु।
हंसांसाक्षिप्तकह्लारवीचीविमलवारिषु॥
हंसकारण्डवक्रौंचचक्रवाकविराविषु।
पर्यन्तनिचुलच्छायाविश्रान्तजलचारिषु॥

२. तत्रागारं धनपतिगृहादुत्तरेणास्मदीयं।
दूराल्लक्ष्यं त्वदमरधनुश्चारुणा तोरणेन।
यस्योद्याने कृतकतनयो वर्धितः कान्तया मे
हस्तप्राप्यस्तवकनमितो बालमन्दारवृक्षः॥८०॥

३. वापी चास्मिन् मरकतशिलाबद्धसोपानमार्गा
हेमैः स्फीता विकचकमलैर्दीर्घवैडूर्यनालैः।
यस्यास्तोये कृतवसतयो मानसं संनिकृष्टं
नाध्यास्यन्ति व्यपगतशुचस्त्वामपि प्राप्य हंसाः॥८१॥

एक क्रीड़ा-पर्वत था। वह इंद्रनीलमणि से निर्मित था और कनक-कदली से वेष्टित था। वाटिका के मध्यभाग में रक्त-अशोक और बकुल के वृक्ष थे, एक प्रिया के पदाघात से और दूसरा वदन-मदिरा से उत्फुल्ल होने की आकांक्षा रखता था[1]। इनका बेड़ा कुरवक या पियावसाकी झाड़ियों का था। ठीक बीच में एक सोने की वास-यष्टि पर स्फटिक की पीढ़ी थी, जिस पर यक्ष-प्रिया का वह मयूर बैठा करता था, जिसे वह अपनी चूड़ियों की मंजु-ध्वनि से नचाया करती थी।[2] बहुत भीतर जाने पर यक्ष-प्रिया के शयन-कक्ष के पास पिंजड़े में मधुरभाषिणी सारिका थी, जिससे यदा-कदा वह अपने प्रिय के विषय में पूछा करती थी।[3] बाणभट्ट की कादंबरी में अन्तःपुर के भीतर का बड़ा ही रसमय और जीवन्त वर्णन है। उस वर्णन से जान पड़ता है कि कादम्बरी की विविध परिचारिकाएँ किन कार्यों में व्यस्त थीं। वस्तुत समस्त संस्कृत-साहित्य में अन्तःपुर वर्णन के प्रसंग में इन बातों का अल्पाधिक विस्तार रहता है। अन्तःपुर के सबसे भीतरी हिस्से में कोई लवलिका केतकी (केवड़े) की धूलि से लवली (हरफारेवरी) के आलवालों को सजा रही थी। कोई सागरिका गंध-जल की वापियों में रत्न-बालुका निक्षेप कर रही थी, को मृणालिका कृत्रिम कमलिनियों के यन्त्र-चक्रवाकों के ऊपर कुंकुम-रेणु फेंक रही थी, कोई मकरिका कर्पूर-पल्लव के रस से गंध-पात्रों को सुवासित कर रही थी, कोई रजनिका तमाल वीथिका के अंधकार में मणि-प्रदीपों को रख रही थो, कोई कुमुदिका पक्षियों के निवारण के लिए दाड़िमी फलों को मुक्ताजाल से अवरुद्ध कर रही थी, कोई निपुणिका मणि की पुतलियों के वक्षःस्थल पर कुंकुम रस से चित्रकारी कर रही थी, कोई उत्पलिका कदली-गृह की मरकत-वेदिकाओं को सोने की समार्जनी (झाड़ू) से साफ़ कर

१. रक्ताशोकश्चलकिसलयः केसरश्चात्र कान्तः
प्रत्यासन्नौ कुरवकवृतेर्माधवीमण्डपस्य।
एकः सख्यास्तव सह मया वामपादाभिलाषी
कांक्षत्यन्यो वदनमदिरां दोहदच्छद्मनास्याः ॥८६॥

२. तन्मध्ये च स्फटिकफलका काञ्चनी वासयष्टि-
र्मूले बद्धा मणिभिरनतिप्रौढवंशप्रकाशैः।
तालैः शिंजद्वलयसुभगैः कान्तया नर्तितो मे
यामध्यास्ते दिवसविगमे नीलकण्ठः सुहृद् वः ॥८७॥

३. पृच्छन्ती वा मधुरवचनां सारिकां पंजरस्थां
कच्चिद् भर्तुः स्मरसि रसिके त्वं हि तस्य प्रियेति।

रही थी, कोई केसरिका बकुल-कुसुम-माला-गृहों को मदिरा रस से सींच रही थी और कोई मालतिका कामदेव गृह की हाथीदाँतों की बलभिका (मण्डप) को सिंदूर-रेणु से पाटलित कर रही थी। ये सारी बातें ऐसी हैं, जिनका अर्थ दरिद्र लेखनी-धारियों की समझ में नहीं आ सकता। हम केवल आँख फाड़ कर देखते हैं कि मधुमक्खियों के छत्ते से भी अधिक व्यस्त दिखनेवाले इस अन्तःपुर के व्यापारों का अर्थ क्या है? खैर, कुछ समझ में आने लायक बातें भी हैं। वहाँ कोई नलिनिका भवन के कल हंसों को कमल मधुरस पान कराने जा रही थी, कोई कदलिका मयूरों को धारा-गृह या फ़व्वारों के पास ले जा रही थी—शायद नचाने के लिए!—कोई कमलिनिका चक्रवाक शावकों को मृणाल-क्षीर-रस दे रही थी, कोई कोकिलों को आम्रमंजरी का अंकुर खिलाने में लगी थी, कोई पल्लविका मरिच (काली मिर्च) के कोमल किसलयों को चुन-चुन कर भवन-हारीतों को खिला रही थी, कोई लवंगिका चकोरों के पिंजड़ों में पिप्पली के मुलायम पत्ते निक्षेप कर रही थी, कोई मधुरिका पुष्पों के आभरण बना रही थी, और इस प्रकार सारा अन्तःपुर पक्षियों की सेवा में व्यस्त था। सबसे भीतर वचनमुखरा सारिका (मैना) थी और विदग्ध शुक था, जिनके प्रणय-कलह की शिक्षा पूरी हो चुकी थी, और चंद्रापीड़ के सामने अपना वैदग्ध्य-विलास प्रकट करके जिस सारिका ने कादम्बरी के अधरों पर लज्जायुक्त मुसकान की एक हल्की रेखा प्रकट कर दी थी![1]

प्राचीन भारत का यह अन्तःपुर वस्तुतः सब प्रकार की सुकुमार कलाओं का घर था। यद्यपि साधारण श्रेणी के नागरिकों के अन्तःपुर या वहिःप्रकोष्ठ उतने समृद्धियुक्त नहीं हुआ करते होंगे जितने साधारणतः उस युग के राज-भवनों के वर्णन प्रसंग में मिल जाते हैं पर इसमें सन्देह नहीं कि कला और विद्या के आश्रय स्थान ऐसे ही रईस थे। मृच्छकटिक नाटक में एक छोटा-सा वाक्य आता है जो काफी अर्थपूर्ण है। इस नाटक के नायक चारुदत्त का एक पुराना नौकर संवाहक था, जिसने संवाहक-कला अर्थात् शरीर और वेश-भूषा को सुरुचि-पूर्ण ढङ्ग से सजाने का कौशल सीखा था। उसने दरिद्रतावश नौकरी कर ली थी। यही संवाहक चारुदत्त की दरिद्रता के कारण नौकरी छोड़कर अन्य व्यसन में लग गया था। एक बार चारुदत्त की प्रेमिका गणिका वसन्तसेना के यह कहने पर कि तुमने सुकुमार कला सीखी है, उसने प्रतिवाद करके कहा—'नहीं आर्ये,

---

१. कादम्बरी पृ० ३३५ और आगे। इस लेख में सर्वत्र निर्णय-सागर प्रेस (छठवें संस्करण १९२१) की कादम्बरी से उद्धरण दिए गए हैं।

कला समझकर सीखा ज़रूर था,पर अब तो वह आजीविका हो गई है—'अज्जये कलेत्ति सिक्खिदा। आजिविआ दाणिं संवुत्ता', इस कथन का यह अर्थ हुआ कि जीविका-उपार्जन में लगाई हुई विद्या कला के सुवर्ण सिंहासन से विच्युत मान ली जाती थी। यही कारण था कि धनहीन नागरकगण सर्वकला-पारंगत होने पर भी नागरक के उँचे आसन से उतरकर 'विट' होने को बाध्य होते थे। यदि इस बात को हम ध्यान में रखें कि कला को आजीविका बनाने पर उस युग के सहृदयों की आँखों से कलाकार गिर जाता था, तो सहज ही समझ में जायगा कि काव्य-मीमांसा आदि ग्रंथों से अनेक कारीगरों, चित्रकारों और मूर्ति-शिल्पियों को प्राकृत और अपभ्रंश के कवियों के पीछे बैठने का क्यों निर्देश है। कामसूत्र में कला के मर्मज्ञ और आश्रयदाता नागरक का जो उल्लेख है, वह यहाँ स्मरण कर लिया जा सकता है। नागरक के विशाल प्रासाद का वहिःप्रकोष्ठ, जिसमें नागरक स्वयं रहा करता था, बहुत ही शानदार होता था। उसमें एक शय्या पड़ी रहती थी, जिसके दोनों सिरों पर दो तकिया या उपधान होते और उसके ऊपर सफ़ेद चादर या प्रच्छदपट पड़े होते थे। यह बहुत ही नर्म और बीच में झुका हुआ होता था। इसके पास ही कभी-कभी एक दूसरी शय्या भी पड़ी होती थी, जो पहली से कुछ नीची होती थी। शय्या के सिरहाने कूर्चस्थान पर नागरक के इष्ट देवता की कलापूर्ण मूर्ति रहती थी और उसके पास ही वेदिका पर माल्य, चंदन और अन्यान्य सुगंधित उपलेपन रखे होते थे। इसी वेदिका पर सुगंधित मोमबत्ती की पिटारी (सिक्थ-करण्डक) और इत्रदान (सौगंधिक पुटिका) रखा रहता था। मातुलुङ्ग की छाल और पान के बीड़ों के रखने की जगह भी यही थी। नीचे ज़मीन पर पीकदान या पतद्ग्रह रखा होता था। ऊपर दीवाल में हाथीदाँत की खूँटियों पर कपड़े के थैले में लिपटी हुई वीणा रहती थी, चित्रफलक हुआ करता था, तूलिका और रंग के डिब्बे रखे होते थे, पुस्तकें सजाई हुई थीं और बहुत देर तक ताज़ी रहने वाली कुरण्टक माला भी लटकी रहती थी। दूर एक आस्तरण (शायद दरी) पड़ी होती थी और उस पर द्यूत और शतरंज खेलने की गोटियाँ रखी रहती थीं। उसके बाहर क्रीड़ा के पक्षियों अर्थात् शुक-सारिका-लाव-तित्तिर-कुक्कुट आदि के पिंजड़े हुआ करते थे। शर्विलक नामक चोर जब मृच्छकटिक नाटक के नायक चारुदत्त के घर में रात को घुसा था, तो उसने आश्चर्य के साथ देखा था कि उस रसिक नागरक के घर में कहीं मृदंग, कहीं दर्दुर, कहीं पणव, कहीं वीणा, कहीं वंशी और कहीं पुस्तकें पड़ी हुई थीं। एक बार तो वह यह भी सोचने लगा कि कहीं यह नाट्याचार्य का घर तो नहीं है। क्योंकि ये वस्तुएँ एक ही साथ केवल दो जगह संभव थीं, धनी

नागरक के बैठक घर में या फिर उस नाट्याचार्य के गृह में जिसने कला को आजीविका बना लिया हो। चोर ने घर की दशा से यह अनुमान सहज ही कर लिया था कि धनी आदमी का घर तो यह होने से रहा।

वीणा और चित्रफलक ये दो वस्तुएँ उन दिनों के सहृदय के लिये नितान्त आवश्यक वस्तु थीं। चारुदत्त ने ठीक ही कहा था कि वीणा जो है वह असमुद्रोत्पन्न रत्न है, उत्कंठित की संगिनी है, उकताये हुए का विनोद है, विरही का ढाढ़स है और प्रेमी का रागवर्द्धक प्रमोद है[1]। प्राचीन काव्य साहित्य में इसकी इतनी चर्चा है कि सबका संग्रह करना बड़ा कठिन कार्य है। सरस्वती भवन से लेकर कामदेवायतन तक, अन्तःपुर के विलासमय जीवन से लेकर आच्छोद सरोवर के शिवायतन वाली तपोभूमि तक, नागरक के वहिर्निवास से लेकर उद्यानयात्रा की वनभूमि तक—सर्वत्र वीणा उन दिनों के नागर रसिकों की संगिनी थी। संस्कृत का कवि सौन्दर्य और चारुता की बात याद करते ही पहले वीणा की बात याद करता है। कामसूत्र से जान पड़ता है कि उन दिनों की गंधर्वशालाओं में प्रत्येक नागरक के लड़कों को जिन कलाओं का सीखना ज़रूरी था उनमें सर्वप्रधान हैं—गीत, वाद्य और नृत्य। इस वाद्य में वीणा और डमरु तथा वंशी का उल्लेख है। डमरु भारतवर्ष का अत्यन्त प्राचीन वाद्य है और कहते हैं, काल-क्रम से उसी ने मृदंग का आकार ग्रहण किया है। इस मृदंग के विषय में [illegible]र सी० वी० रमन जैसे चोटी के वैज्ञानिक का कहना है कि यह संसार का सबसे श्रेष्ठ वैज्ञानिक ढंग से बना हुआ वाद्य है। ललित-विस्तर में वीणा और वाद्य-नृत्य को उन ८६ कलाओं में गिना गया है, जिनका ज्ञान सिद्धार्थ को था। वीणा के साथ ही एक और वाद्य वेणु या वंशी का भी कामसूत्रादि ग्रन्थों में बारबार उल्लेख है। यह बाजा भी नागरकों को बहुत प्रिय था। यहाँ हम नृत्य-गीत-नाट्य आदि का विस्तृत उल्लेख नहीं करेंगे।

दूसरा अत्यन्त महत्वपूर्ण मनोविनोद चित्रकर्म था। कला की गणना में इसका प्रमुख स्थान है। विष्णु धर्मोत्तर पुराण के चित्र सूत्र में कहा गया है कि समस्त कलाओं में चित्र-कला श्रेष्ठ है। वह धर्म, अर्थ, काम और मोक्ष को

---

१. वीणा हि असमुद्रोत्पन्नं रत्नम्—
उत्कंठितस्य हृदयानुगुणा वयस्या संकेतके चिरयति प्रवरो विनोदः।
संस्थापना प्रियतमा विरहातुराणां रक्तस्य रागपरिवृद्धिकरः प्रमोदः॥
—मृच्छकटिक ३, ४

देने वाली है। जिस गृह में यह कला रही है वह गृह मांगल्य होता है[1]। हमने पहले ही देखा है कि उन दिनों के प्रत्येक सुसंस्कृत के कमरे में चित्रफलक और समुद्गक अर्थात् रंगों की डिबिया का रहना आवश्यक समझा जाता था। अन्तःपुरिकाएँ अवसर मिलने पर इसी विद्या के द्वारा अपना मनोविनोद करती थीं। परन्तु यहाँ कह रखना उचित होगा कि ये चित्र नाना आधारों पर बनाये जाते थे—काठ या हाथीदाँत के चित्रफलक पर, चिकने शिलापट्ट पर, कपड़े पर और विशेष रूप से वास-भवन की दीवालों या भित्ति पर। प्राचीन चित्र का आधार प्रायः भित्ति या दीवाल बताई गई है। मध्ययुग में तुलसीदास जब 'शून्य भित्ति पर चित्र लिख्यो' देखकर मन-ही-मन माधव की महिमा समझ कर रह गये थे, उस समय प्राचीन भारत के भित्ति पर लिखे गये चित्र (आलेख्य) की बात याद कर रहे थे। अभिलषितार्थ चिन्तामणि आदि ग्रंथों में इस भीत की चित्रकारी का विशद वर्णन दिया हुआ है। समृद्ध लोगों के घर की दीवालें स्फटिक मणि के समान स्वच्छ और दर्पण के समान चिकनी हुआ करती थीं। उनके ऊपर 'सूक्ष्म रेखा विशारद' कलाकार जो 'विद्युत्-निर्माण' में कुशल होते थे, पत्रलेखन में कोविद होते थे, वर्ण पूरण या रंग भरने में उस्ताद होते थे, (अभि० चि० ३.१३६) नाना रस के चित्र अंकित करते थे। दीवाल को पहले समान करके चूने से बनाया जाता था, उस पर लेपद्रव्य लगाते थे, जो नये भैंस के चमड़े को पानी में घोंट कर बनाया जाता था। इससे एक प्रकार का वज्र लेप बनाया जाता था, जो गर्म रहने पर पिघल जाता था और दीवाल में लगा कर हवा में छोड़ देने से सूख जाता था (अभि० १४६-१४६) वज्र लेप में सफ़ेद मिट्टी मिलाकर या शंख चूर्ण और सिता (मिश्री) मिलाकर भित्ति को चिकनी बनाते थे (अ० चि० ३.१४७) या फिर नीलगिरि में उत्पन्न नग नामक सफ़ेद पदार्थ को पीसकर उसमें मिलाते थे (अ० चि० ३.१४८)। रंग की स्थायिता के लिये भी नाना प्रकार के द्रव्यों के प्रयोग की बात प्राचीन पुस्तकों में दी हुई है। विष्णु धर्मोत्तर के अनुसार तीन प्रकार के ईंट के चूर्ण, साधारण मिट्टी, गुग्गुल, मोम, महुए का रस, मुसक (?), गुड़, कुसुंभ तेल और चूने को घोंट कर उसमें दो भाग कच्चे बेल का चूर्ण मिलाते थे। फिर अन्दाज़ से उपयुक्त मात्रा में बालुका देकर भीत पर एक महीने तक धीरे-धीरे पोतते थे।

---

१. **कलानां प्रवरं चित्रं धर्मकामार्थमोक्षदम्।**
मांगल्यं प्रथमं वैतद् गृहे यत्र प्रतिष्ठितम॥

—विष्णुधर्मोत्तर० तृतीय खंड, ४५ अ० ३८

इस प्रकार की और भी विधियाँ दी हुई हैं, जो सब समय ठीक-ठीक समझ में नहीं आतीं। इनके ऊपर चित्र बनाये जाते थे।

चित्रों में कई प्रकार के रंग काम में लाये जाते थे। घने बाँस की नलिका के आगे तामे का सूच्यग्र शंकु लगाते थे, जो जौ-भर भीतर और इतना ही बाहर रहता था। इसे तिन्दुक कहते थे। तूलिका में बछड़े के कान के पास के रोएं लगाये जाते थे और चित्र की रेखाओं के लिये मोम और भात में काजल रगड़ कर काला रंग बनाते थे। वंशनाली के आगे लगे हुए ताम्रशंकु से महीन रेखा खींचने का कार्य किया जाता था। रोयें वाली लेखनी तीन प्रकार की होती थी—स्थूल, मध्य और सूक्ष्म। पहली से लेपने का कार्य होता था, दूसरी से अग्र भाग और पार्श्व भाग की रेखाएँ खींची जाती थीं और तीसरी से सूक्ष्म रेखाएँ बनाई जाती थीं। चित्र केवल रेखाओं के भी होते थे और रेखाओं में रंग भर के भी बनाये जाते थे। जिसको 'लाइट ऐण्ड शेड' कहते हैं उसका भी ध्यान रखा जाता था। एकरंगे चित्रों में इनका विशेष उपयोग होता था। अभिलषितार्थचिन्तामणि (३.१६०) में कहा गया है कि जो स्थान निम्नतर हो वहाँ एकरंगे चित्र में श्यामल वर्ण होना चाहिए और जो स्थान उन्नत हो वह उज्ज्वल या फीके रंग का। रंगीन चित्रों में नाना प्रकार के रंगों का विन्यास करते थे। श्वेत रंग शंख को चूर्ण करके बनाया जाता था, शोण दरद से, रक्त (लाल) अलक्तक से, लोहित गेरू से, पीत हरिताल से और काला काजल से बनता था। इनके आपस में मिलने से तथा अन्य रंगों के मिश्रण से भिन्न रंग बनते थे। ये मिश्र रंग कमल, सौराश्व (?), घोरात्व (?), धूमच्छाय, कपोताभ, अतसी-पुष्पाभ, नीलकमल समान, हरित गौर, श्याम, पाटल, कर्बु र आदि बहुतेरे रंग के बनते थे।

पट या कपड़े पर भी चित्र बनाये जाते थे। पंचदशी नामक वेदान्त ग्रंथ से जाना जाता है कि ऐसे चित्र चार अवस्थाओं से गुजरते थे—धौत, घट्टित, लांछित और रंजित। कपड़े का धोया हुआ रूप धौत है, उस पर चावल आदि के मांड से घोंटाई मण्डित है; फिर काजल आदि की सहायता से रेखांकन लांछित है और उसमें रंग भरना रंजित अवस्था है (पं० ६.१-३)।

विष्णु धर्मोत्तर पुराण में एक अत्यन्त महत्वपूर्ण बात यह है कि नृत्य और चित्र का बड़ा गहरा सम्बन्ध है। मार्कण्डेय मुनि ने कहा था कि नृत्य और चित्र इन दोनों ही कलाओं में त्रैलोक्य की अनुकृति होती है। महानृत्य में दृष्टि, हाथ, भाव, आदि की जो भंगी बताई गई है, वही चित्र में भी प्रयोज्य है,

वस्तुतः नृत्य ही परम चित्र है।[1]

सोमेश्वर की अभिलषितार्थचिन्तामणि में चार प्रकार के चित्रों का उल्लेख है—विद्ध चित्र, जो इतना अधिक वास्तविक वस्तु से मिलता हो कि दर्पण में पड़ी परछाईं जैसा लगता हो; अविद्ध चित्र, जो काल्पनिक होते थे और चित्र-कार के भावोल्लास की उमंग में बनाये जाते थे; रस चित्र, जो भिन्न-भिन्न रसों की अभिव्यक्ति के लिये बनाये जाते थे; और धूलि चित्र। इस ग्रंथ में चित्र में सोने के उपयोग की भी विधि दी हुई है।

शास्त्रीय ग्रंथों के देखने से जान पड़ता है कि उन दिनों चित्र के विषय अनेक थे। केवल श्रृङ्गार चेष्टा या धर्माख्यान ही तक उनकी सीमा नहीं थी। धार्मिक और ऐतिहासिक आख्यानों के लंबे-लंबे पट उन दिनों बहुत प्रचलित थे। कामसूत्र में ऐसे आख्यानक पटों (पृ० २६७) का उल्लेख है और मुद्राराक्षस नाटक में यम-पटों की कहानी है। देवता, असुर, राक्षस, नाग, यक्ष, किन्नर, वृक्ष, लता, पशु, पक्षी सब कुछ चित्र के विषय थे। इनकी लम्बाई-चौड़ाई आदि कैसी होनी चाहिए, इन विषयों का शास्त्र ग्रंथों में विशेष रूप से उल्लेख है।

सम्भ्रान्त परिवार के अन्त.पुर की देवियों में चित्र विद्या का कैसा प्रचार था, इसका अन्दाज़ा इसी बात से लगाया जा सकता है कि कामसूत्र में लड़कियों के लिये जो उपहार अत्यन्त आकर्षक हो सकते हैं उनकी सूची में एक पटोलिका का मुख्य स्थान है। इस पटोलिका में अलक्तक (महावर), मनःशिला (मैनसिल), हरिताल हिंगुल और श्याम वर्णक (राजावर्तक का चूर्ण ?) रहा करते थे। हमने पहले ही देखा है कि इन पदार्थों से शुद्ध और मिश्र रंग बनाने का काम लिया जाता था। संस्कृत नाटकों में शायद ही कोई ऐसा हो, जिसमें प्रेमी या प्रेमिका अपनी गाढ़ विरह-वेदना को प्रिय के चित्र बनाकर न हल्की करती हो। मृच्छकटिक की गणिका वसन्तसेना चारुदत्त का चित्र बनाती है, शकुन्तला नाटक का नायक दुष्यन्त विरही होकर प्रियतमा का चित्र बनाकर मन बहलाता है, रत्नावली में तो चित्रफलक ही नाटक के द्वन्द्व को तीव्र और

---

१. यथा नृत्ये तथा चित्रे त्रैलोक्यानुकृतिः स्मृता।
दृष्टयश्च तथा भावा अंगोपांगानि सर्वशः॥
कराश्च ये महानृत्ये पूर्वोक्ता नृपसत्तम।
त एव नृत्ये विज्ञेया नृत्यं चित्रं परं स्मृतम्॥

भाव को सान्द्र बना देता है। उत्तर रामचरित में राम-जानकी अपने पूर्व चरित्रों का चित्र देखकर विनोद करते हैं। कालिदास के ग्रंथों से जान पड़ता है कि विवाह के समय देवताओं के चित्र बनाकर पूजे जाते थे, वधुओं के दुकूल-पट्ट के आँचल में हंस के जोड़े बनाये जाते थे और चित्र देखकर वर-वधू के सम्बन्ध ठीक किये जाते थे। ध्वस्त अयोध्या नगरी-वर्णन-प्रसंग में महाकवि ने कहा है कि प्रासादों की भित्ति पर पहले नाना भाँति के पद्मवन चित्रित थे और उन पद्म वनों में बड़े-बड़े मातंग (हाथी) चित्रित थे, जिन्हें उनकी प्रियतमा करेणु-बालाएँ मृणाल खंड देती हुई अंकित की गई थीं। ये चित्र इतने सजीव थे कि उन्हें वास्तविक हाथी समझकर आज की विध्वस्तावस्था में वहाँ के रहने वाले सिंहों ने अपने तेज़ नाखूनों से उनका कुंभस्थल विदीर्ण कर दिया है! बड़े-बड़े महलों में जो लकड़ी के खंभे लगे हुए थे, उन पर मनोहर स्त्री मूर्तियाँ अंकित थीं और उनमें रंग भी भरा गया था। अवस्था के गिरने से ये दारु मूर्तियाँ फीकी पड़ गई थीं। आज साँपों की छोड़ी हुई केंचुलें ही उनके वक्षःस्थल के आवरण-योग्य दुकूल वस्त्र का कार्य कर रही हैं[1]। जान पड़ता है, उन दिनों इस प्रकार के चित्र बहुत प्रचलित थे। अजन्ता में हूबहू एक वैसा ही चित्र है, जैसा कि कालिदास ने ऊपर के हाथी वर्णन के प्रसंग में कहा है। दुर्भाग्यवश काल के निर्मम स्रोत में उस युग की दारुमयी स्तंभ प्रतिमाएँ एकदम लोप हो गई हैं। नहीं तो इसका भी कुछ उदाहरण मिल ही जाता।

नाटकादि में चित्र का जो प्रसंग आता है, उसमें सर्वत्र विद्ध चित्र की ही प्रशंसा मिलती है, अर्थात् जो चित्र देखने में ठीक हू-ब-हू मूल वस्तु से मिल जाता था वही प्रशंसनीय समझा जाता था। कालिदास की शकुन्तला में एक विवादास्पद अर्थवाला श्लोक आता है, जिसमें शायद चित्र की अपूर्णता की ओर इशारा किया गया है। राजा दुष्यन्त ने शकुन्तला का जो चित्र बनाया था, जिसमें शकुन्तला के दोनों नेत्र कान तक फैले हुए थे, भ्रू लता लीला द्वारा कुंचित थे, अधर देश उज्ज्वल दसन-छवि की ज्योत्स्ना से समुद्भासित थे, ओष्ठ प्रदेश पकी बेर के समान पाटल वर्ण के थे, विभ्रम-विलास की मनोहारिणी छवि की

---

१. चित्रद्विपाः पद्मवनावतीर्णाः करेणुभिर्दत्तमृणालभंगाः।
नखांकुशाघातविभिन्नकुंभाः संरब्धसिंहप्रहृतं वहन्ति ॥
स्तंभेषु योषित्प्रतियातनानामुत्क्रान्तवर्णक्रमधूसराणाम्।
स्तनोत्तरीयाणि भवन्ति संगान्निर्मोकपट्टाः फणिभिर्विमुक्ताः ॥
—रघुवंश १६/१६-१७

एक तरल धारा-सी जगमगा उठी थी, चित्रगत होने पर भी मुख में ऐसी सजीवता थी कि जान पड़ता था अब बोला अब बोला[1] ! मिश्रकेशी नामक शकुन्तला की सखी ने इस चित्र को देखकर आश्चर्य के साथ अनुभव किया था कि मानों उसकी सखी सामने ही खड़ी है। पर राजा को सन्तोष नहीं था। इतना भावपूर्ण सजीव चित्र भी कुछ कमी लिये हुए था। राजा ने कहा कि—चित्र में जो-जो साधु (अर्थात् ठीक) नहीं होता, उसे दूसरे ढङ्ग से (अन्यथा) किया जाता है, तथापि उसका लावण्य रेखा से कुछ अन्वित हुआ है[2]।— यह श्लोक का कंकाल है। इन वाक्यों का अर्थ पंडितों ने कई प्रकार से किया है। पर जान पड़ता है कि राजा का भाव यही है कि हज़ार यत्न किया जाय मूल वस्तु का भाव चित्र में नहीं आ पाता। परन्तु इसमें कोई सन्देह नहीं कि कालिदास ने चित्र में जो-जो गुण बताये हैं, वे निश्चित रूप से उत्तम कला के सबूत हैं। यह जो बोलता-बोलता भाव है, या फिर ऊँचे स्थानों का ऊँचा दिखाना, निम्न स्थानों का निम्न दिखाना, शरीर में इस प्रकार रंग और रेखा का विन्यास करना कि मृदुता और सुकुमारता निखर आवे, मुख पर ऐसा भाव चित्रित करना कि प्रेम-दृष्टि और मुसकान-भरी वाणी प्रत्यक्ष हो उठे,[3] निस्सन्देह बहुत ही उत्तम कला का निदर्शन है। किन्तु विष्णुधर्मोत्तर के चित्र सूत्र के आचार्य को इतना ही काफ़ी नहीं जान पड़ता। वे और भी सूक्ष्मता चाहते हैं, और भी कौशल होने पर दाद देना स्वीकारते हैं। जो चित्रकार सोये हुए आदमी में चेतना दिखा सके, या मरे हुए में चेतना का अभाव दिखा सके, निम्नोन्नत विभाग को दिखा सके, तरंग की चंचलता, अग्नि-शिखा की कम्पगति, धूम का तरंगित होना और पताका का लहराना दिखा सके, असल में उसे ही वे आचार्य

---

१. दीर्घापांगविसारिनेत्रयुगलं लीलांचितभ्रूलतं
दन्तान्तःपरिकीर्णहासकिरणज्योत्स्नाविलिप्ताधरम्।
कर्कन्धूद्युतिपाटलोष्ठरुचिरं तस्यास्तदेतन्मुखम्
चित्रेऽप्यालपतीव विभ्रमलसत्प्रोद्भिन्नकान्तिद्रवम् ॥१०२॥

२. यद् यत्साधु न चित्रे स्यात् क्रियते तत्तदन्यथा।
तथापि तस्या लावण्यं रेखया किञ्चिदन्वितम् ॥१०३॥

३. अस्यास्तुंगमिव स्तनद्वयमिदं निम्नेव नाभिः स्थिता
दृश्यन्ते विषमोन्नताश्च वलयो भित्तौ समायामपि।
अंगे च प्रतिभाति मार्दवमिदं स्निग्धप्रभावाच्चिरं
प्रेम्णा मन्मुखमीषदीक्षत इव स्मेरा च वक्तीव माम् ॥१०४॥ छठा अंक

चित्रविद् कहना चाहते हैं[१]।

ऐसा जान पड़ता है कि विद्ध चित्रों के चित्रण में उन दिनों पूरी सफलता मिली थी। राजा और रानियों की पुरुष प्रमाण प्रतिकृति उन दिनों नियमित रूप से राज-घरानों में सुरक्षित रहती थी। हर्ष चरित से जान पड़ता है कि श्राद्ध के बाद पहला कार्य होता था मृत व्यक्ति का आलेख्य बनाना। यद्यपि अन्तःपुर और समृद्ध नागरकों के वहिर्निवास में ही कला का अधिक उल्लेख मिलता है, तथापि साधारण जनता में भी इस कला का प्रचार रहा होगा। संस्कृत नाटको और नाटिकाओं में परिचारिकाओं को प्रायः चित्र बनाते अंकित किया गया है। प्राचीन ग्रन्थों से इस बात का सबूत भी मिल जाता है कि उन दिनों स्वयं लोग अपना चित्र भी बनाते थे। भारतवर्ष ने उस काल में इस विद्या में जो चरम उत्कर्ष प्राप्त किया था उसका ज्वलन्त प्रमाण अजन्ता और बेलूर आदि की गुफाएँ हैं।

---

१. तरंगाग्निशिखाधूमवैजयन्त्यम्बरादिकम्।
वायुगत्या लिखेद्यस्तु विज्ञेयः स तु चित्रवित्।
सुप्तं च चेतनायुक्तं मृतं चैतन्यवर्जितम्।
निम्नोन्नतविभागं च यः करोति स चित्रवित्॥

लोकभाषा में सांस्कृतिक इतिहास की भूली कड़ियाँ

हिन्दी आर्यभाषा है। वह जिन प्रदेशों में आज साहित्यभाषा के रूप में स्वीकृत-गृहीत है उनमें कभी अपने पुराने अपभ्रंश या प्राकृत रूपों में बोली जाती थी। परन्तु उसके भी पहले--बहुत पहले—इन स्थानों में आर्येतर जातियाँ बसती थीं। उनकी भाषा आर्यभाषा नहीं थी। आर्यों के साथ इन जातियों का, किसी भूले हुए युग में, बड़ा कठोर संघर्ष हुआ था। असुरों, दैत्यों, यक्षों, नागों, राक्षसों आदि के साथ आर्य-जाति के संघर्ष की कहानियाँ हमारे पुराणों में भरी पड़ी हैं। लड़-झगड़कर ये जातियाँ धीरे-धीरे एक दूसरे के निकट भी आती गयीं। उन्होंने धीरे-धीरे आर्यभाषा और आर्य-विश्वास को स्वीकार कर लिया परन्तु उनके विश्वास और उनकी भाषा ने नीचे से आक्रमण किया और आर्यभाषा ऊपर-ऊपर से आर्य बनी रहने पर उनकी भाषाओं से प्रभावित होती रही। उनके विश्वासों ने हमारी धर्म-साधना और सामाजिक रीति-नीति को ही नहीं, हमारी नैतिक-परम्परा को भी प्रभावित किया। जैसे-जैसे वे आर्यभाषा सीखती गयीं वैसे-वैसे उन्होंने आर्यों की परम्परागत धर्म-साधना और तत्त्व-चिन्ता को भी प्रभावित किया। धीरे-धीरे समूचा उत्तरी भारत आर्यभाषी तो हो गया पर आर्यभाषी बनी हुई जातियों के सम्पूर्ण संस्कार भी उनमें ज्यों-के-त्यों रह गये। यह ठीक है कि कुछ जातियों ने जल्दी आर्य-भाषा सीखी, कुछ ने थोड़ी देर से, और कुछ तो जंगलों और पहाड़ों की ऐसी दुर्गम जगहों में जा बसीं कि आज भी वे अपनी भाषा और संस्कृति को पुराने रूप में सुरक्षित रखती आ रही हैं। परिवर्तन उनमें भी हुआ है, पर परिवर्तन तो जगत् का धर्म है। मोटे तौर पर हम कह सकते हैं कि विक्रमादित्य द्वारा प्रवर्तित संवत् के प्रथम सहस्र वर्षों तक यह उथल-पुथल चलती रही और आज से लगभग एक सहस्राब्द से कुछ पूर्व ही उत्तर भारत

प्रायः पूर्ण रूप से आर्यभाषाभाषी हो गया। संस्कृत के पुराण-ग्रन्थों से हम इन आर्येतर जातियों की सभ्यता और संस्कृति का एक आभास पा सकते हैं। 'आभास' इसलिए कि वस्तुतः ये पुराण आर्यदृष्टि से—तत्रापि ब्राह्मण-दृष्टि से—लिखे गये हैं और फिर बहुत पुरानी बातें होने के कारण इन बातों में कल्पना का अंश भी मिल गया है। बौद्ध और जैन अनुश्रुतियों के साथ इन पौराणिक कथाओं को मिलाने से कुछ-कुछ बातें समझ में आ जाती हैं, पर यह तो हम भूल ही नहीं सकते कि ये अनुश्रुतियाँ भी विशेष दृष्टि से देखी हुई हैं।

परन्तु आज से कोई दस-बारह सौ वर्ष पहले जब उत्तर भारत की सभी मानव-मंडलियाँ आर्यभाषा-भाषी हो गयीं तो उन्होंने अपनी बातें आर्यभाषाओं के माध्यम से कहना शुरू किया। उनकी बातें तत्कालीन लोकभाषा में थीं, परन्तु दुर्भाग्यवश उनका बहुत कम अंश हमारे पास तक आ सका है। देशी भाषाओं के साहित्य में, लोक-कथाओं में, कहावतों में, किंवदन्तियों में और अनेक प्रकार के पारिभाषिक शब्दों में उस महान् उथल-पुथल और सांस्कृतिक मिलन की कहानी प्रच्छन्न रूप से बहती चली आयी है। इस दृष्टि से हमारी देशी भाषाओं का साहित्य—लिखित और अलिखित—बहुत-सी ऐसी बातों को बता सकता है जो उनकी वर्तमान परिधि और जन्मकाल से बाहर की हैं और इस प्रकार उनके अध्ययन से हम सम्पूर्ण भारतीय संस्कृति को समझने की कुंजी पा सकते हैं। दुर्भाग्यवश अब तक उनको इस मामले में उतना महत्त्व नहीं दिया गया जितना उन्हें मिलना चाहिए था। हम यह दिखाने का प्रयत्न करेंगे कि यद्यपि हमारे पास अध्ययन की बहुत कम सामग्री है तथापि देशी भाषा के साहित्य में ऐसे अनेक महत्त्वपूर्ण इशारे हमें मिल जाते हैं जिससे हम अपनी पुरानी संस्कृति के इतिहास को समझने का सूत्र पा जाते हैं। हमारी भाषा का पुराना साहित्य प्रान्तीय सीमाओं से बँधा नहीं है। आपको अगर हिन्दी-साहित्य का अध्ययन करना है तो उसके पड़ोसी साहित्यों—बँगला, मराठी, उड़िया, गुजराती आदि के पुराने साहित्य—को जाने बिना घाटे में रहेंगे। यही बात बँगला, मराठी, उड़िया आदि साहित्यों के बारे में भी ठीक है। हमारे देश का सांस्कृतिक इतिहास इस मज़बूती के साथ अदृश्य काल-विधाता के हाथों सी दिया गया है कि उसे प्रादेशिक सीमाओं में बाँधकर सोचा भी नहीं जा सकता। उसका एक टाँका यदि काशी में दीख गया तो दूसरा बंगाल में और तीसरा उड़ीसा में दीख जायगा, और चौथा यदि मलाबार में या सिंहल में दीख जाय तो कुछ भी आश्चर्य करने की बात नहीं रहेगी।

हिन्दी साहित्य का इतिहास केवल संयोग और सौभाग्य से प्राप्त हो गयी

पुस्तकों के आधार पर नहीं लिखा जा सकता। प्राचीन हिन्दी का साहित्य रस-साहित्य नहीं है। जो रस-साहित्य कहा जा सकता है वह बहुत महत्त्वपूर्ण नहीं है। उसका सबसे बड़ा गुण यह है कि उससे हम बहुत दिनों के उपेक्षित और अपरिचित 'मनुष्य' को पहचान सकते हैं और मेरी दृष्टि में यह बहुत बड़ी बात है। जो साहित्य मनुष्य को उसकी समस्त आशा-आकांक्षाओं के साथ, उसकी सभी सबलताओं और दुर्बलताओं के साथ, हमारे सामने प्रत्यक्ष ले आकर खड़ा कर देता है वही महान् साहित्य है। मनुष्य ही मुख्य है, बाकी सभी बातें गौण हैं। अलंकार-छन्द-रस का अध्ययन इस मनुष्य को समझने के लिए ही किया जाता है, वे अपने आप में चरम मान नहीं हैं। मनुष्य के—अर्थात् पशु-सुलभ वासनाओं से उपरले स्तर के उस प्राणी के—जो त्याग, प्रेम, संयम और श्रद्धा को छीनाझपटी, मारामारी, लोलुपता और घृणा-द्वेष से बड़ा मानता है—अपने लक्ष्य की ओर ले जाना ही साहित्य का मुख्य उद्देश्य है। अपने पुराने साहित्य में हम इस मनुष्य के आगे बढ़ने के लिए किये गये संघर्षों को, अनुभूतियों को और विजय-पराजय को समझने के अनेक इशारे पाते हैं। कबीरदास का बीजक, गोरखपन्थी अनुश्रुतियाँ, निरंजनियों के छिटके-फुटके मिले हुए पद हमें एक भूली हुई दुनिया के सामने लाकर खड़ा कर देते हैं, हम आश्चर्य से एक सम्पूर्ण अभिनव-जगत् का दर्शन करते हैं जो 'अपूर्व' है। पर ये इशारे ही भर हैं। हम पुराने, नये और पार्श्ववर्त्ती साहित्यों से इस इशारे का महत्व समझ सकते है। इस 'अपूर्व' जगत् की जानकारी के बिना हमारा सांस्कृतिक इतिहास अधूरा रह जाता है। हमारे देशी भाषाओं के साहित्य की उपेक्षा करके हमने अब तक अपना सम्पूर्ण इतिहास ही अधकचरा बना रखा है।

दसवीं शताब्दी के आसपास एक विशिष्ट मनोवृत्ति का प्राधान्य भारतीय धर्म-साधना के क्षेत्र में स्थापित होता है, यद्यपि वह नयी नहीं है। कम-से-कम विक्रम की छठी शताब्दी से निश्चित रूप से इस प्रवृत्ति के रहने का प्रमाण मिलता है। विरोधी मतों को अवैदिक कहकर हेय सिद्ध करना इस प्रवृत्ति का प्रधान स्वरूप है। छठी से लेकर दसवीं शताब्दी तक का भारतीय साहित्य बहुत विशाल है, तो भी धर्म-साधना के इतिहास की दृष्टि से वह पर्याप्त नहीं कहा जा सकता। अधिकांश में हमें साम्प्रदायिक ग्रन्थों पर निर्भर करना पड़ता है। यह उल्लेख-योग्य है कि सभी धार्मिक सम्प्रदाय अपने ग्रंथ नहीं छोड़ गये हैं। कुछ ने तो शायद ग्रन्थ लिखा ही नहीं और कुछ ने अगर लिखा भी तो वह प्राप्त नहीं हो सका। पुरानी पुस्तकों में इन सम्प्रदायों का कुछ-कुछ उल्लेख मिल जाता है। पर इन उल्लेखों से उनका कोई विशेष परिचय नहीं

मिलता। बौद्ध सम्प्रदायों के विषय में ब्राह्मण ग्रन्थों से जो कुछ पता चलता है, वह केवल अपूर्ण ही नहीं, भ्रामक भी है। सौभाग्यवश अब बौद्धों के एक बड़े सम्प्रदाय स्थविरवाद का पूरा साहित्य—जो लगभग तीन महाभारत के बराबर है—प्राप्त हो गया है। अन्यान्य सम्प्रदायों के ग्रन्थ भी थोड़े-बहुत मिल गये हैं और चीनी तथा तिब्बती भाषा में अनेक ग्रन्थ अनूदित अवस्था में सुरक्षित हैं। विद्वान् लोग नये सिरे से इन ग्रन्थों को धीरे-धीरे प्रकाश में लाने का प्रयत्न करते हैं। ब्राह्मण ग्रन्थों में उच्छेद, विनाश या अभाववाद को ही मुख्य बौद्ध-सिद्धान्त मानकर उसका खंडन किया गया है। यदि बौद्ध साहित्य का अन्य देशों से उद्धार न हो सकता तो हमें बौद्ध दर्शन की महिमा का कुछ भी पता न चल पाता। सर्वदर्शन-संग्रह में वैभाषिक सम्प्रदाय के बौद्धों के नामकरण का रहस्य यह बताया गया है कि ये लोग 'विभाषा' यानी गड़बड़ भाषा के बोलने वाले या बे-सिर-पैर की हाँकने वाले बकवादी हैं। लेकिन असली रहस्य यह नहीं है। भला कोई सम्प्रदाय अपने को बकवादी क्यों कहेगा? असल में 'विभाषा' शब्द का अर्थ है 'विशिष्ट भाष्य'। यह विशिष्ट भाष्य चीनी भाषा में आज भी सुरक्षित है। संस्कृत में इस मत का प्रतिपादक ग्रन्थ 'अभिधर्मकोश' उपलब्ध हुआ है। इस ग्रन्थ का पहले-पहल चीनी भाषा की टीका के आधार पर फ्रांसीसी में उल्था किया गया था। इस सामग्री के आधार पर महापंडित राहुल सांकृत्यायन ने इसके मूल के उद्धार का प्रयत्न किया है और एक संस्कृत टीका भी अपनी ओर से जोड़कर इसे बोधगम्य बना दिया है। यह महत्त्वपूर्ण ग्रन्थ 'अनाप शनाप बोलने वालों' की कृति तो है ही नहीं, बहुत-से आस्तिक माने जाने वाले आचार्यों की पुस्तकों से अधिक युक्तिसंगत और मननीय है।

महामति शंकराचार्य ने शून्यवाद को 'सर्वप्रमाण-विप्रतिषिद्ध' कहकर उपेक्षा-योग्य ही माना था। कुमारिल भट्ट जैसे मेधावी आचार्य ने भी बुद्ध की अहिंसा आदि भली बातों को उसी प्रकार अग्राह्य बताया था जिस प्रकार कुत्ते की खाल में रखा हुआ दूध अमेध्य ('श्वदतिनिक्षिप्त क्षीरवदनुपयोगि') होकर अनुपयोगी हो जाता है। इसी प्रकार के अनेक उदाहरण दिये जा सकते हैं। वस्तुतः बड़े से बड़े आचार्य के खंडनों को देखकर भी विरोधी सम्प्रदाय के विषय में कोई निश्चित धारणा नहीं बनायी जा सकती। बौद्धधर्म तो फिर भी सौभाग्यवश जीवित मत है और उसके साहित्य के उपलब्ध हो जाने से उसके विषय में ठीक-ठीक धारणा बना ली जा सकती है। परन्तु ऐसे बहुत-से सम्प्रदाय हैं जिनकी न तो किसी जीवित परम्परा का पता चलता है और न जिनका कोई साहित्य ही पाया जा सका है। विरोधी मत वालों ने उनका थोड़ा-बहुत विकृत परिचय दिया है,

परन्तु ऊपर के उदाहरणों को देखकर जान पड़ता है कि इन विकृत परिचयों के आधार पर हम विशेष अग्रसर नहीं हो सकते।

चरपटी नाथ के नाम से चलनेवाले और निरंजनियों के संग्रहों में अलभ्य कुछ पद मिलते हैं जिनमें नाना सम्प्रदायों का उल्लेख है। उनमें 'नीलपटा' सम्प्रदाय की भी चर्चा है। इसे अटपटा मत बताया गया है। इन पदों की भाषा आधुनिक है पर वक्तव्य भी नया हो, ऐसा नहीं है।

एक श्वेत जटा एक पीतपटा। एक तिलक जनेऊ लंब जटा।
इक नीलपटा मत अट्टपटा। भ्रमजाल जटा भव हट्ट अटा!

क्या इसे अलग और उपेक्षित माना जाये? पुरातन-प्रबन्ध-संग्रह नामक जैन-प्रबन्ध में भी इन दर्शनियों की चर्चा है। इनकी साधना-पद्धति के विषय में जितना कुछ कहा गया है उससे लगता है कि ये लोग अत्यन्त निचली श्रेणी के भोगपरक धर्म का प्रचार करते थे। 'खाओ, पिओ और मौज करो' यही उनका आदर्श था। पुरुष और स्त्री के जोड़े नग्न होकर एक ही नीले वस्त्र में लिपटे रहते थे। ऐसे ही एक जोड़े से राजा भोज की कन्या ने धर्मविषयक प्रश्न किया था जिस पर 'दर्शनी' ने उस वामलोचना को उपदेश दिया कि 'खाओ, पिओ और मौज करो। जो बीत गया सो कभी नहीं लौट सकता। अगर तुमने तप किया और कष्ट उठाया तो वह तुम्हारे लिए बिल्कुल बेकार है, क्योंकि वह जो गया सो गया। असल बात यह है कि यह शरीर सिर्फ जड़ तत्त्वों का संघात-मात्र है, इसके आगे कुछ भी नहीं है।'

पिब खाद च वामलोचने यदतीतं वरगात्रि तन्न ते।
नहि भीरु गतं निवर्तते समुदयमात्रमिदं कलेवरम्॥[1]

राजा भोज को जब यह बात मालूम हुई तो उन्होंने इस सम्प्रदाय का उच्छेद कर दिया। खोज-खोजकर नीलपटों के सभी जोड़े हमेशा-हमेशा के लिए समाप्त कर दिये गये। भारतीय साहित्य में इन नीलपटों की कोई चर्चा नहीं आती। इस विवरण से तो इनके प्रति घृणा ही उत्पन्न होती है। सौभाग्यवश इस सम्प्रदाय के एक और भी विवरण का सिंहल के निकाय-संग्रह से राहुल सांकृत्यायन ने उद्धार किया है। यह कहानी राजा भोज के कुछ ही पहले की है। कहा गया है कि राजा मत-बल-सेन के समय, जिनका राज्यकाल सन् ८४६-८६६ ई० है, बज्रपर्वत-निकाय का एक भिक्षु सिंहल में आया और वीरांकुर विहार में रहने लगा। उसके प्रभाव में आकर राजा ने वाजिरिय

१. पुरातन-प्रबन्ध पृ० १६

(वज्रयान) मत को स्वीकार किया। इसी से लंका में रत्नकूट आदि ग्रन्थों का प्रचार आरम्भ हुआ। इसके बाद के राजा ने यद्यपि बाजिरिय के बारे में कुछ कड़ाई दिखायी पर इन सिद्धान्तों के गोप्य रहने के कारण वे बचे ही रहे। राहुल जी का कहना है कि तिब्बत के रंगीन चित्रों में आतिशा (दीपंकर श्रीज्ञान) आदि भारतीय भिक्षुओं के चीवर के नीचे जो नीले रंग की एक जाकेट जैसी चीज दिखती है उसका कारण निकाय-संग्रह में इस प्रकार दिया हुआ है—जिस समय कुमारदास सिंहल में राज कर रहे थे उन्हीं दिनों दक्षिण मधुरा में श्रीहर्ष नामक राजा का राज्य था। उस समय सम्मितीय-निकाय का एक दुःशील भिक्षु नीला वस्त्र धारण करके रात को वेश्या के घर गया। उसके प्रातःकाल लौटने में देर हो गयी। जब विहार के शिष्यों ने उसके वस्त्र का कारण पूछा तो उसने उस नील वस्त्र की बड़ी महिमा बतायी। तभी से उसके शिष्य नील वस्त्र का व्यवहार करने लगे। नीलपट-दर्शन में कहा गया है कि वेश्या, सुरा और काम ये तीन ही वास्तविक रत्न हैं, बाक़ी सब काँच के टुकड़े हैं। स्पष्ट ही नीलपट-दर्शनियों का जो मत पुरातन-प्रबन्ध में उद्धृत किया गया है, वह इसी से मिलता-जुलता है। परन्तु यदि राहुलजी के वक्तव्य को ध्यान से देखा जाय तो मालूम होगा कि इन लोगों का सम्बन्ध वज्रयानियों से था। यह ध्यान देने की वात है कि सम्मितीय निकाय के जिन भिक्षुओं की ऊपर चर्चा आयी है उनका महायान मत की स्थापना में बड़ा हाथ रहा है।[1] यह नीलपट सम्प्रदाय यदि वज्रयान से सम्बद्ध था तो निश्चय ही बड़ा शक्तिशाली था और उसका साहित्य बिलकुल खोया हुआ नहीं कहा जा सकता। स्पष्ट ही यदि जैन-प्रबन्ध का विवरण ही हमारे सामने होता तो इस मत के विषय में बहुत भ्रान्त धारणा बनी रहती। ऐसे अनेक सम्प्रदाय हैं जो ग़लत ढंग से उपस्थापित हैं। कितनों ही का तो नाम भी नहीं बचा होगा।

कितने ही सम्प्रदाय ऐसे हैं जिनका साहित्य तो उपलब्ध नहीं है पर परम्परा अभी बची हुई है। नाथ मार्ग के बारह पन्थों में से प्रायः सभी जीवित हैं, पर जहाँ तक लेखक को ज्ञात है, एक-दो को छोड़कर बाक़ी पन्थों का कोई साहित्य नहीं बचा है। इन सम्प्रदायों के साधुओं और गृहस्थों में अपने प्रतिष्ठाता के सम्बन्ध में कुछ कथाएँ बची हुई हैं। किसी-किसी के स्थापित मठ और मन्दिर वर्तमान हैं, उनमें कुछ विशेष ढंग के अनुष्ठान होते हैं। इन लोक-कथाओं और अनुष्ठानों के भीतर से इन सम्प्रदायों की विशेषता का कुछ पता

१. गंगा, पुरातत्त्वांक

चल जाता है। इतना ही नहीं, कभी-कभी तो इन अनुष्ठानों और लोक-कथाओं पर से उन पूर्ववर्ती मतों का भी पता चल जाता है जो या तो इन परवर्ती मतों के विरोधी थे या इन्हीं में घुल-मिल गये हैं। आगे हम इस प्रकार के कई धर्म-मतों का उल्लेख करेंगे। इसलिए भारतीय धर्म-साधना का अध्ययन बहुत जटिल और उलझा हुआ कार्य है। इसे सुचारु रूप से करने के लिए केवल लिखित-साहित्य से काम नहीं चल सकता। लोक-कथा, मूर्ति और मन्दिर, साधुओं के विशेष-विशेष सम्प्रदाय, उनकी रीति-नीति, आचार-विचार, पूजा-अनुष्ठान आदि की जानकारी परम आवश्यक है। परन्तु इस दृष्टि से बहुत कम काम हुआ है। जो कुछ हुआ है वह भी विदेशी विद्वानों के परिश्रम का ही फल है। इसके लिए हमें उनका कृतज्ञ होना चाहिए। यह ठीक है कि उनका दृष्टिकोण दूसरा है, परन्तु जो कुछ भी उन्होंने किया है वह हमारे काम तो आता ही है।

गोरक्षनाथ (गोरखनाथ) के द्वारा प्रवर्तित योगि-सम्प्रदाय नाना पन्थों में विभक्त हो गया है। पन्थों के अलग होने का कोई-न-कोई भेदक कारण हुआ करता है। हमारे पास जो साहित्य है, उससे यह समझना बड़ा कठिन है कि किन कारणों से या साधना-विषयक या तत्त्ववाद-विषयक किन मतभेदों के कारण ये सम्प्रदाय उत्पन्न हुए। गोरक्ष-सम्प्रदाय की जो व्यवस्था इस समय उपलभ्य है उससे ऐसा मालूम होता है कि भिन्न-भिन्न सम्प्रदाय उसके अव्यवहित पश्चात् उत्पन्न हो गये। भर्तृहरि उनके शिष्य बताये जाते हैं; कानिफा उनके समकालीन ही थे; पूरन भगत या चौरंगी नाथ भी उनके गुरुभाई और समकालीन बताये जाते हैं। गोपीचन्द उनके समसामयिक सिद्ध कानिफा के शिष्य थे। इन सबके नाम से सम्प्रदाय चले हैं। जालन्धरनाथ उनके गुरु के सतीर्थ थे; उनका प्रवर्तित सम्प्रदाय भी गोरक्षनाथ के सम्प्रदाय के अन्तर्गत माना जाता है। इस प्रकार गोरखनाथ के समसामयिक, पूर्ववर्ती और ईषत् परवर्ती जितने सिद्ध हुए हैं, सभी के नाम के सम्प्रदाय गोरखपन्थ में शामिल हैं।

वर्तमान नाथपन्थ में जितने सम्प्रदाय हैं वे मुख्य रूप से उन बारह पन्थों से सम्बद्ध हैं जिनमें आधे शिव के द्वारा प्रवर्तित हैं और आधे गोरक्षनाथ द्वारा। इनके अतिरिक्त और भी बारह या अठारह सम्प्रदाय थे जिन्हें गोरक्षनाथ ने नष्ट कर दिया। उन नष्ट किये जानेवालों में कुछ शिवजी के सम्प्रदाय थे और कुछ स्वयं गोरक्षनाथजी के। अर्थात् गोरक्षनाथजी की जीवितावस्था में ही ऐसे बहुत-से सम्प्रदाय थे जो अपने को उनका अनुवर्ती मानते थे और उन

अनधिकारी सम्प्रदायों का दावा इतना उलझ गया कि स्वयं गोरक्षनाथ ने ही उनमें से बारह या अठारह को तोड़ दिया। क्या यह सम्भव है कि कोई महान् गुरु अपने जीवितकाल में ही अपने मार्ग को विभिन्न उपशाखाओं में विभक्त देखे और भेदों को दूर न करके पन्थों की विभिन्नता को स्वीकार कर ले? इसका रहस्य क्या है?

गोरक्षनाथ का जिस काल में आविर्भाव हुआ था वह समय भारतीय साधना में बड़े उथल-पुथल का है। एक ओर मुसलमान लोग भारत में प्रवेश कर रहे थे और दूसरी ओर बौद्ध-साधना क्रमशः मन्त्र-तन्त्र, टोने-टोटके की ओर अग्रसर हो रही थी। दसवीं शती में यद्यपि ब्राह्मणधर्म सम्पूर्ण रूप से अपना प्राधान्य स्थापित कर चुका था तथापि बौद्धों, शैवों और शाक्तों का एक बड़ा भारी समुदाय ऐसा था जो ब्राह्मण और वेद के प्राधान्य को नहीं मानता था यद्यपि उनके परवर्ती अनुयायियों ने बहुत कोशिश की कि उनके मार्ग को श्रुति-सम्मत मान लिया जाय परन्तु यह सत्य है कि ऐसे अनेक शैव और शाक्त सम्प्रदाय उन दिनों वर्तमान थे जो वेदाचार को अत्यन्त निम्न कोटि का आचार मानते थे और ब्राह्मण-प्राधान्य को बिलकुल नहीं स्वीकार करते थे।

हमारे आलोच्य काल के कुछ पूर्व शैवों का पाशुपत मत काफी प्रबल था। हुएनसांग ने अपने यात्रा-विवरण में इसका उल्लेख बारह बार किया है। वैशेषिक दर्शन के टीकाकार प्रशस्तपाद को भी पाशुपत बताया जाता है। बाणभट्ट ने अपने ग्रन्थों में इस मत की चर्चा की है और शंकराचार्य ने अपने शारीरक भाष्य (२. २. ३७) में इसका खंडन किया है। लिंग पुराण में पाशुपत को तीन प्रकार का बताया गया है—वैदिक, तान्त्रिक और मिश्र। वैदिक लोग रुद्राक्ष और भस्म धारण करते थे; तान्त्रिक लोग तप्त लिंग का और शूल आदि का चिह्न धारण करते थे, और मिश्र-पाशुपत समान भाव से पंचदेवों की उपासना किया करते थे। वामनपुराण में शैव-पाशुपत, कालामुख और कपाली की चर्चा है। अनुश्रुति के अनुसार २८ शैव आगम और १७० उपागम थे। इन आगमों को निगम (अर्थात् वेद) के समान और उनसे भिन्न स्वतन्त्र प्रमाणस्वरूप स्वीकार किया गया है। काश्मीर का शैव दर्शन इन आगमों से प्रभावित है। वैसे तन्त्रशास्त्र में निगम का अर्थ 'वेद' माना भी नहीं जाता। 'आगम' शाक्त-तन्त्रों में उस शास्त्र को कहते हैं जिसे शिव ने देवी को सुनाया था। इस प्रकार ये सम्प्रदाय स्वयं भी वेदों को बहुत महत्त्व नहीं देते थे और वैदिक मार्ग के बड़े-बड़े आचार्य भी उन्हें अवैदिक ही समझते थे।

जिस प्रकार एक ओर वेद को अन्तिम और अविसंवादी प्रमाण मानने का

आग्रह था, उसी प्रकार उसका विरोध भी हुआ। पहले तो हमें इस विरोध का पता नहीं लगता पर धीरे-धीरे तत्त्वों में उसका स्वर केवल दृढ़ ही नहीं कठोर भी हो जाता है। क्या इसमें आर्यपूर्व जातियों की देन है ? क्या यह उन जातियों के मनीषियों की प्रतिक्रिया थी जो अब तक अपनी बात आर्यभाषा के माध्यम से नहीं कह सके थे ? तान्त्रिक और योगी तो उल्टी बात कहने के अभ्यस्त हो गये थे। विरोधाभास यह कि ऐसा कहने से उनकी प्रतिष्ठा बढ़ती ही गयी, घटी बिल्कुल नहीं। और ये लोग अधिकाधिक उत्साह से डंके की चोट सीधी बात को भी उल्टी करके, जटिल करके धक्का-मार बना के कहते गये : 'तुम कहते हो सूर्य प्रकाश और जीवन देता है ? बिल्कुल गलत। वही तो मृत्यु का कारण है ! चन्द्रमा से जो अमृत झरा करता है वह सूर्य ही चट कर जाता है। उसका मुँह बन्द कर देना ही योगी का परम कर्तव्य है।[1] क्योंकि जो आकाश में तप रहा है वह वास्तव में सूर्य नहीं है, असल में सूर्य नाभि के ऊपर रहता है और चन्द्रमा तालु के नीचे' (हठ० ३—७८)। 'तुम कहते हो गोमांस-भक्षण महापाप है ? वारुणी पीना निषिद्ध है ?—भोले हो तुम। यही तो कुलीन का लक्षण है, क्योंकि 'गो' जिह्वा का नाम है और उसे तालु में उलटकर ब्रह्मरन्ध्र की ओर ले जाना ही गोमांस-भक्षण है। तालु के नीचे जो चन्द्र है उससे जो सोमरस नामक अमृत झरा करता है, वही तो अमर-वारुणी है। इसका पीना तो बड़े पुण्य का फल है ! (हठ. ३—४६, ४८)' 'तुम कहते हो बाल-विधवा सम्मान और पूजा की वस्तु है ? सारे समाज को उसके सम्मान की और रक्षा की जिम्मेदारी लेनी चाहिए ?—बिलकुल उल्टी बात है। क्योंकि गंगा और यमुना की मध्यवर्ती पवित्र भूमि में वास करनेवाली एक तपस्विनी बाल-विधवा है, उसको बलात्कारपूर्वक ग्रहण करना ही तो विष्णु के परमपद को प्राप्त करने का सही रास्ता है ! कारण स्पष्ट है—गंगा इड़ा है, यमुना पिंगला। इन दोनों की मध्यवर्तिनी नाड़ी सुषुम्णा में कुण्डलिनी नामक बाल-रण्डा को ज़बर्दस्ती ऊपर उठा ले जाना ही तो मनुष्य का परम लक्ष्य है।'[2]

---

१. **यत्किंचित्स्रवते चन्द्रादमृतं दिव्यरूपिणः।**
तत्सर्वं ग्रसते सूर्यः तेन पिंडो जरायुतः ।।—हठ० ३—७६

२. **गंगायमुनयोर्मध्ये बालरण्डा तपस्विनी।**
बलात्कारेण गृह्णीयात् तद्विष्णोः परमं पदम् ।।
इडा भगवती गंगा पिंगला यमुना नदी।
इडापिंगलयोर्मध्ये बालरण्डा तु कुण्डली ।।—हठ. ३—१[illegible]

'तुम कहते हो कि पंचमवर्णी अवधूत बनकर मन्त्र-तन्त्र करने से सिद्धि मिलेगी ?— बेतुकी बात है यह। अपनी घरनी को लेकर जब तक केलि नहीं करते तब तक बोधि-प्राप्ति की आशा बेकार है। इस तरुणी घरनी के बिना जप-होम सब व्यर्थ है, क्योंकि घरनी तो असल में महामुद्रा है। उसके बिना निर्वाण-पद कैसे मिल सकता है'।[1]

योगियों, सहजयानियों और तान्त्रिकों के ग्रन्थों से ऐसी उलट-बाँसियों का संग्रह किया जाय तो एक विराट् पोथा तैयार हो सकता है। परन्तु हमें अधिक संग्रह करने की ज़रूरत नहीं। इस प्रकरण में जो प्रसंग उत्थापित किया जा रहा है वही हमारे काम के लिए पर्याप्त है।

सहजयानियों में इस प्रकार की उल्टी बानियों का नाम 'सन्ध्या-भाषा' प्रचलित था। महामहोपाध्याय हरप्रसाद शास्त्री के मत से 'सन्ध्या-भाषा' से मतलब ऐसी भाषा से है जिसका कुछ अंश समझ में आवे और कुछ अस्पष्ट लगे, पर ज्ञान के दीपक से, जिसका सब स्पष्ट हो जाय। इस व्याख्या में 'सन्ध्या' शब्द का अर्थ 'साँझ' मान लिया गया है और यह भाषा अन्धकार और प्रकाश के बीच की संध्या की भाँति ही कुछ स्पष्ट और कुछ अस्पष्ट बताई गई है। किन्तु ऐसे बहुत-से विद्वान् हैं जो उक्त भाषा का यह अर्थ स्वीकार नहीं करना चाहते। एक पण्डित ने अनुमान भिड़ाया है कि इस शब्द का अर्थ सन्धि देश की भाषा है। सन्धि देश भी, इस पंडित के अनुमान के अनुसार, वह प्रदेश है जहाँ बिहार की पूर्वी सीमा और बंगाल की पश्चिमी सीमा मिलती हैं। यह अनुमान स्पष्ट ही निराधार है, क्योंकि इसमें मान लिया गया है कि बंगाल और बिहार के आधुनिक विभाग सदा से इसी भाँति चले आ रहे हैं। महामहोपाध्याय विधुशेखर भट्टाचार्य का मत है कि यह शब्द मूलतः 'सन्धा-भाषा' है, 'सन्ध्या-भाषा' नहीं। अर्थ अभिसन्धिसहित या अभिप्राययुक्त भाषा है। आप 'सन्धा' शब्द को संस्कृत 'सन्धाय' (—अभिप्रेत्य) का अपभ्रष्ट रूप मानते हैं। बौद्ध शास्त्र के किसी-किसी वचन ने सहजयान और वज्रयान में यह रूप धारण किया है। असल में, जैसा कि भट्टाचार्य महाशय ने सिद्ध कर दिया है, वेदों और उपनिषदों में से भी

---

१. एक्क न किज्जइ मन्त न तन्त। णिय घरणी लेइ केलि करन्त॥
णिय घर घरणी जाव ण भज्जइ। ताव कि पंचवण्ण विहरिज्जइ॥
एष जप-होमे मंडल कम्मे। अनुदिन अच्छसि कोहिउ धम्मे॥
तो पिण तरुणि निरन्तर नेहे। बोहि कि लागइ राण वि देहे॥
—कृष्णाचार्य का दोहा; बौद्ध० पृ० १३१-३ और इसकी संस्कृत टीका।

ऐसे उदाहरण खोज निकाले जा सकते हैं जिनमें सन्धा भाषा जैसी भाषा के प्रयोग मिल जाते हैं परन्तु बौद्ध धर्म की अन्तिम यात्रा के समय यह शब्द और यह शैली अत्यधिक प्रचलित हो गयी थी और साधारण जनता पर इसका प्रभाव भी बहुत अधिक था।

लेकिन अन्त तक यह विरोध कुछ कार्यकर नहीं हुआ। राजनीतिक और अर्थनीतिक कारणों ने मूल समस्या को धर दबोचा। ब्राह्मण मत प्रबल होता गया और इस्लाम के आने के बाद सारा देश जब दो प्रधान प्रतिस्पर्द्धी धार्मिक दलों के रूप में विभक्त हो गया तो किनारे पर पड़े हुए अनेक सम्प्रदायों को दोनों में से किसी एक को चुन लेना पड़ा। अधिकांश लोग ब्राह्मण और वेद-प्रधान हिन्दू समाज में शामिल होने का प्रयत्न करने लगे। कुछ सम्प्रदाय मुसलमान भी हो गये। दसवीं-ग्यारहवीं सदी के बाद क्रमश: वेदबाह्य सम्प्रदायों की यह प्रवृत्ति बढ़ती गयी कि अपने को वेदानुयायी सिद्ध किया जाय। शैवों ने भी ऐसा किया और शाक्तों ने भी। परन्तु कुछ मार्ग इतने वेद-विरोधी थे कि उनका सामंजस्य किसी प्रकार इन मतों से नहीं हो सका; वे धीरे-धीरे मुसलमान होते रहे। गोरक्षनाथ ने योग-मार्ग में ऐसे अनेक मतों का संघटन किया। हमने ऊपर देखा है कि गुरु, गुरुभाई और गुरु-सतीर्थ कहे जाने वाले लोगों का मत भी उनका सम्प्रदाय माना जाने लगा है। जालन्धरनाथ, मत्स्येन्द्र-नाथ, और कृष्णपाद के प्राप्य ग्रन्थों से उद्धरण देकर सिद्ध किया जा सकता है कि ये लोग वेदों की परवाह करने वाले न थे। इन सबके शिष्य और अनुयायी, भारतीय धर्म-साधना के इस उथल-पुथल के युग में गोरक्षनाथ के नेतृत्व में संघटित हुए। परन्तु जिनके आचरण और विचार इतने अधिक विभ्रष्ट थे कि वे किसी प्रकार के योग-मार्ग का अंग बन ही नहीं सकते थे, उन्हें उन्होंने स्वीकार नहीं किया। शिवजी के द्वारा प्रवर्तित जो सम्प्रदाय उनके द्वारा स्वीकृत हुए वे निश्चय ही बहुत पुराने थे। एक सरसरी निगाह से देखने पर भी स्पष्ट हो जायगा कि आज भी उन्हीं सम्प्रदायों में मुसलमान योगी अधिक हैं जो शिव द्वारा प्रवर्तित और बाद में गोरक्षनाथ द्वारा स्वीकृत थे।

कहने का तात्पर्य यह है कि गोरक्षनाथ के पूर्व ऐसे बहुत से शैव, बौद्ध और शाक्त सम्प्रदाय थे जो वेदबाह्य होने के कारण न हिन्दू थे न मुसलमान। जब मुसलमानी धर्म प्रथम बार इस देश में परिचित हुआ तो नाना कारणों से दो प्रतिद्वन्द्वी धर्म-साधनामूलक दलों में यह देश विभक्त हो गया। जो शैव मार्ग और शाक्त मार्ग वेदानुयायी थे, वे बृहत्तर ब्राह्मण-प्रधान हिन्दू-समाज में मिल गये और निरन्तर अपने को कट्टर वेदानुयायी सिद्ध करने का प्रयत्न करते

रहे। गोरक्षनाथ ने उनको दो प्रधान दलों में पाया होगा—(१) एक तो वे जो योगमार्ग के अनुयायी थे परन्तु शैव या शाक्त नहीं थे, (२) दूसरे वे जो शिव या शक्ति के उपासक थे—शैवागमों के अनुयायी थे—परन्तु गोरक्ष-सम्मत योगमार्ग के उतने नज़दीक नहीं थे। इनमें से जो लोग गोरक्ष-सम्मत मार्ग के नज़दीक थे उन्हें उन्होंने योगमार्ग में स्वीकार कर लिया, बाकी को अस्वीकार कर दिया। इस प्रकार दोनों ही प्रकार के मार्गों से ऐसे बहुत-से सम्प्रदाय आ गये जो गोरक्षनाथ के पूर्ववर्ती थे परन्तु बाद में उन्हें गोरक्षनाथी माना जाने लगा। धीरे-धीरे जब परम्पराएँ लुप्त हो गयीं तो उन पुराने सम्प्रदायों के मूल प्रवर्तकों को भी गोरक्षनाथ का शिष्य समझा जाने लगा। इस अनुमान को स्वीकार कर लेने पर वह व्यर्थ का वाद समूचा स्वयमेव परास्त हो जाता है जो गोरक्षनाथ के काल-निर्णय के प्रसंग में पंडितों ने रचा है। तथाकथित शिष्यों के काल के अनुसार वह कभी आठवीं शताब्दी के सिद्ध होते हैं तो कभी दसवीं के, कभी ग्यारहवीं के और कभी-कभी तो पहली-दूसरी शताब्दी के भी!

ऊपर का मत केवल अनुमान पर ही आश्रित नहीं है। कभी-कभी एकाध प्रमाण परम्पराओं के भीतर से निकल भी आते हैं।

गोरक्षनाथ और शिव द्वारा प्रवर्तित सम्प्रदाओं की परम्परा स्वयमेव एक प्रमाण है; नहीं तो यह समझ में नहीं आता कि क्यों कोई महागुरु अपने जीवित-काल में ही अनेक सम्प्रदायों का संघटन करेगा। सम्प्रदाय मतभेद पर आधारित होते हैं और गुरु की अनुपस्थिति में ही मतभेद उपस्थित होते हैं। गुरु के जीवितकाल में होते भी हैं तो गुरु उन्हें दूर कर देते हैं। परन्तु प्रमाण और भी हैं।

योगि-सम्प्रदायाविष्कृति में लिखा है (पृ० ४१६-४२०) कि धवलगिरि से लगभग ८०-६० कोस की दूरी पर पूर्व दिशा में वर्तमान त्रिशूल गंगा के प्रभवस्थान पर्वत पर वाममार्गी लोगों का एक दल एकत्र होकर इस विषय पर विचार कर रहा था कि किस प्रकार हमारे दल का प्रभाव बढ़े। बहुत छान-बीन के बाद उन्होंने देखा कि आजकल श्री गोरक्षनाथजी का यश चारों ओर फैल रहा है; यदि उनसे प्रार्थना की जाय कि वह हमें अपने मार्ग का अनुयायी स्वीकार कर लें तो हम लोगों का मत लोकमान्य हो जाय। इन्होंने इसी उद्देश्य से उन्हें बुलाया। सब कुछ सुनकर श्री गोरक्षजी ने कहा—आप यथार्थ रीति से प्रचार कर दें कि अपनी प्रतिष्ठा चाहते हैं, अथवा प्रतिष्ठा की उपेक्षा कर, अपने अवलम्बित मार्ग की वृद्धि करना चाहते हैं? यदि प्रतिष्ठा चाहते हैं तो आप अन्य सब झगड़ों को छोड़कर केवल योग-क्रियाओं से ही सम्बन्ध जोड़

लें; इसके अतिरिक्त यदि अपने (पहले से ही गृहीत) मत की पुष्टि करना चाहते हैं तो हम यह नहीं कह सकते कि साधुओं का कार्य जहाँ गृहस्थ जनों को सन्मार्ग पर चढ़ा देना है वहाँ वे उन विचारों को कुत्सित पथ में प्रविष्ट करने के लिए कटिबद्ध हो जायँ। वाममार्गियों ने— जिन्हें लेखक ने यहाँ 'कपाली' कहा है— दूसरी बात को ही स्वीकार किया और इसलिए गुरु गोरक्षनाथ ने उनकी प्रार्थना अस्वीकृत कर दी। यह पुराने मत को अपने मार्ग में स्वीकार न करने का प्रमाण है।

पुराने मार्ग को स्वीकार करने का उदाहरण भी पाया जा सकता है। प्रसिद्ध है कि गोरक्षनाथ जी जब गोरखबंसी (आधुनिक कलकत्ते के पास) आये तो वहाँ देवी काली से उनकी मुठभेड़ हो गयी थी। कालीजी को ही हारना पड़ा। फलस्वरूप उनके समस्त शाक्त शिष्य गोरक्षनाथ के सम्प्रदाय में शामिल हो गये। तभी से गोरक्षमार्ग में काली-पूजा प्रचलित हुई। इन दिनों सारे भारत के गोरख-पन्थियों में काली पूजा प्रचलित है। यह कथा योगि-सम्प्रदायाविष्कृति में दी हुई है (पृ०१९४-१९९)।

मुसलमानी आक्रमण तीर-फलक के समान उत्तर भारत में तेज़ी से घुस गया। यहाँ यह एक अप्रत्याशित-अपरिचित बात थी। इस तीर-फलक के चारों ओर उन दिनों की बौद्ध और वेद-विरोधी अन्य साधनाएँ छितरा गयीं। नाथ और निरंजन मत इस तीर-फलक के इर्द-गिर्द नये वातावरण के अनुकूल बनने लगे। कहीं उसने वैष्णव रूप ग्रहण किया, कहीं शैव रूप। अचानक दक्षिण के भक्तिमत का अभिर्भाव हुआ।

इस बात का निश्चित प्रमाण है कि ईसवी सन् की बारहवीं शताब्दी में बिहार और काशी में बौद्धधर्म खूब प्रभावशाली था। उसके हजारों अनुयायी थे, मठ थे, विश्वविद्यालय थे और विद्वान् भिक्षुओं का बहुत बड़ा दल था। ११९३ ई० में कुतुबुद्दीन के सेनापति मुहम्मद बख्तियार ने नालन्दा और ओदन्तपुरी के विहारों और पुस्तकालयों को नष्ट किया। कहते हैं कि जब विजेता सेनापति ने स्थानीय लोगों से पुछवाया कि इन पुस्तकों में क्या है, तो बताने वाला कोई व्यक्ति वहाँ नहीं मिला। सम्भवतः पहले से ही विद्वान भिक्षु भागकर अन्यत्र चले गये थे। कदाचित् इसी साल बनारस भी जीता गया और सारनाथ का विहार और ग्रन्थागार नष्ट किये गए। यद्यपि सारनाथ का कोई उल्लेख नहीं प्राप्त है तो भी ऐतिहासिक पंडितों का अनुमान है कि वहाँ के पुस्तकागार और

मठ को भी अचानक ही जला दिया गया होगा।[1] बौद्धों का धर्म प्रधान रूप से सघ में केन्द्रित था। इन संघों के छितरा जाने से गृहस्थ अनुयायियों का केन्द्रीय अनुशासन टूट गया और वे धीरे-धीरे अन्य मतों में मिल गये। फिर भी बौद्ध धर्म एकदम लुप्त नहीं हो गया। बंगाल और उड़ीसा में उसका जीवित रूप अब भी पाया जा सका है;[2] और बिहार के कुछ हिस्सों में वह बहुत दिनों तक बना रहा, इसका प्रमाण हम अभी पाएँगे।

तिब्बती ऐतिहासिक लामा तारानाथ का कहना है कि मुस्लिम आक्रमण के कारण बौद्ध सन्त और विद्वज्जन चारों ओर छितरा गये। आज भी नाना स्थानों से बौद्ध पुस्तकों के मिलते रहने से अनुमान होता है कि ये थोड़ा-बहुत साहित्य-रचना में भी संलग्न थे। कृष्णदास कविराज नामक बंगाली वैष्णव सन्त ने सन् १५८२ ई० में प्रसिद्ध पुस्तक 'चैतन्यचरितामृत' लिखी। चैतन्य महाप्रभु की मृत्यु सन् १५३३ ई० में हुई थी। 'चैतन्यचरितामृत' के अनुसार चैतन्यदेव जब द्रविड़ देश में गये थे तो वहाँ आरकाट ज़िले के किसी स्थान पर एक बौद्ध विद्वान् से उनकी बातचीत हुई थी। यह शास्त्रचर्चा सन् १५१० ई०

---

१. सर चार्ल्स इलियट : हिंदुइज्म ऐंड बुद्धिज्म, ऐन हिस्टॉरिकल स्केच, जिल्द २, पृ० ११२-११३

२. (क) सर्वप्रथम महामहोपाध्याय पं० हरप्रसाद शास्त्री ने सन् १८९५ ई० के 'जर्नल ऑफ़ द एशियाटिक सोसायटी ऑफ़ बंगाल' में एक लेख लिखकर इस सम्बन्ध में विद्वानों का ध्यान आकृष्ट किया। बाद में सन् १९१७ ई० में 'डिस्कवरी ऑफ़ लिविंग बुद्धिज्म इन बंगाल' नाम से एक पुस्तक भी प्रकाशित कराई। तब से अंग्रेजी और बंगला में इस विषय की बहुत चर्चा हुई है।

(ख) श्री नगेन्द्रनाथ बसु ने सन् १९११ ई० में मयूरभंज आर्क्योलॉजिकल सर्वे की रिपोर्ट में 'माडर्न बुद्धिज्म ऐंड इट्स फ़ालोअर्स' नाम से एक विस्तीर्ण अध्याय लिखा जो बाद में पुस्तकाकार भी प्रकाशित हुआ। इस पुस्तक में उन्होंने उड़ीसा में जीवित आधुनिक बौद्धधर्म की ओर पहले-पहल पडितों का ध्यान आकृष्ट किया।

(ग) बिहार में चौदहवीं और पन्द्रहवीं शती में बौद्ध धर्म जीवित था और बाद में चलकर वह कबीरपन्थ में मिल गया, इस बात का प्रमाण इस अध्ययन से मिलेगा। अभी तक इस विषय पर विशेष ध्यान नहीं दिया गया है।

के आसपास हुई होगी। इस घटना से अनुमान होता है कि ईसवी सन् की सोलहवीं शती में बौद्ध पंडित दक्षिण में वर्तमान थे। तारानाथ ने लिखा है कि सन् १४५० ई० में चांगलराज नामक किसी राजा ने गया में बौद्ध मन्दिर बनाया था।[1] पंडित हरप्रसाद शास्त्री ने एक हस्तलिखित पुस्तक की चर्चा की है जिसका लेखन-काल सन् १७११ ई० है (और जो सम्भवतः मूल रूप में सन् १६९९ ई० में लिखी गयी थी)। इसकी भाषा में 'भद्दी संस्कृत, भद्दी हिन्दी और भद्दी बिहारी भाषाओं की विचित्र खिचड़ी है।' इसमें बुद्ध के अवतार ग्रहण करने की और सत्ययुग प्रवर्तित होने की बात लिखी हुई है। इसका नाम 'बुद्धचरित' है। इन सब बातों से पता चलता है कि बौद्धधर्म किसी-न-किसी रूप में दीर्घ काल तक जीवित रहा और अब भी किसी-न-किसी रूप में कहीं-कहीं जी रहा है।

सन् १३२४ ई० में तिरहुत के राजा को मुस्लिम आक्रमण के कारण भागना पड़ा। वह अपने साथ अनेक ब्राह्मण पंडितों को लेता गया। यद्यपि इसका राज्य दीर्घ काल तक स्थायी नहीं रह सका पर उसके पश्चात् एक दूसरे हिन्दू राजा जयस्थिति ने पंडितों की सहायता से समाज का स्तर-विभाजन कर दिया। उसने बौद्ध समाज को भी हिन्दुओं की भाँति नाना जातियों में विभक्त कर दिया। उसने प्रत्येक जाति का पेशा और उसकी सामाजिक मर्यादा भी तय कर दी। नेपाल में बौद्ध धर्म बहुत प्राचीन काल से पहुँच गया था। अशोक-काल से ही वहाँ इस धर्म के अस्तित्व का प्रमाण पाया जाता है। सातवीं शताब्दी के एक शिलालेख में वहाँ सात शैव, छः बौद्ध तथा चार वैष्णव तीर्थों का उल्लेख है। सो, हिन्दू राजा और समाज-व्यवस्थापकों ने नये सिरे से मैदान के साथ नेपाल का सम्बन्ध बहुत दृढ़ किया। नेपाल-स्थित बौद्ध धर्म मैदान के ब्राह्मण धर्म द्वारा प्रभावित भी होता रहा और उसे प्रभावित भी करता रहा। आठवीं-नवीं शताब्दी में बौद्ध धर्म बड़े वेग से तान्त्रिक साधना और काया योग की ओर बढ़ने लगा। बाद में शैव योगियों का एक सम्प्रदाय नाथपन्थ बहुत प्रबल हुआ, उसमें तांत्रिक बौद्ध धर्म की अनेक साधनाएँ भी अन्तर्भुक्त थीं। इस मत ने मैदान में बड़ा प्रभाव विस्तार किया। इन योगियों से कबीरदास का सीधा सम्बन्ध था,[2] फिर भी बीजक में नाना स्थानों पर बौद्धों की चर्चा आ ही जाती है। इस बौद्ध धर्म का स्वरूप केवल अनुमान का विषय है। आगे

---

१. एलियट, पृ० ११३—११४

२. देखिए लेखक का ग्रन्थ, 'कबीर'

हम उसकी चर्चा करने जा रहे हैं।

सोलहवीं शती में उड़ीसा में छः बड़े भक्त वैष्णव कवि हुए हैं। इनमें से पाँच अर्थात् (१) अच्युतानन्द दास, (२) बलराम दास, (३) जगन्नाथ दास, (४) अनन्त दास और (५) यशोवन्त दास समसामयिक थे। इनका आविर्भाव उड़ीसा के प्रतापरुद्र नामक राजा के राज्य-काल में हुआ था। छठे चैतन्यदास इनके थोड़े परवर्ती हैं। इनका आविर्भाव प्रतापरुद्र के राज्य-काल के अन्तिम हिस्से में हुआ था। श्री नगेन्द्रनाथ बसु ने दिखाया है कि ये वैष्णव कवि वस्तुतः बुद्ध-भक्त थे।[1] अपने को राजकीय भय से बचाने के लिए ही ये बुद्ध को भगवान् विष्णु का अवतार कहकर पूजा करते थे। श्रीकृष्ण को इन्होंने शून्य-रूप और निरंजन-रूप कहकर याद किया है। बलराम दास ने विराट् गीता में श्रीकृष्ण को बार-बार शून्य-रूप कहा है और यह भी बताया है कि वे शून्य में स्थित हैं:

तोहर रूप रेख नाहीं।
शून्य पुरुष शून्य देही।
वोइले शून्य तोर देही।
आवर नाम थिव काहीं।

और—

तोर शून्य रूप शून्य देह।
कि ना दैत्यारि नाम व्यूह।

अपनी 'गणेशविभूति टीका' नामक पुस्तक में बलराम दास ने शून्य रूप में स्थित ज्योतिःस्वरूप भगवान् निरंजन का वर्णन इस प्रकार किया है:

अनाकाररूपं शून्यं शून्यं मध्ये निरंजनः।
निराकारमध्ये ज्योतिः स ज्योतिर्भगवान् स्वयम्।

इस शून्य रूप निरंजन देवता के चक्कर से भक्तों को मुक्त करने के लिये कबीरदास को कितनी बार अवतार ग्रहण करना पड़ा है। कबीरपन्थी पुस्तकों में इस निरंजन के प्रताप का बड़ा भयंकर वर्णन है। इसी का नाम शून्य-रूप, काल, और धर्मराय बताया गया है।

अपने विष्णुगर्भ नामक ग्रंथ में चैतन्यदास ने छः विष्णुओं की चर्चा की है। सनक ने शौनक से प्रश्न किया था कि 'हे शौनक, एक विष्णु को तो सारा संसार

---

१. मॉडर्न बुद्धिज्म ऐंड इट्स फॉलोअर्स, आरक्योलॉजिकल सर्वे ऑफ़ मयूरभंज, पृ० १३७ और आगे।

जानता है, पर पाँच और विष्णु किस प्रकार हुए ?' शौनक ने बताया कि महाविष्णु का घर ही शून्य में है और वह स्वयं शून्य-स्वरूप है :

शून्य हिंटि ताहार अटइ निज घर
शून्य रे थाइ से शून्ये करइ विहार

यहाँ यह लक्ष्य करने की बात है कि कबीरपन्थी पुस्तकों में भी निरंजन को पाने के लिए 'शून्य' का ध्यान आवश्यक बताया गया है। महादेव दास नामक उड़िया वैष्णव कवि ने धर्मगीता में बताया है कि किस प्रकार महाशून्य ने सृष्टि करने की इच्छा से निरंजन, निर्गुण, गुण और स्थूल रूप में अपने पुत्रों को पैदा किया था पर ये सभी सृष्टि करने में असमर्थ रहे। अन्त में उस महाशून्य महाप्रभु ने अपने को 'धर्म' रूप में आविर्भूत किया। इसी 'धर्म' ने माया की सहायता से महाविष्णु और महेश्वर नामक पुत्रों को उत्पन्न किया और सृष्टि-रचना की। यह कथा कबीरपन्थी साहित्य की कथाओं से प्रायः हू-ब-हू मिल जाती है। बंगाल के रमाई पंडित ने अपने शून्य-पुराण में (जिसकी चर्चा आगे की जा रही है) कुछ इसी प्रकार की सृष्टि-प्रक्रिया का वर्णन किया है।

सन् १५२९ ई० में उड़ीसा के राजा प्रतापरुद्र ने बौद्धों का दमन किया था। इससे इतना तो स्पष्ट है कि वहाँ उन दिनों बहुसंख्यक बौद्ध वर्तमान थे। तारानाथ ने लिखा है कि उड़ीसा का अन्तिम राजा मुकुन्द देव, जिसे मुसलमानों ने राजच्युत किया था, बौद्ध था और उसने अनेक बौद्ध मन्दिर और मठ स्थापित किये थे।

ऐसा जान पड़ता है कि उड़ीसा के उत्तरी भाग तथा छोटा नागपुर के जंगली इलाकों को घेरकर वीरभूम से रीवाँ तक फैले हुए भूभाग में अनेक स्थलों पर धर्म देवता या निरंजन की पूजा प्रचलित थी। अनुमान किया गया है कि यह धर्म सम्प्रदाय बौद्धधर्म का प्रच्छन्न (या विस्मृत) रूप था। बिहार के मानभूम, बंगाल के वीरभूम और बाँकुड़ा आदि जिलों में एक प्रकार के 'धर्म'-सम्प्रदाय का पता हाल ही में लगा है। यह धर्म-मत अब भी जी रहा है।

धर्मपूजा-विधान में निरंजन का ध्यान इस प्रकार दिया हुआ है :

ओं यस्यान्तं नादिमध्यं न च करचरणं नास्ति कायो निनादम्
नाकारं नादिरूपं न च भयमरणं नास्ति जन्मैव यस्य।
योगीन्द्रध्यानगम्यं सकलदलगतं सर्वसंकल्पहीनम्
तत्रैकोऽपि निरञ्जनोऽमरवरः पातु मां शून्यमूर्तिः॥

रमाई पंडित के शून्यपुराण में धर्म को शून्य रूप, निराकार और निरंजन कहकर ध्यान किया गया है :

शून्यरूपं निराकारं सहस्रविघ्नविनाशनम् ।
सर्वपरः परदेवः तस्मात्त्वं वरदो भव ।। निरंजनाय नमः ।।

धर्माष्टक नामक एक निरंजन का स्तोत्र पाया गया है जिसकी संस्कृत तो बहुत भ्रष्ट है पर उससे निरंजन के स्वरूप पर बड़ा सुन्दर प्रकाश पड़ता है ।[1]

इधर हाल ही में पता चला है कि 'धर्म' शब्द वस्तुतः आस्ट्रो-एशियाटिक श्रेणी की जातियों की भाषा के एक शब्द का संस्कृतीकृत रूप है । यह कूर्म या कछुए का वाचक है । डा० सुनीतिकुमार चाटुर्ज्या ने बताया है कि दुल या दुली शब्द, जो अशोक के शिलालेखों में भी मिलता है और उत्तर-कालीन संस्कृत भाषा में भी गृहीत हुआ है और जो कछुए का वाचक है, आस्ट्रो-एशियाटिक भाषा का शब्द है । संथाल आदि जातियों की भाषा में यह नाना रूपों में प्रचलित है । इन भाषाओं में 'ओम' स्वार्थक प्रत्यय हुआ करता है और दुरोम, दुलोम, दरोम का भी अर्थ कछुआ होता है । इसी शब्द का संस्कृत रूप धर्म है जो संस्कृत के इसी अर्थ के साथ गड़बड़ा दिया गया है । इस प्रकार धर्म-पूजा, जिसमें कछुए का मुख्य स्थान है, सम्भवतः सन्थाल-मुंडा आदि जातियों के विश्वास

---

१. **ओं न स्थानं न मानं न चरणारविंदं रेखं न रूपं न च धातुवर्णं ।
द्रष्टा न दृष्टिः श्रुता न श्रुतिस्तस्मै नमस्तेऽस्तु निरंजनाय ।
ओं श्वेतं न पीतं न रक्तं न रेतं न हेमस्वरूपं न च वर्णकर्णं
नचंद्रार्कवह्नि उदयं न अस्तं तस्मै नमस्ते निरंजनाय ।
ओं न वृक्षं न मूलं न बीजं न चांकुरं शाखा न पत्रं न च स्कंधपल्लवं
न पुष्पं न गंधं न फलं न छाया तस्मै नमस्ते निरंजनाय ।
ओं न अधो न ऊर्ध्वं शिवो न शक्तो नारी न पुरुषो न च लिंगमूर्तिः ।
हस्तं न पादं न रूपं न छाया तस्मै नमस्ते निरंजनाय ।
ओं न पंचभूतं न सप्तसागरं न दिशा विदिशं न च मेरु मन्दिरं ।
ब्रह्मा न इन्द्रं न च विष्णु रुद्रं तस्मै०
ओं ब्रह्मांडखंडं न च चंद्रदण्डं न कालबीजं न च गुरु शिष्यं ।
न ग्रहं न तारा न च मेघजाला तस्मै०
ओं वेदो न शास्त्रं सन्ध्या न स्तोत्रं मन्त्रो न जाप्यं न च ध्यानकारणं ।
होमं न दानं न च देवपूजा तस्मै०
ओं गम्भीरधीरं निर्वाणशून्यं संसारसारं न च पाप-पुण्यं ।
विकृति न विकर्णी न देवदेवं मम चित्त दीनं तस्मै नमस्ते ।
—धर्मपूजा-विधान, पृ० ७७-७८ ।**

का रूप है। कबीर पन्थ में अब भी कूर्म जी का सम्मान बना हुआ है, यद्यपि उनके दूसरे नाम 'धर्म' की इज्जत बहुत घट गयी है। यहाँ यह कह रखना उचित है कि मुंडा लोगों में रमाई पंडित का स्थान बहुत महत्त्वपूर्ण है।

आगे चलकर इस निरंजन मत में इस्लाम का प्रभाव भी मिल गया था, पर वह यहाँ विवेच्य नहीं हैं। यहाँ इतना ही लक्ष्य करने की बात है कि पश्चिमी बंगाल और पूर्वी बिहार में धर्मपूजा एक जीवित मत है। उसके सबसे बड़े देवता निरंजन या धर्म हैं। उन्हें रूप, वर्ण आदि से अतीत और शून्य रूप बताया गया है। इस पन्थ का अपना साहित्य है जिसे बंगाल में धर्म-मंगल साहित्य नाम दिया गया है। पंडितों का अनुमान है कि धर्मपूजा बौद्धधर्म का भग्नावशेष है। कुछ दूसरे पडितों का अनुमान है कि धर्म या निरंजन देवता वस्तुतः आदिवासियों के ग्रामदेवता हैं। बाद में जब राढ़भूमि और झारखंड में पाल राजाओं का दबदबा बढ़ा तो बौद्धधर्म बहुत सम्मानित हुआ और ग्रामदेवता भी बौद्ध रंग में रँग गये। निरंजन या धर्म देवता भी बुद्ध के नये रूप में प्रकट हुए। जो हो, धर्मपूजा में बौद्धप्रभाव है जरूर।

संक्षेप में स्थिति यह है कि राढ़भूमि, पूर्वी बिहार, झारखंड और उड़ीसा में एक ऐसे परम देवता की पूजा प्रचलित थी (और कहीं-कहीं अब भी है), जिसका नाम धर्म (धर्मराय) और निरंजन था और जिस पर बौद्धमत का ज़बर्दस्त प्रभाव था। यह भी हो सकता है कि वह बौद्धमत का आरम्भ में प्रच्छन्न रूप रहा हो पर बाद में विस्मृत रूप बन गया हो। कबीर मत को इस पन्थ से निबटना पड़ा था। विशेष रूप से कबीर पन्थ की दक्षिणी शाखा (अर्थात् धर्मदासी सम्प्रदाय) को इस प्रबल प्रतिद्वन्द्वी मत को आत्मसात् करने का श्रेय प्राप्त है। इस सम्प्रदाय को मानने वालों पर अपना प्रभाव विस्तार करने के लिए कबीर मत में उनकी समूची जटिल सृष्टि-प्रक्रिया और पौराणिक कथाएँ ले ली गयी थीं। केवल इतना सुधार सर्वत्र कर लिया गया था कि निरंजन के प्रभाव से जगत् को मुक्त करने के लिए सत्यपुरुष ने बार-बार ज्ञानीजी को इस धराधाम पर भेजा था। ज्ञानीजी कबीर का ही नामान्तर है।

इस निरंजन की उत्पत्ति के बारे में शून्यपुराण में लिखा हुआ है कि जब आरम्भ में रूप, रेखा, वर्ण, चिह्न, सूर्य, चन्द्र आदि कुछ भी नहीं थे—केवल अन्धकार ही अन्धकार था—उस समय महाप्रभु शून्य में विराज रहे थे। उनके मन में जब सृष्टि करने की इच्छा उत्पन्न हुई तो उन्होंने अनिल की सृष्टि की और स्वयं 'विम्ब' या बुद्बुद पर समासीन हुए। प्रभु के भार को सहन न कर सकने के कारण विम्ब या बुद्बुद खंड-खंड होकर चूर्ण हो गया। प्रभु पुनर्वार

शून्य में विराजमान हुए। फिर जब प्रभु के मन में विश्व के प्रति दया उत्पन्न हुई तो उन्होंने स्वयं ही अपनी काया बनायी। यही निरंजन या धर्म हुए। शुरू-शुरू में इस निरंजन-काया में हाथ-पैर, आँख-कान आदि कुछ भी नहीं थे। निरंजन ने चौदह युग तक अपनी जम्हाई से उत्पन्न एक उलूक की पीठ पर ब्रह्मध्यान में काट दिया। बेचारा उलूक भूख-प्यास से व्याकुल हो गया। तब निरंजन ने अपने मुख का अमृत उसे दिया। उसी अमृत का कुछ हिस्सा शून्य में जा गिरा जो पानी बन गया। उल्लू बहने लगा। तब निरंजन की इच्छा से हंस का जन्म हुआ और निरंजन उस पर जा विराजे। हंस भार सहन नहीं कर सकने के कारण वहाँ से भाग खड़ा हुआ। उलूक मुनि ने जो यह दशा देखी तो अपने पंख फैलाकर निरंजन भगवान् के पास-पास फिरने लगे। निरंजन ने उन पंखों को अपने करकमलों से स्पर्श किया जिससे कूर्म का आविर्भाव हुआ। इसी कूर्म की पीठ पर धर्म या निरंजन देवता ने आसन ग्रहण किया। इस प्रकार एक ओर कूर्म, दूसरी ओर उलूक और मध्य में निरंजन भगवान् या धर्मनारायण ध्यानमग्न हो युगों तक विचरते रहे। परन्तु अन्त में कूर्म भी भार न सह सका और फिर धर्म और उलूक पानी में बहने लगे। उलूक की प्रार्थना पर धर्म ने अपना जनेऊ फेंका जो वासुकि नाग बना और फिर पृथ्वी बनी। धर्मदेवता और उलूक पृथ्वी भ्रमण करने निकले। जब थककर वे पसीने से तर हो गये तो उसी पसीने से आद्या का जन्म हुआ। यौवनभार-मन्थरा आद्या ने कामदेव को उत्पन्न किया जो धर्मदेवता का तपोभंग करने चला पर अभागा पकड़ा गया। उलूक ने उसे मिट्टी के भांड में बन्द कर दिया, जिससे कालकूट विष उत्पन्न हुआ। निराश होकर यौवन-मदमत्ता आद्या ने उस विष को ही खा लिया और उसे गर्भ रह गया। इसी गर्भ से तीन पुत्र ब्रह्मा, विष्णु और शिव उत्पन्न हुए। तीनों ने घोर तप किया। धर्मदेवता उनको छलने के लिए दुर्गन्ध शव-रूप धारण करके उनके पास गये। ब्रह्मा ने भी उस शव को ठेल दिया और विष्णु ने भी, पर शिव ने उसे स्वीकार किया। फल-स्वरूप प्रसन्न होकर धर्म-नारायण ने शिव को त्रिनेत्र होने का वर दिया। शिव के मुखामृत से ही ब्रह्मा और विष्णु के आँखें हुईं। इसके बाद आद्या अपने तीनों पुत्रों के साथ निरंजन के पास गयी और सृष्टि-रचना का उपाय पूछा। निरंजन या धर्मदेवता ने आज्ञा दी कि योनिरूपा हो जाओ और समस्त जीव-जन्तु तुम से जन्म लें।

महादेव दास नामक उड़िया वैष्णव कवि की धर्म-गीता में धर्म की उत्पत्ति और सृष्टि-रचना के बारे में यह कथा है :

आरम्भ में जब सूर्य, चन्द्र, अष्ट दिक्पाल आदि कुछ भी नहीं थे उस समय

महाप्रभु शून्य में आसन जमाकर बैठे हुए थे। जब महाप्रभु ने समस्त दुरितों का नाश कर दिया तो उनके शरीर से धर्म का मुख प्रकाशित हुआ। उससे उन्होंने जम्हाई ली जिससे पवन की उत्पत्ति हुई। महाप्रभु ने पवन को सृष्टि-रचना की आज्ञा दी पर पवन को डर लगा कि यदि मैं सृष्टि करूँगा तो उसके मोह में पड़ जाऊँगा, इसलिए उसने सृष्टि करने का संकल्प छोड़ दिया और योग-तप में निमग्न हो रहा। फिर महाप्रभु ने अपने युग नामक दूसरे पुत्र को सृष्टि करने की आज्ञा दी। उसे भी संसार-चक्र में मोह-ग्रस्त होकर फँस जाने का भय हुआ और इसलिए उसने भी सृष्टि नहीं की। फिर तो महाप्रभु ने निरंजन नामक तीसरे पुत्र को उत्पन्न किया। वह भी उसी भय से लौट आया। फिर महाप्रभु ने निर्गुण नामक पुत्र को उत्पन्न किया जिसने गुण नामक पुत्र को उत्पन्न कर सृष्टि करने की आज्ञा दी। गुण ने स्थूल को उत्पन्न करके वही आज्ञा दी। उसने धर्म नामक पुत्र उत्पन्न करके उससे कहा कि तुम सृष्टि-रचना का आरम्भ करके तुरत लौट आना, नहीं तो मोह में फँस जाओगे। वह बेचारा घबराया कि यह कैसे हो सकता है कि मैं मोह की रचना करूँ और उ ी मोह से बचा भी रहूँ। उसके माथे से पसीना निकल आया। उसी पसीने से माया नामक एक स्त्री उत्पन्न हुई जिसे देखकर उसके चित्त में विक्षोभ हुआ और उसका शुक्र स्खलित होकर तीन हिस्सों में बँट गया जिससे ब्रह्मा, विष्णु और शिव की उत्पत्ति हुई। इन तीन पुत्रों को सृष्टि करने का आदेश देकर जब धर्म जाने को तैयार हुआ तो वह माया भी उसके साथ जाने को तैयार हुई पर धर्म ने उसे पुत्रों के साथ ही रहने का आदेश दिया। इस प्रकार इस कथा के अनुसार महाप्रभु-पवन-युग-निरंजन-निर्गुण-गुण-स्थूल-धर्म-माया-त्रिदेव यह सृष्टिक्रम है।

यहाँ बंगाल और उड़ीसा में प्राप्त दो कथाएँ दी गयी हैं। इस प्रकार की और भी कथाएँ दी जा सकती हैं परन्तु उन्हें बढ़ाना बेकार है। आगे हम देखेंगे कि कबीर-पन्थ को जिन क्षेत्रों में काम करना पड़ा था, उन क्षेत्रों में इस कथा का रूप इससे मिलता-जुलता था। कबीर-पन्थी पुस्तकों में भी कई छोटी-मोटी तफ़सीलों में अन्तर है। कारण यह है कि स्थानभेद से कबीर मत के प्रचारकों को कथाएँ कुछ भिन्न रूपों में प्राप्त हुई थीं। उन्होंने उन्हें बड़ी चतुराई से अपने उद्देश्य की सिद्धि के लिए व्यवहार किया और समूचा धर्ममत उनके प्रभाव में आ गया।

इस प्रसंग में लक्ष्य करने की बात यह है कि जिस प्रकार उड़ीसा में बौद्ध-धर्म वैष्णव धर्म के रूप में आविर्भूत होकर भी ब्राह्मणों का कोपभाजन बना था उसी प्रकार उन क्षेत्रों में भी हुआ था जो बीजक के प्रचार-क्षेत्र में आते थे।

'विप्रमतीसी' में ब्राह्मणों के वैष्णव-विद्वेष का उल्लेख है :

हरि भक्तन के छूत लगाई।

....

विष्णुभक्त देखे दुख पाये।

'कबीरबानी' और 'अनुरागसागर' में कबीरदास के मुँह से कहलवाया गया है कि काल (निरंजन) कबीर के नाम पर बारह पन्थ चलाएगा जो लोगों को कबीर की वास्तविक शिक्षाओं से वंचित रखकर उन्हें भ्रम के फन्दे में डाले रखेगा। कबीरबानी के अनुसार इन बारह मतों में से तीसरे का नाम 'मूल-निरंजन' मत है। हमें किसी अन्य मूल से यह स्पष्ट नहीं हो सका है कि यह 'मूल-निरंजन' मत क्या था। कबीरबानी में केवल इसका नाम भर दिया गया है।[1] परन्तु अनुरागसागर में इस पन्थ का कुछ विस्तृत वर्णन दिया गया है। यह वर्णन भी अस्पष्ट ही है। इससे इतना ही पता चलता है कि काल का 'मनभंग' नामक दूत 'मूलकथा' को लेकर पन्थ चलायेगा और अपने पन्थ का नाम मूल पन्थ कहेगा। वह जीव का 'लूदी' नाम समझायेगा और इसी नाम को 'पारस' कहकर प्रचार करेगा। झंग शब्द का सुमिरन मुँह से कहेगा और समस्त जीवों को एक साथ पकड़कर रखेगा।[2] ऐसा जान पड़ता है कि कबीर-पन्थ की प्रतिष्ठा के बाद भी मूल निरंजन सम्प्रदाय ने एक बार सिर उठाया था और उस मूलकथा को आश्रय करके अपनी प्रतिष्ठा क़ायम करनी चाही थी जिसे कबीर-पन्थी साहित्य में कबीर-महिमा के प्रचार के लिए उपयोग में लाया गया है। परन्तु कबीर-पन्थी पुस्तकों से मालूम होता है कि इस मूलकथा को आश्रय करके अपनी प्रतिष्ठा स्थापित करने का प्रयास करने वाला यह मूल निरंजन पन्थ अपने को कबीर मतानुयायी ही मानता था। जो हो, कबीर-

---

१. कबीरबानी, पृ० ४६-४७

२. चौथा पन्थ सुनो धर्मदासा
मनभङ्ग दूत करै परकासा ॥
कथा मूल ले पन्थ चलावे
मूल पन्थ कहि जग महि आवे ॥
लूदी नाम जीव समुझायी।
यही नाम पारख ठहरायी ॥
झंग शब्द सुमिरन भाखे।
सकल जीव थाका गहि राखे ॥—अनुरागसागर, पृ० ९४-९५

साहित्य से इस विस्मृत, किन्तु अत्यन्त महत्त्वपूर्ण, मत का यत्किंचित् परिचय मिलता अवश्य है।

कबीरपन्थ की सृष्टि-प्रक्रिया-विषयक पौराणिक कथा का संक्षिप्त विवरण लेखक ने अन्यत्र दिया है[1]। उसका पुनरुल्लेख यहाँ विस्तार भय से छोड़ दिया जा रहा है। इससे हम निम्नलिखित निष्कर्षों पर पहुँचते हैं—

(१) कबीरपन्थ का एक ऐसा प्रतिद्वन्द्वी मार्ग था जिसके परम-देवता निरंजन थे। इस देवता के दूसरे नाम धर्मराज और काल थे।

(२) इस निरंजन का निवास-स्थान उत्तर में मानसरोवर में था।

(३) ब्रह्मा का चलाया हुआ ब्राह्मण मत इस निरंजन को समझ न सकने के कारण मिथ्यावादी और स्वार्थी हो गया। यह ब्राह्मण मत भी कबीरपन्थ का प्रतिद्वन्द्वी था।

(४) निरंजन को पाने के लिए शून्य का ध्यान आवश्यक था।[2]

(५) उड़ीसा के जगन्नाथजी निरंजन के रूप हैं।[3]

(६) द्वितीय, चतुर्थ और पंचम निष्कर्ष से अनुमान होता है कि निरंजन बुद्ध का ही नाम था।

(७) निरंजन ने सारे संसार को भरमा रखा है—ऐसा प्रचार कबीरपन्थ को करना पड़ा था।

(८) 'अनुरागसागर', 'श्वासगुंजार' आदि ग्रन्थों से केवल दो प्रतिद्वन्द्वी मतों का पता चलता है—निरंजन द्वारा प्रवर्तित निरंजन मत, और ब्रह्मा द्वारा प्रवर्तित ब्राह्मण मत। तीसरा मत विष्णु द्वारा प्रवर्तित वैष्णव मत है। कबीरपन्थ के ग्रन्थ इस मत को कथंचित् अनुकूल

---

१. दे० हजारीप्रसाद द्विवेदी, 'कबीर'।

२. धर्मगीता में महादेव दास ने कहा है कि जिस शून्य में महाप्रभु का वास है उसे ही वैकुंठ कहा जाता है :

शून्य श्रीअंक याहार शून्य भोगवासी।
न शोभे वचल रूप रेख नाहि किछि।
से अ धार भुवने से प्रभुङ्क आसन।
से स्थान सबुङ्क शुद्ध बैकुंठ भुवन।—माडर्न बुद्धिज़्म, पृ० १६०

३. तु० ततः कलौ संप्रवृत्ते संमोहाय सुरद्विषः।
बुद्धनाम्नाऽञ्जनसुतः कीकटेषु भविष्यति।—भागवत १. ३. २४

पाते हैं ।[1]

(९) 'श्वासगुंजार' आदि ग्रन्थों से प्राप्त यह कथा प्रायः उलझे हुए रूप में मिलती है जो इस बात का प्रमाण है कि यह किसी भूली हुई पुरानी परम्परा का भग्नावशेष है ।

इस प्रकार यद्यपि रचनाकाल की दृष्टि से बहुत-सीं रचनाएँ परवर्ती हो सकती हैं, फिर भी उनसे अनेक भूले हुए ऐतिहासिक तथ्यों पर प्रकाश पड़ सकता है । कबीरपन्थी साहित्य के अध्ययन के बिना जिस प्रकार धर्म और निरंजन मत का अध्ययन अधूरा रह जाता है उसी प्रकार बंगाल, उड़ीसा और पंजाब आदि प्रान्तों के निरंजन मत का अध्ययन किये बिना कबीर साहित्य का अध्ययन भी अपूर्ण रह जाता है । भारतीय साधना-साहित्य में यह एक महत्त्व-पूर्ण विरोधाभास है कि रचना-काल की दृष्टि से परवर्ती होने पर भी कभी-कभी पुस्तकें अत्यन्त पुरातन परम्परा का पता देती हैं । गोरक्ष सम्प्रदाय की अनुश्रुतियाँ, कबीरपन्थ के ग्रन्थ, धर्मपूजा-विधान साहित्य यद्यपि रचनाकाल की दृष्टि से बहुत अर्वाचीन हैं तथापि वे अनेक पुरानी परम्पराओं के अवशेष हैं । समूची भारतीय संस्कृति के अध्ययन के लिए इनकी बहुत बड़ी आवश्यकता है । लोकभाषाओं का साहित्य हमें अनेक अधभूली, भूली और उलझी हुई परम्पराओं के समझने में अमूल्य सहायता पहुँचाता है । भारतीय संस्कृति के विद्यार्थी के लिए इनकी उपेक्षा हानिकारक है ।

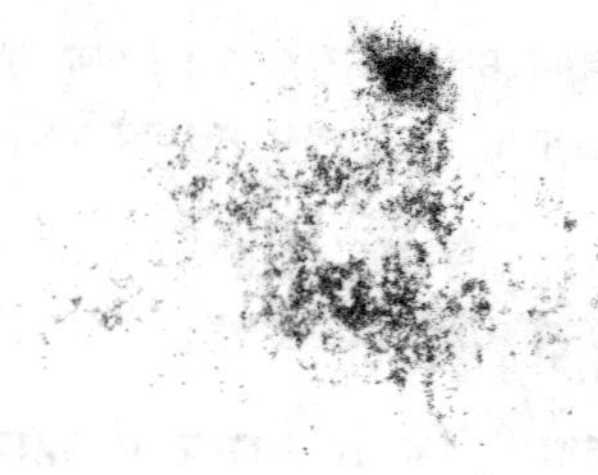

१. कबीर मंसूर, पृ० ६४

रूप और सौन्दर्य के मर्मज्ञ गायक कालिदास

कालिदास रूप-सौन्दर्य के कवि हैं। परन्तु रूप क्या है और उसका फल क्या है? आभूषण और अंगराग क्या रूप के सहायक हैं? कैसे सहायक हैं?

कालिदास ने अपने ग्रन्थों में भूषण (रघु० १८।४५; १६।४५; मेघ० २।१२), आभरण (माल० ५।७, रघु० १४।५४, कुमार० ३।५३, ७।२१ इत्यादि), अलंकार (माल०), मण्डन (कुमार० १।४; २।११) आदि शब्दों का प्रयोग किया है। शास्त्रीय ग्रन्थों में इनके अलग-अलग अर्थ बताए गए हैं। पर ऐसा जान पड़ता है कि कालिदास एक के अर्थ में दूसरे का प्रायः प्रयोग करते हैं। उन्होंने वल्कल को भी 'मण्डन' कहा है। (शकु० १।६) और चित्र-विचित्र वस्त्रों, नयनों में विभ्रम-विलास उत्पन्न करने वाली मदिरा को, पुष्पों और किसलयों को, तरह-तरह के आभूषणों को और चरण-कमलों को और भी मोहक बना देनेवाले लाक्षारस या महावर को भी (मेघ० २।१२)। शकुन्तला को कण्व ने 'प्रियमण्डना' कहा था और फिर आश्रम-वृक्षों के प्रति अत्यधिक स्नेह के कारण वह उनके पल्लवों को मण्डनकार्य के लिए नहीं तोड़ती थी। यहाँ तरुपल्लव भी 'मण्डन' द्रव्य माने गए हैं। (शकु० ४।३)। इसी प्रकार उन्होंने वसन्त-पुष्पों (अशोक, कर्णिकार, सिन्दुवार) को भी 'आभरण' कहा है (कुमार० ३।५३) और अन्य आभूषणों को भी (कु० ७।२१)। ऋतुसंहार में एक जगह (२।१२) माल्य, आभरण और अनुलेपन शब्दों का एक-साथ प्रयोग हुआ है, जिससे जान पड़ता है कि इनके विशिष्ट अर्थों की ओर उनका ध्यान था अवश्य। साधारणतः उन्होंने अलंकार और भूषण शब्दों का प्रयोग स्वर्ण, मणि आदि से बने अलंकारों के लिए किया है। मण्डन शब्द का प्रयोग प्राकृतिक उपादान, जैसे पुष्प, पल्लव, मृणालवलय तथा अंगराग जैसे चंदन, कुंकुम,

गोरोचन, कस्तूरी, अलक्तक आदि के प्रसंग में किया है और आभरण शब्द का प्रयोग दोनों के अर्थ में। उनके ग्रंथों में अनेक प्रकार से मण्डन-द्रव्य से रूप को निखार देने वाली स्त्री-प्रसाधिकाओं की भी चर्चा आती है (कुमार० ७।२०, रघु० ७।७) और मालिक को सजाने वाले पुरुष-प्रसाधकों की भी चर्चा पाई जाती है (रघु० १७।२२)। इतना निश्चित जान पड़ता है कि कालिदास के युग में प्रसाधन-कला अपने शिखर पर थी और कदाचित् वर्ग-विशेष का पेशा भी बन चुकी थी।

परन्तु कालिदास पुरुष और स्त्री के सहज गुणों को ही आदर देते हैं। रूप, वर्ण, प्रभा, राग, आभिजात्य, विलासिता, लावण्य, लक्षण, छाया और सौभाग्य को निखार देने में जो समर्थ हो वही असल में अलंकार है। भरत मुनि ने नाट्यशास्त्र में सुन्दरियों के भाव-रसाश्रय अलंकरणों की चर्चा की है। इनमें तीन शारीरिक या अंगज हैं—भाव, हाव, हेला; सात अयत्नज हैं, बिना किसी यत्न के विधाता की ओर से प्राप्त होते हैं—शोभा, कांति, दीप्ति, माधुर्य, धैर्य, प्रगल्भता और औदार्य; दस स्वाभाविक हैं, विशेष-विशेष स्वभाव के व्यक्तियों में मिलते हैं—लीला, विलास, विच्छित्ति विभ्रम, किल-किंचित, मोट्टायित, कुट्टमित, ललित, और विहृत। पुरुषों में भी शोभा, विलास, माधुर्य, स्थैर्य, गाम्भीर्य, ललित, औदार्य, तेज आदि गुण अमल-सिद्ध अलंकरण हैं। कालिदास की दृष्टि मुख्यतः इन्हीं सहज गुणों की ओर गई है। इन गुणों के होने पर बाहरी आभरण हों तो भले, न हों तो भले। शास्त्रों में बताया गया है कि समस्त अवस्थाओं में चेष्टाओं की रमणीयता ही माधुर्य है। जिस रूप में यह गुण होता है वह 'मधुर' कहा जाता है। शकुन्तला की आकृति ऐसी ही थी। कालिदास ने कहा है कि ऐसी कौन-सी वस्तु है, जो मधुर आकृतियों का मंडन न बन जाए? कमल का पुष्प शैवाल-जाल से अनुबिद्ध होकर भी रमणीय बना रहता है, चन्द्रमा का काला धब्बा मलिन होकर भी शोभा-विस्तार करता रहता है और तन्वी शकुन्तला वल्कल-वेष्टिता होकर और भी मनोज्ञ बन गई थी—

सरसिजमनुविद्धं शैवलेनापि रम्यं
मलिनमपि हिमांशोर्लक्ष्म लक्ष्मीं तनोति।
इयमधिकमनोज्ञा वल्कलेनापि तन्वी
किमिव हि मधुराणां मण्डनं नाकृतीनाम्॥

(शकुं० १।१९)

इसी प्रकार पुरुष में यदि तेज हो तो राजचिह्न और महार्घ आभरणों के बिना भी वह दूर से ही पहचान लिया जा सकता है—उसी प्रकार जिस

प्रकार अन्तर्मदावस्थ उस गजराज को पहचान लिया जाता है, जिसकी मदधारा अभी प्रकट नहीं हुई है। दिलीप ने राजचिन्ह छोड़ दिए थे, लताप्रतानों में फँसकर उनके लम्बे-लम्बे केश बुरी तरह उलझ गए थे, पर तेजोविशेष की दीप्ति से उन्हें पहचान लेना फिर भी आसान था—

स न्यस्तचिह्नामपि राजलक्ष्मीं
तेजोविशेषानुमितां दधानः।
आसीदनाविष्कृतदानराजि-
रन्तर्मदावस्थ इव द्विपेन्द्रः॥

(रघु० २।७)

कालिदास ने नारी-सौन्दर्य को बहुत महिमा-मंडित देखा है। इसका मुख्य कारण उनकी यही निसर्ग-सौन्दर्य-दर्शिनी दृष्टि है। भारतीय धर्म-साधना में देवी-देवताओं में शरीर और मन में आद्या शक्ति—विधाता की आद्या सृष्टि (मेघ० २)—का विलास अपनी चरम परिणति पर आता है। शोभा का अनुप्राणक धर्म यौवन माना गया है—तत्रापि, नव-यौवन। राजानक रुय्यक ने अपनी 'सहृदय-हृदय-लीला' नामक पुस्तक में बताया है कि इसी अवस्था में अंगों में सौष्ठव और विपुलीभाव आता है और उनका पारस्परिक विभेद स्पष्ट होता है। कालिदास के शब्दों में कहें तो 'वपु विभक्त हो जाता है, उसमें असमानता प्रादुर्भूत होती' है—'बभूव तस्याश्चतुरस्रशोभि वपुर्विभक्तं नवयौवनेन' (कुमार० २।३१)। कालिदास ने इस अवस्था को अंग-यष्टि का असंभृत मण्डन (अर्थात् अयत्न-सिद्ध सहज अलंकरण), मद का अनासव साधन (बिना मदिरा के ही मत्त बनाने वाला सहज मादक गुण) और प्रेम के देवता का बिना फल का बाण (सहजसिद्ध अभिलाषहेतु) कहा है—

असंभृतं मण्डनमंगयष्टे-
रनासवाख्यं करणं मदस्य।
कामस्य पुष्प-व्यतिरिक्तमस्त्रं
बाल्यात्परं साऽथ वयः प्रपेदे॥

(कुमार० २/३१)

सत्कुल में जन्म, सुन्दर शरीर और अनायास प्राप्त ऐश्वर्य तथा नवयौवन—इनसे बढ़कर तपस्या के फल की कल्पना नहीं की जा सकती—

कुले प्रसूतिः प्रथमस्य वेधसः
त्रिलोकसौन्दर्यमिवोदितं वपुः।

अमृग्यमैश्वर्यसुखं नवं वयः
तपः फलं स्यात् किमतः परं वद ॥

(कुमार० ५।४१)

शोभा और सौन्दर्य के वर्णन में नवयौवन के इस विभेदक धर्म को कालिदास ने विशेष रूप से मान दिया है। इस 'विभेद' या उभार को कालिदास ने जमकर अलंकार-लक्षित करके सहृदय-हृदय-गोचर बनाया है। इसीलिए वह उभरे हुए वक्षःस्थल पर झूलते हुए हार (चाहे वे शरत्कालीन चन्द्रमा की मरीचियों के समान कोमल मृणाल-नाल के बने हों या मुक्ताजाल-ग्रथित हेम-सूत्र से गढ़े गए हों), श्रोणीबिम्ब को मंडित करने वाली कनक काञ्ची या हेम-मेखला, हंसरुतानुकारी नूपुर, स्तनांशुक, अपांग-विलास, मदिरालसनयनापांग आदि का जमकर वर्णन करते हैं। कंकणवलय या मृणालवलय उन्हें पसन्द हैं, क्योंकि वे सुवृत्त कलाइयों की शोभा को निखार देते हैं। लाक्षारस और लहरदार किनारी उन्हें रुचिकर है। ताम्बूलराग, सिन्दूरराग, गोरोचना तिलक, धम्मिल्लपाश आदि इसीलिए वर्णनीय हैं कि वे 'चतुरस्र शरीर' के उभार को अधिक खिला देते हैं। प्रेम का देवता बहुत प्रकार से नवयौवनशाली शरीर में निवास करके इस विभेद या उभार को आकर्षक बना देता है—

अंगानि निद्रालसविभ्रमाणि
वाक्यानि किञ्चिन्मदिरालसानि ।
भ्रूक्षेपजिह्मानि च वीक्षितानि
चकार कामः प्रमदाजनानाम् !

(ऋतु० ६।१२-१३)

किन्तु केवल रूप और यौवन अपने-आपमें पर्याप्त नहीं है। प्रेम होना चाहिए। कालिदास ने युवावस्था के मनोहर रूप के दो पक्षों पर अधिक बल दिया है। (१) उनके समय में यह प्रवाद प्रचलित था कि विधाता जिसे रूप देता है, उसके चित्त में महनीय गुण भी देता है, उसका चित्त पापवृत्ति की ओर नहीं जाता। यह प्रवाद कालिदास की दृष्टि में सत्य है---'यदुच्यते पार्वति पापवृत्तये न रूपमित्यव्यभिचारि तद्वचः।' इसका मतलब यह हुआ कि पापवृत्ति की ओर उन्मुख होनेवाला रूप वस्तुतः रूप है ही नहीं। कालिदास इस सिद्धान्त को पूर्णतः स्वीकार करते हैं। (२) प्रिय के प्रति, सौभाग्य उद्रिक्त करना ही रूप-सौन्दर्य का वास्तविक फल है— 'प्रियेषु सौभाग्यफला हि चारुता' (कुमार० ५।१) । राजानक रुय्यक ने दस शोभाविधायी धर्मों में प्रथम को 'रूप' कहा है और अन्तिम को 'सौभाग्य' । 'सुभग' उस व्यक्ति को कहते हैं, जिसके

भीतर प्रकृत्या वह रंजक गुण होता है, जिससे सहृदय लोग उसी प्रकार स्वयमेव आकृष्ट होते हैं जिस प्रकार पुष्प के परिमल से भ्रमर। ऐसे ही सुभग व्यक्ति के आन्तरिक वशीकरण धर्म को 'सौभाग्य' कहते हैं। कालिदास ने मेघदूत (१।३१) में 'सौभाग्यं ते सुभग विरहावस्थया व्यञ्जयन्ति' में इस शब्द का व्यवहार इसी अर्थ में किया है। यह लक्ष्य करने की बात है कि सौभाग्य की व्यंजना विरहावस्था में होती है। रूप बाह्य आकर्षण है, सौभाग्य अन्तरतर का। पार्वती ने रूप की निंदा की थी और सौभाग्य की कामना—'निनिन्दरूपं हृदयेन पार्वती प्रियेषु सौभाग्यफलाहि चारुता'।

सो, कालिदास के अनुसार यह आन्तरिक वशीकरण धर्म ही रूप का फल है। इसीलिए उनके रूप-वर्णन का एक ही लक्ष्य है, प्रेमी में उस शक्ति की प्रतिष्ठा जो प्रिय को सहज ही आकृष्ट कर सके। अत्यन्त उच्छल शृंगारिक वर्णन के प्रसंग में भी कालिदास इस बात को नहीं भूलते। उनके मत से मदन या मन्मथ द्विधाभूत शक्तियों का आश्रय है। एक ओर तो वह अग-जग में व्याप्त मंगल-निरपेक्ष यौन आकर्षण है। रूप उसका सहायक बनकर निंदनीय होता है। 'कुमारसम्भव' का मदन-दहन और शकुन्तला के प्रथम प्रेम का प्रत्याख्यान इसी मंगल-निरपेक्ष यौन आकर्षण का प्रतिवाद है। पार्वती का सारा रूप, मदन का सारा पराक्रम और वसन्त का समूचा आयोजन तपस्वी के एक भ्रूक्षेप में ढह गया। देवता चिल्लाते रह गए कि हे प्रभो, क्रोध को रोकिए! उनकी वाणी अभी आसमान में ही थी कि शिव के नेत्र से उत्पन्न अग्नि ने प्रेम के इस देवता को भस्मावशेष बना दिया—

क्रोधं प्रभो संहर संहरेति
यावद्गिरः खे मरुतां चरन्ति।
तावत्स वह्निर्भवनेत्रजन्मा
भस्मावशेषं मदनं चकार॥

(कुमार० ३।७२)

पार्वती ने अपने शरीर के लालित्य को व्यर्थ समझा (व्यर्थं समर्थ्य ललितं वपुरात्मनश्च) और तपस्या के द्वारा रूप को अव्यर्थ करना चाहा। बिना तप के ऐसा सौभाग्य, ऐसा प्रेम, ऐसा पति कैसे मिल सकता था।

मध्यम मार्ग

भगवान् बुद्ध ने ग्राज से कोई ढाई हज़ार वर्ष पहले जिस धर्म मत का प्रचार किया था उसे मध्यम मार्ग कहा जाता है। मध्यम मार्ग ग्रर्थात् बीच का रास्ता। उन्होंने स्वयं इसे मध्यमा प्रतिपदा या मध्यमा प्रतिपत्ति कहा था। परन्तु यद्यपि बुद्ध भगवान् के बताए रास्ते को मध्यम मार्ग कहना रूढ़ हो गया है, तथापि यह नहीं समझना चाहिए कि इस प्रकार का विचार किसी ग्रौर ने कभी रखा ही नहीं।

भगवान् बुद्ध ने ग्रपने ज़माने में जिन लोगों को देखा था वे साधारणतः दो बड़ी श्रेणियों में रखे जा सकते हैं। एक तो वे लोग थे जो ग्रात्मा नामक एक नित्य शाश्वत, सदा रहनेवाले पदार्थ में विश्वास करते थे ग्रौर संसार को दुःख रूप, ग्रनित्य ग्रौर क्षणभंगुर मानकर कठिन तपस्या में लग जाते थे। वे कई प्रकार से ग्रत्यन्त कठोर तप करते थे। पंचाग्नि तापते थे, सर्दी में जल में पड़े रहते थे, सिर के बाल नुचवा लेते थे, वर्षों खड़े रह लेते थे, उलटे मुँह लटक के धुग्राँ पी लेते थे, करपत्र पर कटकर मर जाते थे तथा ग्रौर भीन जाने कितने प्रकार के कायाक्लेश की साधना करते थे। उनका विश्वास था कि ऐसा करके वे दुखमय भवलोक को ग्रनायास पार कर जायेंगे ग्रौर किसी शाश्वत ग्रानन्द के ग्रधिकारी होंगे। दूसरे प्रकार के लोग वे थे जो खाग्रो-पियो, मौज करो—यही मानते थे। वे इस लोक में ग्राराम का जीवन बिताने को ही महत्त्व की बात समझते थे। मरने के बाद क्या होगा, कौन जानता है। जब तक जिग्रो, ग्राराम से रहो। ये दो प्रकार के जीवन दर्शन के दो ग्रन्तिम छोर थे। बुद्ध ने इन्हें ग्रन्त कहा है। इन दोनों ग्रन्तों से बचने की सलाह दी है। इसी को मध्यम मार्ग कहते हैं। इसके ग्राठ अंगों की उन्होंने शिक्षा दी थी। इसीलिए इसे ग्रार्य

ग्रष्टांगिक मार्ग भी कहते हैं। बुद्ध ने शाश्वतवादी ग्रौर उच्छेदवादी दोनों से बचने का मार्ग बताया था। उन्होंने कहा था कि जो कहता है कि ग्रात्मा है वह शाश्वत दृष्टि के पहले ग्रन्त में नियतित होता है ग्रौर जो कहता है कि ग्रात्मा नहीं है, वह उच्छेदवाद के दूसरे ग्रन्त में नियतित होता है। कबीर की तरह उन्होंने भी कहा था—ग्ररे इन दोउन राह न पाई। बुद्ध ने यह नहीं कहा कि मैं जो कहता हूँ उसे मान लो। वे कहते थे वस्तुग्रों के स्वभाव को समभो। संसार के स्वरूप की जानकारी प्राप्त करो। रोग को जानो, रोग के कारण को जानो, रोग के कारण के उच्छेद का उपाय करो। खुद सोचो, ग्राप ग्रपने मशाल बनो—ग्रतदीपो भव।

बुद्धत्व प्राप्त करने के पहले उन्होंने कठिन तपस्या की थी। छः वर्ष तक बोधि वृक्ष के नीचे ग्रासन जमाकर समाधि लगाई थी। दीर्घ चिन्तन ग्रौर मनन के बाद उन्हें चार ग्रार्य सत्यों का साक्षात्कार हुग्रा था। उन्होंने जाना था कि—(१) दुःख है, (२) दुःख का कारण भी है, (३) उसका निरोध भी है ग्रौर (४) इस निरोध का उपाय भी है। उन्होंने ग्रात्मा ग्रौर ब्रह्म के पचड़े में पड़ना ठीक नहीं समभा। यद्यपि उन्होंने ग्रात्मा के नित्य ग्रौर शाश्वत होने की बात नहीं मानी या कम-से-कम उसके बेकार के टंटे में पड़ना ग्रावश्यक नहीं समभा, तो भी प्राचीन काल से चले ग्राते हुए वैदिक धर्म की इन दो बातों को मान लिया—एक तो यह कि कर्म विपाक के कारण नामरूपात्मक देह को भंगुर जगत्प्रपंच में बार-बार जन्म ग्रौर मरण के चक्कर में पड़ना पड़ता है ग्रौर(२)यह जो जन्म-मरण का चक्कर है वह दुःख रूप है। जो इन दो बातों को स्वीकार करता है उसके सामने दो ग्रौर नये प्रश्न ग्रा जाते हैं। संसार दुःख रूप है ठीक है, पर इस दुःख का क्या कोई कारण जाना जा सकता है, ग्रौर यदि जान लिया जाए तो क्या उसे दूर करने का का कोई उपाय है? बुद्ध ने दोनों प्रश्नों का उत्तर दिया—हाँ, दुःख का कारण भी है, उसका निरोध भी है ग्रौर निरोध का उपाय भी है। यही उपाय बुद्ध द्वारा उपदिष्ट ग्राठ ग्रंगों वाला मध्यम मार्ग है। बहुत विचार के बाद भगवान् ने बताया था कि तृष्णा ग्रौर कामना सब दुःखों का मूल है, उसी के कारण प्राण बार-बार जन्म ग्रौर मृत्यु के चक्कर में पड़ता है। इस चक्कर से ग्रात्यंतिक निवृत्ति तभी हो सकती है, जब तृष्णा का क्षय हो जाये। इन्द्रिय-निग्रह से, ध्यान से, वैराग्य से, शीलयुक्त ग्राचरण से, सब प्राणियों के प्रति ग्रहेतुकी मैत्री-भावना से इस उद्देश्य की सिद्धि होती है। ब्रह्म ग्रौर ग्रात्मा की नित्यता या ग्रनित्यता की चर्चा करते रहने से यह उद्देश्य नहीं सिद्ध होता। इसके लिए ग्रावश्यक है संयत जीवन, विवेकसहित रहना,

शील का पालन, मैत्री का आचरण। बुद्ध ने पवित्र जीवन पर ही अधिक बल दिया।

जो लोग शरीर को नाना प्रकार का कष्ट देकर ही आध्यात्मिक सुख मानते हैं, वे वस्तुतः शरीर को ही महत्व देते हैं और जो लोग शरीर को सब प्रकार से सजाने-सँवारने में ही सुख मानते हैं, वे भी जड़ शरीर को ही सब-कुछ मान लेते हैं। भगवान् श्रीकृष्ण ने कहा था कि जो खूब खाता-पीता है, और जो एकदम खाता ही नहीं—इन दोनों से योग नहीं सधता। जो खूब मज़े की नींद ही लेता रहता है और जो एकदम सोता ही नहीं, सदा जागा ही करता है—योग इन दोनों के भी वश की बात नहीं। जिसका आहार-विहार नियमित है, कर्मों का आचरण नपा-तुला है, नींद और जागरण परिमित है, उसी के लिए योग दुःख-नाशक हो सकता है। असल में जब संयमित चित्त अपने आपमें ही स्थिर हो जाता है और सब कामनाओं से निःस्पृह हो जाता है तभी आदमी सच्चा योगयुक्त होता है (गीता ६,१६-१८)। यह भी मध्यम मार्ग ही है।

भगवान् बुद्ध ने कहा है कि वही सुखी है जो जय-पराजय की भावना का त्याग करता है। जय की भावना से वैर उत्पन्न होता है, पराजय से दुःख उत्पन्न होता है। अतः दोनों का परित्याग करके उपशान्त होकर सुख का आसेवन करना चाहिए। राग, द्वेष और मोह ये तीन अकुशल मूल हैं, अर्थात् जहाँ इन तीनों में से कोई भी एक है, वहाँ कुशल नहीं होता। "राग के समान कोई अग्नि नहीं है, द्वेष के समान कोई कलि नहीं है, और शान्ति के समान कोई सुख नहीं है।" "अक्रोध के द्वारा क्रोध को, साधुता के द्वारा असाधु भाव को, दान के द्वारा कदर्प को और सत्य के द्वारा मृषावाद या झूठ को जीतना चाहिए।" मैत्रभाव-सुत्त में मैत्री की महिमा बताते हुए उन्होंने कहा है कि जितनी प्रणय की क्रियाएँ हैं वे सब मिलकर मैत्रीभाव की सोलहवीं कला के भी बराबर नहीं होतीं। एक प्राणी में भी दुष्ट चित्त नहीं होना चाहिए, सबके लिए केवल मैत्री की भावना ही होनी चाहिए। जिसका किसी से वैर नहीं है और जो सभी प्राणियों से मैत्री करता है वही सुखी होता है। बुद्ध ने इन्द्रिय-संयम पर बड़ा बल दिया है। वे बताते हैं कि जिसके इन्द्रिय-द्वार अरक्षित होते हैं, जो भोजन में मात्रा का विचार नहीं करता उसका चित्त और उसका शरीर दोनों दुःख पाते हैं। इस प्रकार उन्होंने बहुत ही उच्चकोटि के महान् जीवन का उपदेश दिया है। उन्होंने मन को संयत रखने और इन्द्रियों को वश में रखने की सलाह दी है।

इन दिनों लंका, ब्रह्म देश आदि देशों में जो पालि ग्रंथ प्राप्त हुए हैं उनके अनुसार बुद्ध देव का उपदिष्ट मार्ग निवृत्ति-प्रधान था। उससे लगता है

कि वे मानते थे कि बुद्धत्व की प्राप्ति के लिए संन्यासी होना आवश्यक है। परन्तु मध्यम मार्ग की तर्कसंगत परिणति गृहस्थ धर्म में ही हो सकती है। अभी पालि भाषा में जो ग्रन्थ उपलब्ध हैं, वे उनके निर्वाण के बहुत बाद धर्म संगीतियों में भिक्षुओं द्वारा ही संगृहीत हुए थे। स्वभावतः उन ग्रन्थों में भिक्षु धर्म पर ज़ोर है। परन्तु कभी-कभी परवर्ती ग्रन्थों में इस प्रकार की बातें भी मिल जाती हैं कि गृहस्थ जीवन में निर्वाण प्राप्त करना एकदम असम्भव नहीं है। नागसेन से मिलिन्द (मीनांडर) ने कुछ प्रश्न किये थे और नागसेन ने उनका उत्तर दिया था। यह प्रश्नोत्तर मिलिन्द पहो (मिलिन्द प्रश्न) नामक ग्रन्थ में संग्रहीत है। इस ग्रन्थ में (६:२:४) एक स्थान पर नागसेन ने मीनांडर को बताया है कि गृहस्थाश्रम में रहते हुए निर्वाण पा लेना बिल्कुल अशक्य नहीं है और उसके कितने ही उदाहरण भी मिलते हैं। नागसेन ने बुद्ध के किस उपदेश के आधार पर यह बात कही, यह बताना कठिन है। अनुमान किया जा सकता है कि उनके पास इस प्रकार का उपदेश देनेवाला कोई बुद्ध वचन रहा होगा और इन दिनों उपलब्ध पालि ग्रन्थों में संगृहीत नहीं हो सका है। जो हो, यह केवल अनुमान की बात है। आजकल के कुछ बौद्ध शास्त्रों के पंडित इस प्रकार की कई बातों के पुराने बुद्ध उपदेशों में होने की कल्पना करते हैं, जो पालि त्रिपिटक में नहीं मिलतीं।

आज से कोई ढाई हज़ार वर्ष पहले बुद्ध देव ने मध्यम मार्ग का उपदेश दिया था। उन्होंने कायाक्लेश वाली तपश्चर्या और भोगमय जीवन दोनों के त्याग का उपदेश दिया और संयमित जीवन, अहिंसा, मैत्रीभावना, और शील-युक्त आचरण पर बल दिया। वे तृष्णा को सब दुःखों का हेतु बताते थे। उनका उपदेश आगे चलकर बड़ा प्रभावशाली सिद्ध हुआ और कम-से-कम आधी दुनिया उसके प्रभाव में आ गई। आज वैशाखी पूर्णिमा के दिन हम इस महामानव का स्मरण करते हैं और उनके चरणों में अपनी श्रद्धांजलि अर्पित करते हैं।

स्वागत

आप अनेक महान् देशों से यहाँ पधारे हैं। आपके देशों का इतिहास विशाल और महान् है। आप विद्या और व्रत दोनों में निष्णात हैं। इसिपत्तन की इस पुण्यभूमि में आपका स्वागत करने में मुझे बड़ा आनन्द और उल्लास अनुभव हो रहा है। मैं नहीं जानता कि क्या कहकर मैं अपना आनंद प्रकट करूँ। मैं आप सभी मनीषियों को शिरसा प्रणाम करता हूँ।

मुझे यह सोचकर बड़ी प्रसन्नता होती है कि आपके देशों की संस्कृतियाँ और इतिहास हमारे इस देश की संस्कृति और इतिहास की भाँति ही बहुत समृद्ध हैं। फिर भी हममें एक बड़ी भारी एकता भी है। हम जैसे एक ही उद्यान के बहुविचित्र पुष्प हैं, जिनमें रूप, वर्ण, गन्ध की मोहकता अलग-अलग और विशिष्ट होने पर भी एक ही धरती की उर्वरा शक्ति की देन है। यह सांस्कृतिक समारोह उसी उर्वरा शक्ति को स्मरण कराता है।

आप मेरी हार्दिक प्रणति स्वीकार करें। आपने दूर-दूर से पधारकर हमारे ऊपर जो कृपा की है उसके लिए आभार प्रकट करने के लिए शब्द मेरे पास नहीं हैं। मुझे पूरा विश्वास है कि आपके आगमन से हमारे सहस्रों वर्ष पुराने संबंधों में नई चेतना की धारा प्रवाहित होगी। प्राच्य संस्कृति परिषद की इस चतुर्थ गोष्ठी में सम्मिलित होने और इसका शुभारंभ करने का आपने जो अवसर दिया है उसके लिए भी मैं हार्दिक कृतज्ञता प्रकट करता हूँ। मैं विशेष रूप से भाई श्री लल्लनप्रसाद जी व्यास का अनुगृहीत हूँ कि उन्होंने इस गोष्ठी में सम्मिलित करके मेरा मान बढ़ाया है। मैं शांतिनिकेतन में कोई बीस वर्ष रहा और वहाँ पूर्वी और दक्षिणी एशिया के अनेक विद्वानों और विद्यार्थियों के सम्पर्क में आया। आप सभी जानते हैं कि मेरे गुरुदेव कविवर रवीन्द्रनाथ ठाकुर ने

कितनी लगन और निष्ठा के साथ श्रीलंका, बर्मा, थाइलैण्ड, इण्डोनेशिया, (जावा, सुमात्रा, बाली), चीन, फारमोसा, जापान, नेपाल, तिब्बत, मध्य एशिया आदि देशों में जाकर वहाँ की जनता के साथ अपने देश के पुराने सांस्कृतिक संबंधों को पुन:जीवित किया था। उनके प्रेमपूर्ण व्यक्तित्व के आकर्षण से इन देशों के सैकड़ों विद्वान और विद्यार्थी शान्तिनिकेतन आए और पुराने संबंधों की सुखद स्मृतियों को नई प्राणशक्ति सें उद्‌बुद्ध किया। मेरा परिचय उन देशों से इसी प्रकार हुआ और मुझे लगा कि हमारे देशों की संस्कृति कितनी दृढ़ भित्ति पर स्थापित है। इस सांस्कृतिक एकता को सबसे बड़ा आधार बौद्ध धर्म ने दिया है। भगवान् बुद्ध के प्रेम, करुणा, मैत्री और भ्रातृभाव के सन्देश ने इन महान् राष्ट्रों को प्रेरणा दी है। सबसे पहले मैं प्रेरणा के महान् स्रोत भगवान् बुद्ध देव को ही अपना प्रणाम निवेदन करना चाहता हूँ। उनकी महिमामयी वाणी ने ही हम सबको हज़ार वर्ष से एकता और मैत्री के सूत्र में बाँधा है। यह और भी संकेतपूर्ण है कि उसका अधिवेशन उस स्थान पर हो रहा है जहाँ से उनका प्रथम प्रेम मंत्र प्रचारित हुआ था। हज़ारों वर्षों से वह प्रेम वाणी यहाँ के आकाश में गूँज रही थी। बीच में हम अपने को भूल गए, अपनी सांस्कृतिक महिमा को भूल गए, अपने इतिहास को भूल गए और इसिपत्तन (सारनाथ) का यह पवित्र स्थान खण्डहरों में बदल गया। दीर्घ विस्मरण के बाद उस पवित्र वाणी को नये सिरे से श्रीलंका के भदन्त अन्नगारिक धर्मपाल ने सुना और उनके सतत प्रयत्नों से सारनाथ फिर से नये जीवन को लेकर अतीत के महान् सन्देश को सुनाने में समर्थ हुआ। इस अवसर पर मैं अपना प्रणाम उस महान् धर्मबीज को निवेदन करना चाहता हूँ।

इस युग में जबकि हमारे सभी देश आंशिक रूप से या पूर्ण रूप से यूरोपीय राष्ट्रों के द्वारा अभिभूत कर लिए गए, हम अलग होते गए। जिन्हें विधाता ने सबसे निकट रहने का विधान किया है, जो प्राकृतिक और सांस्कृतिक दृष्टि से पूर्णत एक बने हैं, वे एक-दूसरे से अपरिचित हो गए। विदेशी शासन और प्रभाव ने हमें एक-दूसरे से दूर और बिखंडित कर दिया। ऐसे समय में जिस महामनीषी ने अपनों को फिर से एक करने की दिशा में सबसे अधिक प्रेरणा दी, वे हैं कवि-वर रवीन्द्रनाथ ठाकुर। यदि किसी एक व्यक्ति ने इस चिर-परिचित परन्तु फिर भी विस्मृत और दूर पड़ गए देशों की एकता को फिर से दृढ़ प्रतिष्ठा दी तो वे महामहीषी कविगुरु रवीन्द्रनाथ हैं। मैं उन्हें अपना प्रणाम निवेदन करता हूँ। इस अवसर पर यदि हम उन पश्चिमी और पूर्वी विद्वानों को भूल जाएँ जिन्होंने बड़ी निष्ठा और सावधानी से हमारे पुराने गौरव और सांस्कृतिक संबंधों को

उजागर किया है तो बड़ी कृतघ्नता होगी। मैं उन सभी विद्वानों को प्रणाम करता हूँ।

बुद्ध देव और महान् बौद्ध धर्म ने हमारे देशों के बीच सांस्कृतिक सेतु का निर्माण किया है पर उसके साथ ही रामायण और महाभारत ने उसे सुदृढ़ किया है और रसमय बनाया है। संस्कृति क्या है, मनुष्य का जो कुछ उत्तम है, धर्म में, आचरण में, भावना में, सौंदर्यबोध में, उसका पूर्ण रूप ही संस्कृति है। यह हमारे साहित्य में, धर्माचरण में, नैतिक व्यवहारों में, मूर्ति में, चित्र में, वास्तु में, नृत्य में, अभिनय में, गान में, काव्य में मूर्त होती है। रामायण, महाभारत, जातक कथाओं और अन्य धार्मिक ग्रन्थों ने भारतवर्ष को रचनात्मक प्रेरणा दी है और हमारे पड़ोसी देशों को भी। भारतवर्ष के समूचे साहित्य और कला के मूल में इन्हीं कुछ ग्रन्थों की प्रेरणा रही है और कैसा विचित्र संयोग है कि हमारे पड़ोसी देशों को भी इन महान् रचनाओं ने प्रेरित किया है। इस सांस्कृतिक गोष्ठी में हम इस महान् साहित्य को भूल नहीं सकते। काल की उथल-पुथल को रौंदकर, राजनीतिक बवंडरों की अवहेलना कर, आक्रमणों और युद्धों को कुचलकर दो महान् ग्रन्थ आज भी संसार की दो-तिहाई जनता के जीवन को जीने योग्य बनाए हुए हैं। इन सभी देशों के लगभग समस्त रचनात्मक प्रयासों के पीछे इनका हाथ रहा है। इस अवसर पर हम उन महान् साहित्यकारों को कृतज्ञतापूर्वक स्मरण करते हैं जिन्होंने आज भी हमें एक सूत्र में बाँध रखा है।

हम दीर्घ काल बाद यूरोपियन राजनीति की सर्वग्रासी शक्ति को काटकर फिर मिलने के लिए एकत्र हुए हैं। हमारे स्वर्गीय नेता पं० जवाहरलाल नेहरू की हार्दिक अभिलाषा थी कि हम फिर से एक-दूसरे के अधिक निकट आएँ। हमारे और आपके देशों के अनेक सम्बन्ध परस्पर हितों के आधार पर स्थापित हैं और होंगे, पर जो बात हमको अन्य देशों के परस्पर मिलन से भिन्न करती है वह है यह प्राचीन काल से चला आता हुआ सांस्कृतिक सम्बन्ध। यह हमें मित्रों से अधिक भाई बनाता है। हम अलग राष्ट्र हैं, हमारा अलग राष्ट्रीय व्यक्तित्व है, परन्तु हमारी जनता की नाड़ी में एक ही प्रकार का सांस्कृतिक रक्त बह रहा है। इस प्रकार के सांस्कृतिक आयोजन हमारे सम्बन्धों को पुनर्जाग्रत करेंगे।

मैं इस कार्य के लिए कुछ ठोस कार्य करने की आवश्यकता अनुभव करता हूँ। इतिहास-विधाता ने कुछ ऐसा विधान बनाया है कि हम एक-दूसरे को जाने बिना अपूर्ण और अधूरे रह जाएँगे। हमारे सभी देशों की धर्म-साधना, चित्रकला,

मूर्तिकला, नृत्य, नाटक-साहित्य और इतिहास का गम्भीर अध्ययन होना चाहिए। इसके लिए हमें कुछ ठोस कदम उठाना चाहिए। हमें कम-से-कम सौ जिल्दों की एक योजना बनानी चाहिए जिसमें हमारे इन सभी देशों के सांस्कृतिक मूल उपादानों का गंभीर अध्ययन हो। गंभीर अध्ययन से मेरा मतलब यह है कि वह केवल भावुकतापूर्ण न होकर आधुनिकतम शोध-पद्धतियों पर आधारित अध्ययन होना चाहिए। जैसा कि आप सभी जानते हैं, हमारे सम्बन्ध इतने प्राचीन और व्यापक हैं कि उनके स्मरण मात्र से भावुक हो जाना बहुत आसान है। पर हमें इतिहास और संस्कृति के अध्ययन में अविहथ सत्व और उसे यथासंभव अनासक्त ज्ञान के रूप में देखना चाहिए। इस दिशा में हमें यूरोपियन पंडितों की प्रशंसा करनी चाहिए। उन्होंने बहुत कुछ मार्गदर्शन पहले से ही कर रखा है।

हम अपने प्राचीन ऐतिहासिक और सांस्कृतिक सम्बन्धों को बहुत कम जानते हैं। जो कुछ जानते हैं वह अधूरे ज्ञान के आधार पर अधूरे विश्वास के साथ लिया गया है। इस समय हमें अधिक सावधानी के साथ इस काम को करना होगा। इसके लिए विभिन्न देशों के विश्वविद्यालयों और अन्य सांस्कृतिक प्रतिष्ठानों में अधिक-से-अधिक छात्रों और विद्वानों के आवागमन की व्यवस्था करनी होगी। उन सब उपायों का अवलम्बन करना होगा जिससे हम एक-दूसरे के अधिक-से-अधिक निकट आ सकें।

मित्रो, एक बार पुनः आपको अपनी प्रणति निवेदन कर इस अधिवेशन के शुभारम्भ की घोषणा करता हूँ।[1]

---

१. प्राच्य संस्कृति परिषद् (चतुर्थ अधिवेशन), सारनाथ, में सभापति पद से दिया गया भाषण।

पूर्वी एशिया के तीर्थयात्रियों का स्वागत

हम इस पुरानी नगरी में एशिया के नाना देशों से आए हुए आध्यात्मिक संदेश-वाहक मित्रों का स्वागत करते हैं। स्वागत करते समय हमारा मन अपार हर्ष से भरा हुआ है किन्तु उद्वेग भी कम नहीं है। क्या लेकर आपकी अभ्यर्थना करें, किन उपचारों से आपकी पूजा करें? हमारी यह नगरी संसार की उन थोड़ी-सी महिमामयी नगरियों में है जिन्होंने विजयवाहिनी के जय-निर्घोष से अपना गौरव नहीं बढ़ाया बल्कि आध्यात्मिक शान्ति की ललित वाणी से अपनी सत्ता बचा रखी है। संसार में इस श्रेणी की नगरियाँ बहुत कम हैं। और शायद हमारी यह नगरी काशी उन सबमें पुरानी है। वह आज भी जी रही है। आज भी उसका दावा है कि वह शिव के त्रिशूल में ऊपरली नोक पर जड़ी हुई है—जगत् प्रपंच से थोड़ा ऊपर और अपना भारसाम्य अपने आपमें ही सँभाले हुए ही क्योंकि यदि वह अपना भारसाम्य स्वयं न बनाये रखे तो त्रिशूल की नोक पर टिक नहीं सकेगी। यही शिक्षा और संस्कृति महापीठ का आदर्श रहा है। इसी आदर्श की रक्षा करती हुई हमारी यह नगरी युग-युग से अपनी शक्तिभर अध्यात्म तत्व का संदेश दे रही है। जब शक्तिशाली सम्राटों की विजयवाहिनियों के उन्मत्त ताण्डव से राजमार्ग रक्तपिच्छिल बनते रहे हैं, शस्य भूमियाँ भस्म में परिणत होती रही हैं, निरीह जनता त्राहि-त्राहि पुकारती रही है तब भी काशी ने ऋषियों, मुनियों, संतों, आचार्यों के मुख से निरन्तर धर्म का ही संदेश दिया है। जब-जब दुनिया का उन्माद कम हुआ है, जब उसका नशा उतरा है, उसने इस पुरी के महापुरुषों की वाणी सुनी है—यही पूर्वजों के गौरव से गरियान महिमा की स्मृति हमें साहस दे रही है कि हम आपका स्वागत करें। आप जैसे संस्कृति-सम्पन्न महापुरुषों का सत्संग हमें केवल पूर्वजों के पूर्ण बल से ही प्राप्त हुआ है।

अपने सौभाग्य पर हमें गर्व है पर अपनी अकिंचनता से हमें खेद हो रहा है। आप जैसे महान् अथितियों का स्वागत जिस ऊँचे आध्यात्मिक धरातल पर होना चाहिए उस पर अपने को न देखकर मन में क्षोभ अवश्य होता है फिर भी हमने यह आशा नहीं छोड़ी है कि संसार यदि सचमुच ही मनुष्यत्व के ऊँचे आसन की तरफ बढ़ना चाहता है तो वह उस आध्यात्मिक संदेश को सुनने को अवश्य बाध्य होगा जिसे हमारे पूर्वजों ने अपनी वाणियों में व्यक्त किया है और जिसके प्रचार के लिए आप जैसे ज्ञानी, गुणी, संत-जन इतना परिश्रम कर रहे हैं।

आज बड़ा दुर्घट काल उपस्थित है। संसार में व्यक्तियों, वर्गों और राष्ट्रों के स्वार्थ ने ऐसी दारुण अवस्था की सृष्टि की है कि शान्ति का नाम लेना भी हास्यास्पद जान पड़ता है। मानवी प्रयत्नों के समुद्र में भयंकर मन्थन हो रहा है। पता नहीं इससे कितने रत्न निकलेंगे, कितना हिस्सा विष का होगा और कितना अमृत का। परन्तु अभी तो ऐसा लगता है कि स्वार्थों का दानव नाना छलों से मनुष्यत्व के अमृत को विशेष भाव से पी ही जाएगा। मेरे गुरु कविवर रवीन्द्रनाथ ठाकुर ने, जिन्होंने जीवन भर शान्ति और मंगल की वाणी का प्रचार किया था, मृत्यु के कुछ पूर्व अत्यन्त व्यथित शब्दों में कहा था—नागिनियाँ चारों ओर विषाक्त निःश्वास फेंक रही हैं। ऐसे समय शान्ति की ललित वाणी व्यर्थ के परिहास की भाँति सुनाई देगी, विदाई लेते समय इसलिए उन लोगों को एक बार पुकार जाता हूँ जो घर-घर दानव के साथ लड़ने की तैयारी कर रहे हैं। इस वाणी में कवि की बेचैनी साकार हो उठी है। मैं समझता हूँ इस व्यथा को लेकर ही आपने भी हिंसा और स्वार्थ के दानव से जूझने का संकल्प किया है। संकल्प—शुभ संकल्प—की शक्ति अपार होती है, जिसे यह संकल्प मिल जाता है उस पर भगवान् की कृपा होती है और वह जगत् का उपकार कर जाता है। चारों ओर के घनीभूत अन्धकार में यह बात क्षण भर के लिए प्रकाश दे जाती है और थोड़ा भी प्रकाश वस्तुस्थिति को उसके यथार्थ रूप में प्रस्तुत करने में समर्थ होता है। बोधिचर्या अवतार में शान्तिदेव ने कहा है कि जिस प्रकार मेघाच्छन्न घोर अन्धकारपूर्ण रात्रि में विद्युत् क्षणभर के लिए प्रकाश विकीर्ण कर जाती हैं उसी प्रकार कभी-कभी बुद्धि की कृपा से मनुष्य को प्रकाश मिल जाता है और सच्चा रास्ता दीख जाता है :

रात्रौ यथा मेघघनान्धकारे
विद्युत् क्षणं दर्शयति प्रकाशम्।
बुद्धानुभावेन तथा कदाचित्
लोकस्य पुण्येषु मतिः क्षणं स्यात् ॥

सो संकल्प नहीं छोड़ना चाहिए। बुद्धि और बोधिसत्वों ने जो अपूर्व मैत्री साधना बताई है उस रास्ते पर हमें दृढ़ता के साथ अड़े रहना चाहिए। संसार की सबसे बड़ी समस्या है स्वार्थ का लोभ। कहीं यह लोभ व्यक्ति के स्वार्थ को आश्रय करके है, कहीं राष्ट्र के स्वार्थ को आश्रय करके। आज कोई नहीं सोचता कि मुझे सुख न मिलकर दूसरों को सुख मिले, मेरी मुक्ति से दूसरों को मुक्ति मिले, मेरे पुण्यों से दूसरों का उपकार हो, मेरी तपश्चर्या से दूसरों का भला हो। पहले स्वार्थ बाद में और कुछ—यही आज की सभ्यता का मूल मंत्र है। स्वार्थ भी कई हैं—व्यक्तिगत, वर्गगत और राष्ट्रगत। इन स्वार्थों के संघर्ष में संसार पिस रहा है, मनुष्यता हनी जा रही है—"नागिनियाँ विषाक्त विश्वास से वातावरण को क्षुब्ध कर रही हैं। ऐसे समय क्या गति है? शायद बोधिसत्वों का पुण्य संकल्प आज हँसकर उड़ा दिया जाए पर उनके शुभ संकल्प से बढ़कर हमारे पास रह क्या गया है। मैं जब कभी उस महान् संकल्प की बात सोचता हूँ तो लगता है, इस पर दृढ़ता से जमे रहने के सिवा दूसरा रास्ता नहीं है—**नान्यः पन्था विद्यतेऽयनाय**। कितना महान् संकल्प है—

बोधिसत्त्व की मैत्री-भावना

(१)

"ये ताडिता बन्धनबद्धपीडिता
विविधेषु व्यसनेषु च संस्थिता हि।
अनेकआयाससहस्रआकुला
विचित्रभयदारुणशोकप्राप्ताः ॥
ते सर्वे मुच्यन्त्विह बन्धनेभ्यः
सन्ताडिता मुच्यिषु ताडनेभ्यः।
वध्याश्च संयुज्यिषु जीवितेन
व्यसनागता निर्भय भोन्तु सर्वे ॥

(२)

ये सत्त्वक्षुत्तर्षपिपासपीडिता
लभन्तु ते भोजनपान-चित्रम्।
अन्धाश्च पश्यन्तु विचित्ररूपान्
वधिराश्च शृण्वन्तु मनोज्ञघोषान्।

नग्नाश्च वस्त्राणि लभन्तु चित्रां
दरिद्रसत्त्वाश्च निधिं लभन्तु।
प्रभूतधनधान्यविचित्ररत्नैः
सर्वे च सत्त्वाः सुखिनो भवन्तु।
मा कस्यचिद् **भवतु** दुःखवेदना
सौख्यान्विताः सत्त्व भवन्तु सर्वे।
विवर्जयन्तू खलु पापकर्म
चरन्तु कुशलानि शुभक्रियाणि" ॥

(१)

इस दुःखमय नरलोक में—
जितने दलित बन्धन-ग्रसित पीड़ित विपत्ति-विलीन हैं ;
जितने कि बहुधंधी विवेक-विहीन हैं ;
जो कठिन भय से और दारुण शोक से अति दीन हैं ;
वे मुक्त हों निज बन्ध से स्वच्छन्द हों सब द्वंद्व से,
छूटें दलन के फन्द से।
जीवन्त हों वे जो कि होने जा रहे—
बलि, कुटिल भ्रूकुंचित किसी के क्रोध से।
आश्वस्त हों वे जो कि हों भयभीत—
विषम विपत्ति के आक्रमण से—
सबका परम कल्याण हो !

(२)

जो पेट पकड़े सो रहे हैं ;
प्यास से जो रो रहे हैं ;
(धैर्य अपना खो रहे हैं)
हाय, ऐसा हो कि वे—
पावें मधुर भोज्यान्न, शीतल वारि—
सारे दुःख भागें दूर।
पावें नेत्र नयन-विहीन,
जो हैं श्रवण-सुख के दीन,
मृदुल मृदंग मोहक बीन का आनन्द, उनको मिले।
जो हैं ललकते चिथड़े लपेटे, रहे नंगे डोल
वे पावें वसन अनमोल ;

जो हैं वित्तहीन दरिद्र, वे पावें अपार निधान,
पावें दूध दधि धन धान,
पावें रत्न-खनि-संधान—
सबका हो परम कल्याण !
हो ऐसा कि जग में दुःख से विचले न कोई,
वेदनार्त हिले न कोई, पापकर्म करे न कोई,
असन्मार्ग धरे न कोई,
हों सभी सुखशील पुण्याचार-धर्मव्रती—
सबका हो परम कल्याण !
सबका हो परम कल्याण !!

अपने-आप तक ही सुख की सीमा नहीं है। सब जब तक सुखी न हो जायें तब तक सुख कैसा ! इसी महान् मंगल संकल्प की इस समय आवश्यकता है। आप इसी महाप्रेम को संसार में व्याप्त करने के उद्देश्य से कार्य कर रहे हैं। महासत्वा, हम हृदय से आपका स्वागत करते हैं।

एक विदेशी लेखक ने एक बार हमारे देशवासियों की एक बात पर आश्चर्य प्रकट किया था, उन्हें हमारी यह आदत बुरी भी लगी थी। उन्होंने कहा था कि भारतवर्ष के रहने वाले कुछ ऐसे खराब आदमी हैं कि उनकी भाषा में थैंक देने का कोई शब्द नहीं है। हम लोगों ने नई सभ्यता के संपर्क में आकर अब एक शब्द बना लिया है—धन्यवाद। पर पहले हमारी भाषा में यह शब्द नहीं था। विदेशी लेखक को हमारी यह आदत बुरी लगी थी और उन्होंने इस बात को लिख दिया है। उन्होंने ठीक ही लिखा था। हम किसी के प्रति कृतज्ञ होते हैं तो हमारी वाणी रुद्ध हो जाती है। हमारे मुँह से शिष्टाचार का कोई शब्द नहीं निकलता। यह पुराना दोष है। आप इसे गलत न समझें। यदि हमारे मुँह से इस समय शिष्टाचार के वचन न निकलें तो निश्चित समझें कि यह हमारी हार्दिक भावना के आवेग के कारण ही हुआ है। आप सहृदय हैं। आप दूसरों के हृदय में प्रवेश करने की क्षमता रखते हैं, आप हमारे हृदय की भाषा को सुन सकेंगे ऐसी हमारी आशा है।

पुराने ऋषि ने संसार के मनुष्यों को पुकारकर कहा था : तुम्हारे संकल्प समान हों, हृदय एक हो, मन अभिन्न हो और तुम्हारा मिलन शोभन-सुन्दर हो—

समानी व आकूतिः समाना हृदयानि वः
समानमस्तु वो मनो यथा वः सुसमासहि।

इस शुभ आशीर्वाद को आज आपका आगमन चरितार्थ करे। आपके शुभागमन से हम अपने को कृतकृत्य समझ रहे हैं, हमारा हृदय आनन्द-विह्वल है। हमारा पुराना अनुभव है कि महान् अतिथियों का आना महान् निमित्त का सूचक है। आपका शुभागमन जगत का कल्याणकारक हो—

ओं पृथिवी शान्तिरापः शान्तिरन्तरिक्षं शान्तिरोषधयः शान्तिः विश्वे मे देवा शान्तिः शान्तिः ताभिः शान्तिभिः शमयामोऽहं यदिहक्रूरं यदिह घोरं यदिह पापं तच्छान्त

भारतीय लोकतंत्र और संस्कृति : लोकतंत्र और भाषा

स्वतंत्रता-प्राप्ति के बाद हमने अपने देश में लोकतांत्रिक शासन-व्यवस्था को स्वीकार किया है। लोकतांत्रिक शासन-व्यवस्था का अर्थ यह होता है कि हमारे देश की जनता के चुने हुए लोग देश में कानून और व्यवस्था का संचालन करें। यह शासन-व्यवस्था जनता के द्वारा स्थापित होती है और जनता के हित के लिए कार्य करती है। हमारे देशवासियों की प्रकृति के अनुसार और उसके ऐतिहासिक विकास को दृष्टि में रखते हुए ऐसे नियम बनाने पड़ते हैं जो ठीक उसी प्रकार बने हुए अन्य देशों के नियमों से कुछ भिन्न होते हैं। हमारे देश का इतिहास हज़ारों वर्ष पुराना है। इसमें विभिन्न धर्मों, संप्रदायों, नस्लों और जातियों के लोग बसते हैं। उनकी अपनी परंपराएँ भी कुछ अलग-अलग हैं। इस प्रकार हमारे राष्ट्र में विविधताएँ और वैचित्र्य है। अलग-अलग समुदाय के धार्मिक विश्वास, पूजा-पद्धति, भाषा आदि में भी अन्तर दिखाई देता है। ऐसी स्थिति में एक सामान्य राष्ट्रीय हित का मार्ग खोजना कठिन हो जाता है। हमारे लोकतंत्र ने इसी कठिन मार्ग को अपनाया है। इसके लिए हमारी संविधान-सभा ने धर्म-निरपेक्ष लोकतांत्रिक व्यवस्था का मार्ग निकाला है। इसका अर्थ यह है कि हम यह संकल्प कर चुके हैं कि किसी समुदाय-विशेष के धार्मिक विश्वासों में राज्य की ओर से कोई हस्तक्षेप नहीं होगा। सबको अपने-अपने मार्ग पर चलने की स्वतंत्रता होगी। राज्य किसी एक धर्म को मान्यता नहीं देगा और सभी धर्मों के उन महान् आदर्शों को अपनाया करेगा जो मानवता के पोषक और उन्नायक हैं। यह मार्ग कठिन है। इसमें सहनशीलता, उदारता और धैर्य के साथ सभी काम करना ज़रूरी है। पर कठिन होने पर भी यही मार्ग मनुष्यता का सही मार्ग है।

इसमें भाषा सम्बन्धी समस्या कुछ अधिक जटिल है। हमारे देश के संविधान में बहुत विचार के बाद चौदह मुख्य भाषाओं को मान्यता दी गई है। इनमें एक संस्कृत भी है। संस्कृत हमारे देश की बड़ी शक्तिशाली और समृद्ध भाषा रही है। हमारे हज़ारों वर्षों के इतिहास में पीढ़ियों तक देश के सर्वोत्तम विचारकों ने इस भाषा में अपने विचार लिपिवद्ध कर रखे हैं। इसलिए संस्कृत को देश की मुख्य भाषाओं में स्थान देना उचित ही हुआ है। बाकी तेरह भाषाएँ देश के विभिन्न भागों में बोली जाती हैं। ये सभी भाषाएँ हमारे राष्ट्र की संपत्ति हैं। इसलिए इन सबकी समृद्धि से ही समूचे राष्ट्र की समृद्धि संभव है।

भाषा की समृद्धि उत्तम साहित्य से होती है। भाषा की समृद्धि से उसके बोलने वालों का जीवन-स्तर ऊँचा उठता है, उनमें कार्य-कारण परम्परा को सही-सही समझने की शक्ति विकसित होती है और उनके चरित्र में नैतिक निष्ठा का विकास होता है। राष्ट्र के सामूहिक सांस्कृतिक स्तर को ऊँचा उठाने का यह सर्वोत्तम उपाय है।

जो सरकार जनता के द्वारा चुनी जाती है उसमें जनता की भाषा का प्राधान्य होना स्वाभाविक ही है। परन्तु पिछले डेढ़-दो सौ वर्षों में हम एक पराधीन राष्ट्र के रूप में जीते रहे हैं। अंग्रेज़ों ने इस देश की शासन-व्यवस्था के लिए अंग्रेज़ी भाषा को सारे देश में प्रचलित किया था और हमारी अपनी भाषाओं का विकास रुद्ध हो गया था। अंग्रेज़ी भाषा द्वारा शासन-व्यवस्था चलाने का परिणाम यह हुआ है कि हमारे देशवासियों को, जो भिन्न-भिन्न भाषाएँ बोलते हैं, एक सूत्र में बाँधने का काम अंग्रेज़ी ही करने लगी है, हालाँकि विदेशी भाषा होने के कारण वह देश की विशाल जनता में ठीक से रींज-पींज नहीं सकी है। यही कारण है कि देश को एक सूत्र में बाँधने में वह कमज़ोर सिद्ध हुई है।

अंग्रेज़ी भाषा वहुत समृद्ध भाषा है और आजकल संसार के कई समृद्ध देशों में राजभाषा के रूप में स्वीकृत है। पर है यह विदेशी भाषा ही और देश की समूची जनता का एक नगण्य अंश ही उसमें कुशलता प्राप्त कर सका है। जनता का राज्य होने पर सारी जनता यदि अपनी भाषा में शासन-तंत्र और न्याय-व्यवस्था को चलाने का अधिकार नहीं प्राप्त करती तो लोकतांत्रिक व्यवस्था निश्चित रूप से कमज़ोर हो जाती है। संविधान बनाने वाले नेताओं के मन में यह प्रश्न बहुत प्रमुख रूप में उपस्थित था। इसको हल करने के लिए उन्होंने अपने देश की एक भाषा को चुना है जो विभिन्न राज्यों के आपसी

व्यवहार की भाषा बहुत-कुछ पहले से ही बनी हुई है। यह भाषा हिन्दी है। देश की लगभग आधी जनता इस भाषा को बोल या समझ लेती है। इसलिए ऐसा निश्चय किया गया है कि विभिन्न राज्यों में तो अपनी-अपनी भाषाएँ शासन व्यवस्था के लिए काम में लाई जायें परन्तु सारे देश के लिए और राज्यों के पारस्परिक संबंध के लिए हिन्दी भाषा का प्रयोग किया जाए। ऐसा करने से ही देश में हर अर्थ में लोकतांत्रिक शासन-व्यवस्था कायम होगी।

स्वतंत्रता-प्राप्ति के बाद देश में भाषाओं की प्रगति में काफी तेजी आई है। कई राज्यों ने अपने राज-काज के लिए अपने क्षेत्र में बोली जाने वाली भाषा को स्थान दिया है और विश्वविद्यालयों में भी तेज़ी से देशी भाषाएँ माध्यम के रूप में व्यवहृत होने लगी हैं। परन्तु अँग्रेज़ी अभी बनी हुई है। उसे एकदम हटा देने में भी कठिनाई है। धीरे-धीरे देशी भाषाएँ अपना उपयुक्त स्थान प्राप्त करती जा रही हैं और हिन्दी के प्रचार का भी थोड़ा-बहुत प्रयत्न हो रहा है। जब तक हमारी अपनी भाषाएँ समृद्ध नहीं हो जातीं तब तक लोकतांत्रिक व्यवस्था कमज़ोर ही बनी रहेगी।

भारतवर्ष में अपनी समृद्ध संस्कृति को उजागर करने के लिए देशी भाषाओं को प्रोत्साहन देना बहुत जरूरी है। विदेशी भाषा में शिक्षा पाने से हमारा स्वतंत्र चिंतन कुंठित हो गया है। समूचे राष्ट्र के सांस्कृतिक अभ्युत्थान के लिए भी हमें अपनी भाषाओं को समृद्ध करना आवश्यक है।

यह प्रसन्नता की बात है कि स्वाधीनता-प्राप्ति के बाद बहुत-सी बाधाओं और कठिनाइयों के होते हुए भी प्रादेशिक भाषाएँ उन्नति कर रही हैं। हिन्दी भी सार्वदेशिक भाषा के रूप को अवश्य प्राप्त कर जाती है। इसमें अनेक विश्वविद्यालयों में एम० ए० तक की पढ़ाई हिन्दी में होने लगी है लेकिन अभी बहुत प्रयत्न की आवश्यकता है। जब तक आधुनिक ज्ञान-विज्ञान के हर क्षेत्र में उत्तम साहित्य का निर्माण नहीं होता तब तक भाषा संबंधी परमुखापेक्षिता बनी रहेगी। आशा की जाती है कि शीघ्र ही हमारी देशी भाषाएँ इस प्रकार के साहित्य से समृद्ध हो जायेंगी और हिन्दी तो विशेष रूप से समृद्ध हो जाएगी।

स्वराज्य तभी सार्थक होगा जब स्वभाषा की उन्नति होगी। जिस भाषा के माध्यम से साधारण जनता तक ज्ञान-विज्ञान पहुँच सकता है उसकी उपेक्षा करना बहुत हानिप्रद होगा।

महात्मा गांधी ने आज से पचास साल पहले कहा था—"मैं अपनी अल्प-बुद्धि के अनुसार इस बात से अवगत हूँ कि इस देश में बड़े-बड़े विद्वान् यह

मानते हैं कि ग्रन्तर्प्रान्तीय उपयोग के योग्य भाषा तो ग्रंग्रेज़ी भाषा ही है। लेकिन वह भाषा कदापि राष्ट्रभाषा नहीं हुई है, क्योंकि उसमें ग्रौर हिन्दी भाषा में किसी प्रकार की भी समानता नहीं है। राष्ट्रभाषा ऐसी सहल होनी चाहिए कि जिसे कोई भी सीख सके। यदि हम पराधीनता से ग्रस्त न हों तो हम ग्रासानी से समझ सकते हैं कि ऐसी सामान्य भाषा की ग्रावश्यकता है। ग्रंग्रेज़ी सीखने के पीछे लाखों रुपया खर्च करने के बावजूद गिने-चुने लोग ही इस भाषा को सीख सके हैं ग्रौर ऐसा होने पर भी उस भाषा पर पूर्ण ग्रधिकार रखनेवाले लोग तो इक्के-दुक्के ही होते हैं। इस भाषा को सीखने के लिए जो प्रयत्न करना पड़ता है उसे देखता हूँ तो मुझे तो ऐसी प्रतीति होती है कि उससे देश का तेज क्षीण होता जा रहा है।"

प्रसन्नता की बात है कि ग्रपनी भाषाएँ ग्रब सजग हो गई हैं। यदि वे समृद्ध हों तो देश का तेज भी शक्तिशाली होगा।

संस्कृत की कवि-प्रसिद्धियाँ

आज संस्कृत साहित्य में प्रयुक्त कवि-प्रसिद्धियों की चर्चा करनी है। कवि-प्रसिद्धियाँ कवियों की दुनिया की सचाई हैं। साधारण जगत् में लोग उनकी यथार्थता में विश्वास नहीं करते। परम्परा से चली आती हुई प्रसिद्धियों को कवि स्वीकार कर लेता है और उसको सत्य मानकर अपना कारबार शुरू कर देता है। चन्दन में फूल होते हैं लेकिन कवि-प्रसिद्धि है कि नहीं होते। चन्दन के बगीचे में रहनेवाला चाहे जो भी कहता हो, कवि इस बात को सच मानकर अपना मतलब साध लेगा। किसी सहृदय विद्वान की निर्धनता पर और गुणज्ञ राजा की मृत्यु पर उसे क्षोभ है, वह ब्रह्मा की अक्लमंदी पर तरस खाना चाहता है। ब्रह्मा की बुद्धिहीनता के दो-चार और उदाहरण उसे संग्रह करने हैं। वह कह उठता है —सोने में गंध नहीं दी, ईख के डंडे में फल नहीं दिया, चंदन के वृक्ष में फूल नहीं दिया, विद्वान् को धनी नहीं बनाया, और गुणज्ञ राजा को दीर्घायु नहीं किया। जान पड़ता है कि विधाता को पहले कोई बुद्धिदाता गुरु नहीं मिला था।

गन्धः सुवर्णे फलमिक्षुदंडे
नाकारि पुष्पं खलु चन्दनस्य।
विद्वान् धनी नृपतिः दीर्घजीवी
नासीत् पुरा बुद्धिदाता विधातुः॥

इस प्रकार चंदन में फूल न आने वाली कवि-प्रसिद्धि के सहारे वह अपने वक्तव्य को रसयुक्त और आस्वाद्य बना देता है।

आजकल चैत्र का महीना है। पेड़ों में पुष्प लदे हुए हैं। ऐसा जान पड़ता है कि किसी अज्ञात पुलकोत्कम्प के कारण धरित्री रोमांच कंटकित हो

रही है। वसंत में ऐसा होता ही है। बच्चा-बच्चा जानता है कि इस ऋतु में अशोक कंधे से ही फूट उठता है, बकुल या मौलसिरी का पेड़ अपने छोटे-छोटे मनोहर पुष्पों के भार से नख से शिख तक लद जाता है। कुरबक या कटसरैया के जंगल में धरती की निश्शेष रंगीनी फूट पड़ती है और तिलक पुष्पों के बहाने वह मनोहर तिलक बिन्दुओं से अपने-आपको सजा लेती है। यह कोई नई बात नहीं है। अनादि काल से ऐसा ही होता आया है। जब-जब वसन्त ऋतु आती है, तब-तब पृथ्वी के हर कोने में उल्लास की लहर दौड़ पड़ती है। यह सारा दृश्य अपने-आप में ही मादक है, परन्तु संस्कृत का कवि किसी बात को यों ही सीधे-सीधे कहना पसन्द नहीं करता। वह अस्पष्ट भावोच्छ्वासों को महत्त्व नहीं देता। वह कविता ही क्या जो चित्त में भावों की मदिर तरंगें न लहरा देती हो, जो पद-झंकार मात्र से पाठक के चित्त को मथित और व्याकुल नहीं बना देती।

तया कवितया किंवा-किंवा वनितया तया।
पदझंकारमात्रेण यया नापहृतं मनः ॥

सो, संस्कृत-कवि की दृष्टि में कविता में मादकता होनी ही चाहिए। मादकता भी अस्पष्ट और अतींन्द्रिय नहीं, बल्कि स्पष्ट और मुष्टि-ग्राह्य होनी चाहिए। संस्कृत-कवि का विश्वास है कि अशोक यों ही नहीं फूलता, सुन्दरियों के सनूपुर चरणों के आघात से फूलता है और बकुल मुख-मदिरा से सिचकर खिल उठता है। कुरबक और तिलक इतने बेहया तो नहीं हैं लेकिन थोड़ा-बहुत बहाना उन्हें भी चाहिए। संस्कृत के कवि ने आश्चर्यचकित होकर देखा है कि ये वृक्ष इन बातों के अभाव में भी कैसे फूल उठते हैं। कितने आश्चर्य की बात है कि सुनयनाओं द्वारा न तो कुरबक आलिंगित हुआ और न तिलक वीक्षित हुआ, न अशोक चरणों द्वारा ताड़ित हुआ और न बकुल उनकी मुख-मदिरा से सींचा ही गया, फिर भी चैत के महीने में वे फूलों के भार से लद गए :

नालिंगितः कुरबकस्तिलको न दृष्टो,
नो ताडितश्च सुदृशां चरणैरशोकः।
सिक्तो न वक्त्रमधुना वकुलश्च चैत्रे,
चित्रं तथापि भवति प्रसवावकीर्णः ॥

वस्तुतः यह निश्चयपूर्वक कहा जा सकता है कि यह कोई आश्चर्य-जनक व्यापार या करामात नहीं है। कवि के अन्तर्यामी जानते हैं कि करामात असल में वही चीज़ है जिसके अभाव में उसे आश्चर्य हो रहा है परन्तु फिर भी वह जानता है कि केवल फूलों का वर्णन कर देना पर्याप्त नहीं है। जब तक

वनस्थली के इस सारे पुलकोद्गम को मानव-सौन्दर्य के साथ संबद्ध नहीं कर दिया जाता, तब तक उसमें मोहकता नहीं आएगी। इसीलिए वह जान-बूझकर अनजान की भाँति चैत्र की पुष्प समृद्धि देखकर आश्चर्य प्रकट करता है, मानों चैत्र में फूलों का आना ही अघटित घटना है और कवि-प्रसिद्धियों के रूप में विज्ञापित बातें ही वास्तविक सत्य हैं।

संस्कृत में कवि-समय और कवि-प्रसिद्धि इन दो शब्दों का प्रयोग मिलता है। कवि-प्रसिद्धि अधिक व्यापक अर्थ का सूचक है। राजशेखर ने काव्य-मीमांसा में 'कवि समय' शब्द का प्रयोग किया है। राजशेखर बहुश्रुत विद्वान् थे, वे लीक पर चलने वाले आलंकारिक नहीं थे। उन्होंने कवि-समय शब्द का प्रयोग कवियों के आचार या सम्प्रदाय के रूप में किया है। इस शब्द के प्रयोग से उनका अभिप्राय यह था कि कवि लोग परम्परा से कुछ ऐसी बातों का प्रयोग करते आ रहे हैं जो लोक में घटित होती नहीं दिखाई देतीं। अर्थात् विशुद्ध यथार्थवादी दृष्टि से जिनकी सच्चाई संदिग्ध है परन्तु फिर भी दीर्घ काल से कवियों की दुनिया में काव्य को मोहक, मादक और मनोरंजक बनाने के लिए प्रयुक्त होती आ रही हैं। उदाहरणार्थ, अशोक और बकुल के दोहद या पुष्पोद्गम वाली प्रसिद्धि को ही लीजिए। कालिदास जैसे कवि ने इस प्रसिद्धि का आश्रय लेकर काव्य और नाटक की रचना में उसका उपयोग किया, परन्तु तथ्य जगत् में ऐसा होते देखा नहीं जाता। अब, आलंकारिक आचार्य मानते हैं और ठीक ही मानते हैं कि जो वस्तु देश, काल, कला, न्याय और आगम के विरुद्ध हो और प्रतिज्ञा, हेतु तथा दृष्टान्त से असमर्थित हो उसका उल्लेख दोष है। तो फिर अशोक दोहद वाली प्रसिद्धि भी काव्य-दोष ही कही जाएगी, क्योंकि वह खरगोश के सींग की तरह केवल बात ही बात है। किन्तु राजशेखर का कहना है कि जो बात दीर्घकाल से कवियों में सत्य समझकर गृहीत होती आई है उसे इस प्रकार काव्य-दोष न कहकर कवियों का आचार कहना ही युक्तिसंगत है। उन्होंने अपने ढंग से इसका उत्तर भी दिया है। वे कहते हैं कि प्राचीन काल के कवि परम्परा से जिन बातों का वर्णन करते आ रहे हैं वे यदि इस काल या देश में नहीं मिलतीं तो उन्हें दोष कहना अनुचित है, क्योंकि शास्त्र अनन्त है, काल अनन्त है, और देश भी अनन्त है। इसलिए ऊपर-ऊपर से लोक और शास्त्र-विरोधी दिखने वाली बातें वस्तुतः वैसी नहीं हैं क्योंकि प्राचीन काल से बहुश्रुत और मर्मज्ञ कवियों ने उनकी चर्चा की है। प्राचीन काल के पंडित सहस्त्र शाख वेदों का अवगाहन करके, शास्त्रों का मनन, चिन्तन करके, देशान्तर और द्वीपान्तर का परिभ्रमण करके उन्हें निश्चित कर गए हैं।

देश-काल में यदि व्यतिक्रम हो गया हो तो उन बातों को अयथार्थ नहीं मान लेना चाहिए।

राजशेखर प्रकृति के बड़े सूक्ष्म निरीक्षक थे, उनके मत से प्राकृतिक निरीक्षण का अभाव कवि का बहुत बड़ा दोष है। उन्होंने कहा है कि कवि अनुसंधान नहीं करता, उनके गुण भी दोष हो जाते हैं और जो कवि अनुसंधान करता है उसके दोष भी गुण हो जाते हैं। इसीलिए कवि को अनुसंधानप्रिय होना चाहिए। राजशेखर के कहने का तात्पर्य यह है कि प्रत्येक वस्तु की ठीक-ठीक खोजबीन करनेवाला व्यक्ति कभी गतानुगति का या अंधानुकरण का शिकार नहीं हो सकता। उस कवि में यदि ऐसी कोई बात मिल जाए जिसके संबंध में साधारण विश्वास दूसरी तरह का हो, तो संसार में कवि को ही अधिक प्रामाणिक माना जाएगा और साधारण विश्वास को गलत ठहराया जाएगा, क्योंकि लोगों के चित्त में कवि की प्रामाणिकता की धाक जमी रहेगी।

अनुसंधानशून्यस्य भूषणं दूषणायते।
सावधानस्य च कवेर्दूषणं भूषणायते॥

राजशेखर ने अनेक प्राचीन काव्यों का अध्ययन करके इन कवि-समयों का महत्त्वपूर्ण विश्लेषण अपने ग्रन्थ में उपस्थित किया है। उन्होंने लिखा है कि काव्यों में जो कवि-समय सुप्त की तरह पड़ा हुआ था उसे हमने यथाबुद्धि जगा दिया।

सोऽयं कवीनां समयः काव्ये सुप्त इव स्थितः।
स साम्प्रतमिहास्माभिर्यथाबुद्धि विबोधितः॥

कवि-प्रसिद्धियों में कुछ तो ऐसी हैं जो कि वस्तुतः होती नहीं, पर कवि लोग उनका ऐसा वर्णन करते हैं मानो वह होती हैं। और कुछ ऐसी हैं जो होती तो हैं पर कवि लोग ऐसा वर्णन करते हैं मानो वे होती ही नहीं। और कुछ ऐसी होती हैं जिनकी होने की सम्भावना तो अनेक स्थलों पर है परन्तु कवियों की दुनिया में जिनका एक निश्चित स्थान पर होना ही स्वीकार किया जाता है। नदियों में कमल या नीलकमल, सभी जलाशयों में हंस, हर पर्वत पर सुवर्ण, रत्न आदि का वर्णन पहली श्रेणी में आता है। हो सकता है कि कहीं नदी का पानी अवरुद्ध हो गया हो, और उसमें कमल भी खिल गया हो, परन्तु इसका मतलब यह नहीं कि नदी का प्रसंग आते ही कमल का वर्णन करना शुरू कर दिया जाए। परन्तु कवियों का ऐसा संप्रदाय है कि नदी में कमल के पुष्प का वर्णन करना चाहिए। कालिदास जैसे कवि इस लोभ से अपने को नहीं बचा सके हैं। मेघदूत में उन्होंने शिप्रा में खिले हुए कमलों की सुगन्धि से सुरभित शिप्रा वायु

का उल्लेख किया है—

दीर्घीकुर्वन्पटुमदकलं कूजितं सारसानां
प्रत्यूषेषु स्फुटितकमलामोदमैत्रीकषायः ।
यत्र स्त्रीणां हरति सुरतग्लानिमंगानुकूलः
शिप्रावातः प्रियतम इव प्रार्थनाचाटुकारः ॥

इसी प्रकार वसन्त में मालती का न खिलना, चन्दन के वृक्ष में पुष्प या फल का न होना, अशोक में फल न आना जैसी बातें दुनिया में तो ठीक नहीं हैं, किन्तु कवि लोग ऐसा ही कहते आए हैं। इन दोनों बातों को राजशेखर की भाषा में क्रमशः 'असतोऽपि निबंधनम्' और 'सतोऽपि अनिबंधनम्' कहते हैं। तीसरी श्रेणी के कवि-समय वे हैं जिन्हें राजशेखर नियम कहते हैं। जो बात और दस जगह हो सकती है उसे एक ही जगह बाँध देना नियम है। जैसे मकर नदी और झील में होते हैं पर वर्णन समुद्र में ही किया जाता है। मोती बहुत स्थानों में पैदा होते हैं लेकिन कवि लोग यह गौरव ताम्रपर्णी नदी को ही देते हैं। किसी कवि ने कहा है कि दुनिया में कितनी ही प्रतिष्ठित नदियाँ क्यों न हों, कितने ही स्वादुजल क्यों न हों, और कितनी ही सीपियाँ पैदा क्यों न होती हों, किन्तु मुक्ता-रूपी कामधेनु ताम्रपर्णी को छोड़कर और कहीं पैदा नहीं होती।

कामं भवन्तु सरितो भुवि सुप्रतिष्ठा
स्वादूनि सन्तु सलिलानि च सूक्तयश्च।
एतां विहाय वरवर्णिनि ताम्रमर्णी
नान्यत्र संभवति मौक्तिककामधेनुः ॥

राजशेखर ने इन तीनों बातों को तीन श्रेणियों में विभक्त किया है—जाति, द्रव्य और क्रिया। अब तक जाति के विषय में चर्चा हुई। द्रव्य के कवि-समय भी तीन प्रकार के होते हैं। जैसे, पहली श्रेणी में अंधकार को मुष्टिग्राह्य या सूचीभेद्य बताना, ज्योत्स्ना को घड़े में भरने योग्य बताना इत्यादि। द्वितीय श्रेणी में कृष्ण पक्ष में ज्योत्स्ना तथा शुक्ल पक्ष में अंधकार का वर्णन न करना। तीसरी श्रेणी में मलय को चन्दन का आश्रय बताना, हिमालय को ही भूर्जपत्र का स्थान बताना। इसी तरह से क्रिया सम्बन्धी कवि-समयों में रात में चक्रवाक जोड़ों का अलग हो जाना, चकोरों का चन्द्रिका पान करना, दूसरी श्रेणी में दिन में नील कमल का न खिलना या रात में शेफालिका कुसुमों का न झड़ना तथा तीसरी श्रेणी में कोयल का केवल बसंत में बोलना, मयूरों का वर्षा में ही नाचना इत्यादि बातें हैं।

कवि-समय की भाँति राजशेखर ने गुण-समयों की भी स्थापना की है।

इन्हें भी कवि-प्रसिद्धियों में ही गिनना चाहिए। इनमें यश और हँसी का सफेद होना, अपयश और पाप का काला होना, क्रोध का लाल होना आदि बातें ऐसी हैं जो 'असतोपिऽनिबन्धन' अर्थात् नहीं होतीं पर होना कहा जाता है। कुछ गुण ऐसे हैं जो होते और तरह के हैं पर वर्णन और तरह से होता है। कवियों की दुनिया में प्रसिद्ध है कि कुन्द का कुड्मल लाल नहीं होता। फिर कमल मुकुल को हरा और प्रियंगु को पीला नहीं वर्णन किया जाता, यद्यपि इनमें ये गुण मिलते हैं। सामान्यतः मणि-माणिक्यों का रंग लाल, पुष्पों का सफेद और मेघ का काला कहा जाता है। कृष्ण, नील, हरित, श्याम आदि रंगों का प्रयोग एक ही अर्थ में कर लिया जाता है। पीत और रक्त को तथा श्वेत और गौर को एक ही मान लिया जाता है। आँखों का वर्णन कभी श्याम, कभी कृष्ण, कभी श्वेत, कभी लाल और मिश्र रंग का किया जाता है। राजशेखर ने स्वर्ग और पाताल के लिए भी एक विस्तृत अध्याय लिखा है। जैसे चन्द्रमा में हरिण और शश की एकार्थता, कामदेव की ध्वजा में मकर और मत्स्य का ऐक्य, अभिनेत्र और समुद्र से उत्पन्न चन्द्रमा का ऐक्य, काम की मूर्तता, बारह सूर्यों का ऐक्य इत्यादि बातें गिनाई हैं। यह आश्चर्य की बात है कि राजशेखर ने अशोक बकुल आदि की दोहद वाली कवि-प्रसिद्धियों की चर्चा नहीं की। यह तो नहीं कहा जा सकता कि उन्हें प्रसिद्धियों का पता नहीं था, क्योंकि उनके ग्रन्थ में ही इस बात का सबूत है कि वे इन बातों को जानते अवश्य थे। सम्भवतः वे इसे अलौकिक या अशास्त्रीय नहीं मानते थे। विश्वनाथ ने अपने साहित्य-दर्पण में इन बातों को भी कवि-समय के अन्तर्गत माना है। वस्तुतः कवि-प्रसिद्धियाँ और भी अधिक छान-बीन की अपेक्षा रखती हैं। पुराने आचार्यों ने अपने सूक्ष्म निरीक्षण के बल पर जितना कहा है वह महत्त्वपूर्ण होते हुए भी संक्षिप्त और सीमित ही है। यह नहीं समझना चाहिए कि कवि-प्रसिद्धियों की सूची इतनी ही है। उत्तर-मध्यकाल में कुछ ऐसी प्रसिद्धियाँ मिल जाती हैं जो संस्कृत साहित्य में नहीं हैं। क्रौंच पक्षी का संकल्प से अपने अंडों को पालना और उत्सुकतापूर्वक बार-बार पहाड़ की ओर देखने के कारण उनकी गर्दन लम्बी हो जाना सन्त साहित्य की प्रसिद्धियाँ हैं। कबीर ने कहा है—

रात्यूं रूनी बिरहनी ज्यों बंचौं कूं कुंज।
कबीर अन्तर परजल्या प्रगट्या विरहा पुंज॥

इस प्रकार की और प्रसिद्धियाँ हैं जो अन्वेषकों के परिश्रम से ही संगृहीत हो सकती हैं।

तिलक का गीता-दर्शन

तिलक केवल स्वतंत्रता संग्राम के कुशल सेनानी ही नहीं थे, वे प्राचीन और अर्वाचीन साहित्य, धर्मशास्त्र, ज्योतिष और दर्शन के गंभीर विद्वान् थे। विद्वानों में वे चोटी के शोधकर्त्ता के रूप में सम्मानित थे। उनके 'ओरायन' और आर्यों के आदि-देश सम्बन्धी विचार संसार भर के विद्वानों के आकर्षण के विषय थे। एक ही साथ वे अनेक महान् गुणों के आश्रय थे और आश्चर्य की बात तो यह है कि सभी क्षेत्रों में शीर्षस्थानीय नेता के रूप में गिने जाते थे। इतनी शक्ति कैसे प्राप्त होती है! गीता में कहा गया है कि पुरुष श्रद्धामय होता है। जो जिस बात पर श्रद्धा रखता है वह वही हो जाता है। लोकमान्य तिलक की श्रद्धा क्या थी? निस्सन्देह उनकी श्रद्धा किसी बहुत बड़ी बात पर रही होगी। उस श्रद्धा की महिमा के कारण ही वे महान् थे। इस बात को समझना हो तो हमें उनके गीता-रहस्य के अध्ययन से बहुमूल्य सहायता प्राप्त होगी। गीता-रहस्य या कर्मयोग-शास्त्र गीता का भाष्य है। गीता, जिसका पूरा नाम 'श्रीमद्-भागवत् गीता' है, हमारे देश के महान् विचारकों की बहुत श्रद्धेय पुस्तक है। प्रत्येक आचार्य ने कोई नई बात कहने के पहले इस महान् ग्रन्थ का समर्थन पा लेना चाहा है। इसीलिए इस पर भिन्न-भिन्न आचार्यों के भिन्न-भिन्न दृष्टि-कोणों का समर्थन करने वाले अनेक भाष्य हैं। इन विभिन्न भाष्यों को पढ़ने वाले विद्यार्थी के लिए एक कठिन समस्या यह है कि इन भाष्यों और टीकाओं में जिन दर्जनों मतों का प्रतिपादन किया गया है, वे सब-के-सब क्या सचमुच ही गीता-सम्मत हैं? कैसे माना जाये कि इनमें अमुक मत ठीक है और अमुक मत नहीं। महाभारत की लड़ाई जब शुरू हुई थी और दोनों ओर सेनाएँ शस्त्र-सज्जित खड़ी थीं, उस समय भगवान् श्रीकृष्ण ने अर्जुन को सचमुच

क्या समझाया था, जिससे वह लड़ाई लड़ने को तैयार हो गया ? वह क्या वैराग्य का उपदेश था, योगमार्ग की शिक्षा थी, अद्वैतवाद का लोकोत्तर ज्ञान था, भक्ति की भावुकता थी, यज्ञ-याग करने की विधि थी या अहिंसक बनने की सिखावन थी ? पुराने आचार्यों ने अपने-अपने ढंग से इन प्रश्नों का उत्तर दिया है। लोकमान्य तिलक ने अपनी बात किसी पूर्व-आग्रह के वशीभूत होकर नहीं कही। उन्होंने गीता के रचे जाने की पूरी परिस्थिति का ऐतिहासिक दृष्टि से अध्ययन किया। किस उद्देश्य से यह पुस्तक लिखी गई, किस परिणाम तक इसके वक्ता और श्रोता पहुँचे, क्या संदर्भ था, उन दिनों तक भारतीय मनीषा किन महान् विचारों को दे सकी थी, ग्रन्थ के विभिन्न संदर्भों में कही हुई बातों की संगति क्या है, इत्यादि बातों की निपुण परीक्षा के बाद वे इस निष्कर्ष पहुँचे कि गीता कर्मयोग-शास्त्र है। गीता-रहस्य में उन्होंने विस्तार के साथ इस निष्कर्ष को स्पष्ट किया है। गीता-रहस्य के पृष्ठ ५१३ पर वे लिखते हैं—

'गीता-धर्म कैसा है ? वह सर्वतोपरि निर्भय और व्यापक है। वह सम है, अर्थात् वर्ण, जाति, देश या किन्हीं अन्य भेदों के झगड़े में नहीं पड़ता, किन्तु सब लोगों को एक ही मापतोल से सद्गति देता है। वह अन्य सब धर्मों के विषय में यथोचित सहिष्णुता दिखाता है। वह ज्ञान, भक्ति और कर्मयुक्त है। और अधिक क्या कहें, वह सनातन वैदिक धर्मवृक्ष का अत्यन्त मधुर तथा अमृत फल है। वैदिक धर्म में पहले द्रव्यमय या पशुमय यज्ञों का अर्थात् केवल कर्मकाण्ड का ही अधिक माहात्म्य था। परन्तु फिर उपनिषदों के ज्ञान से यह केवल कर्म-काण्ड-प्रधान श्रौतधर्म गौण माना जाने लगा और उसी समय सांख्य शास्त्र का भी प्रादुर्भाव हुआ। परन्तु यह ज्ञान सामान्य जनों को अगम्य था, और इसका झुकाव भी कर्म संन्यास की ओर ही विशेष रहा करता था। इसलिए केवल औपनिषदिक धर्म से अथवा दोनों की स्मार्त एकवाक्यता से भी सर्वसाधारण का पूरा समाधान होना सम्भव नहीं था। अतएव उपनिषदों के केवल बुद्धिगम्य ब्रह्मज्ञान के साथ प्रेमगम्य व्यक्त उपासना के राजगृह्य का संयोग करके कर्म-काण्ड की प्राचीन परंपरा के अनुसार ही अर्जुन को निमित्त करके गीता-धर्म सब लोगों से मुक्त कंठ से यही कहता है कि "तुम अपनी योग्यता के अनुसार अपने-अपने सांसारिक कर्त्तव्यों का पालन लोक-संग्रह के लिए, निष्काम बुद्धि से, आत्मोपम्य दृष्टि से तथा उत्साह से यावज्जीवन करते रहो। और उसके द्वारा ऐसे नित्य-परमात्मा देवता का सदा यजन करो जो पिण्ड ब्रह्माण्ड में तथा समस्त प्राणियों में एकत्व से व्याप्त है। इसी में तुम्हारा सांसारिक तथा पारलौकिक कल्याण है।" (पृ० ५३१)।

गीता के दूसरे अध्याय के ४७वें श्लोक के चारों चरणों को लोकमान्य तिलक ने 'कर्मयोग की चतुःसूत्री' कहा है। (पृ० ६६८) उन्हीं के अनुवाद के अनुसार ये चारों चरण हिन्दी में इस प्रकार रखे जा सकते हैं—

१—कर्म करने मात्र का तेरा अधिकार है।

२—फल (मिलना या न मिलना) कभी भी तेरे अधिकार या ताबे में नहीं है।

—(इसलिए तू मेरे कर्म का) अमुक फल मिले, यह हेतु (मन में) रखकर काम करनेवाला न हो।

४—और, काम न करने का भी तू आग्रह न कर।

इस श्लोक की व्याख्या करने के पश्चात् सारांश रूप में उन्होंने कहा है—सारांश 'कर्म कर' कहने से कुछ यह अर्थ नहीं होता है कि फल की आशा रख। और 'फल की आशा को छोड़' कहने से यह अर्थ नहीं हो जाता कि कर्मों को छोड़ दे। अतएव इस श्लोक का यह अर्थ है कि फलाशा छोड़कर कर्त्तव्य कर्म अवश्य करना चाहिए। किन्तु न तो कर्म की आसक्ति में फँसे और न कर्म ही छोड़े।

इस प्रकार गीता में अनासक्त भाव से, कर्म के फल पाने की इच्छा न रखते हुए सबके कल्याण-कार्य और सेवा-कार्य में लगे रहने की शिक्षा दी गई है। कर्म करते रहने में ही मनुष्य का अधिकार है, फल मिलने-न-मिलने में बिल्कुल नहीं।

लोकमान्य तिलक ने उन दिनों के नवशिक्षित भारतवासियों में इस विश्वास को जड़ पकड़ते देखा था कि "हमारे प्राचीन शास्त्रकार मोक्ष ही के गूढ़ विचारों में निमग्न हो जाने के कारण सदाचरण के या नीति धर्म के मूलतत्त्वों का विवेचन करना भूल गए।" इसके उत्तर में वे कहते हैं : "परन्तु महाभारत और गीता के पढ़ने से यह भ्रमपूर्ण समझ दूर हो जा सकती है।" और गीता-रहस्य को पढ़नेवाला निस्संदेह इस भ्रम से मुक्त हो जाएगा। हमारे पुराणों और महाभारत में वीर पुरुषों का चरित भरा पड़ा है। लोकमान्य कहते हैं कि "क्या इस इतिहास को लिखते समय उनके मन में यह विचार नहीं आया होगा कि जिन प्रसिद्ध पुरुषों का इतिहास हम लिख रहे हैं, उनके मर्म या रहस्य को भी प्रकट कर देना चाहिए ?" वे स्वयं इसका उत्तर भी देते हैं—"इस मर्म या रहस्य को ही कर्मयोग अथवा व्यवहार-शास्त्र कहते हैं, और इसे बताने के लिए ही महाभारत में सूक्ष्म धर्म-अधर्म का विवेचन करके अन्त में संसार के धारण-पोषण के लिए कारणभूत होने वाले सदाचरण अर्थात् धर्म के मूल तत्त्वों का विवेचन मोक्ष

दृष्टि को न छोड़ते हुए गीता में किया गया है। अन्यान्य पुराणों में भी ऐसे प्रसंग पाए जाते हैं, परन्तु गीता के तेज के सामने अन्य सब विवेचन फीके पड़ जाते हैं, इसी कारण भगवद्गीता कर्मयोग शास्त्र का प्रधान ग्रन्थ हो गया है।" (पृ० ४६५)

'गीता रहस्य' में लोकमान्य बाल गंगाधर तिलक के अपूर्व पांडित्य, अडिग धैर्य और अस्खलित आस्था देखकर पाठक चकित रह जाता है। मज़ेदार बात यह है कि इतना पांडित्यपूर्ण ग्रन्थ माण्डले (जेल) में पैंसिल से लिखा गया था। माण्डले जेल में उस समय इस ग्रन्थ के लेखक सरकारी कोप के शिकार होकर पड़े हुए थे। पुस्तकों की उन्हें कितनी सुविधा मिली होगी यह बात आसानी से समझी जा सकती है। कागज़ और पैंसिल मिल गए थे, यही क्या कम है? सबसे बड़ा संबल लेखक की स्मृति-शक्ति ही थी। सरकार ने कृपापूर्वक पूना से कुछ पुस्तकों को मंगा लेने की अनुमति अवश्य दी थी। लोकमान्य को खेद था कि "उस समय पुस्तकें वहाँ (मांडले जेल में) न होने के कारण कई स्थानों में अपूर्णता रह गई थी। यह अपूर्णता वहाँ से छुटकारा हो जाने पर पूर्ण तो कर ली गई है परन्तु अभी यह नहीं कहा जा सकता है कि ग्रन्थ सर्वांश में पूर्ण हो गया है।" परंतु 'अपूर्ण' ही सही, यह ग्रन्थ न केवल भारतीय मनीषा की अपूर्व देन ही है बल्कि हमारे देश के कर्मयोगियों को निरन्तर प्रेरणा देनेवाला सिद्ध हुआ है। साथ ही यह हमें अपने महान् नेता के त्यागपूर्ण जीवन की और उनके भीतर छिपी हुई अपार शक्ति को समझने की कुंजी भी देता है। गीता में कर्मयोगी को जिस रूप में समझाया गया है और 'गीतारहस्य' में उसकी जैसी कुछ व्याख्या है उसका प्रत्यक्ष विग्रह स्वयं लोकमान्य तिलक थे। निष्काम कर्म और समबुद्धि के दर्शन को उन्होंने अपने-आपके जीवन में मूर्त रूप दिया था। परमात्मा को समर्पण बुद्धि से कर्म करनेवालों में वे अग्रगण्य थे, सत्य के लिए किसी प्रकार के कष्ट को उन्होंने कष्ट नहीं समझा, वे गीतोक्त स्थितप्रज्ञ थे। उनकी साधना ने भारतभूमि को पराधीनता के पाश से मुक्त किया। उनका स्मरण करके हम धन्य होंगे।

लोकमान्य का सारा जीवन भगवान् को समर्पित जीवन था। उन्होंने लोक-सेवा का जो व्रत लिया था वह उनके इसी भगवदर्पण भाव का साक्षात् रूप था। कर्म करना, जो कुछ करना वह भगवान् को समर्पण कर देना, फलाशा का त्याग करना और सेवा-कार्य में एकान्त भाव से जुटे रहना, यही तो कर्म-योग है। इस कर्मयोग का प्रत्यक्ष उदाहरण उनका महान् जीवन ही है।

ज्योतिर्विज्ञान

भारतीय विद्याओं में ज्योतिष शास्त्र का स्थान बहुत महत्त्वपूर्ण है । इसे वेदांग कहा गया है और बताया गया है कि यह शास्त्र वेद की आँख है । इसके द्वारा समय का निर्णय होता है । किस ऋतु में किस तिथि को कौन-सा यज्ञयाग होगा, इसका निर्णय करना ज्योतिष शास्त्र का काम है । इसीलिए बहुत प्रचीन काल से भारतवर्ष में इस विद्या के प्रति बड़ा आदर है । शास्त्रकारों ने तो यहाँ तक कहा है कि जो ज्योतिष जानता है, वही वेद को जानता है ।—यो ज्योतिषं वेद स वेद वेदम् । परन्तु बहुत लोग ज्योतिष को एक अन्धविश्वास या अधिक-से-अधिक अटकलपच्चू विधान मात्र मानते हैं । इसमें सन्देह नहीं कि ज्योतिष के नाम पर बहुत तरह की घटिया किस्म की बातें जनसाधारण में मान पा रही हैं, पर वे ही ज्योतिष नहीं हैं । प्राचीन भारत में यह विद्या बहुत विकसित और विज्ञान (शास्त्र) की मर्यादा की अधिकारिणी थी । ईसवी सन् की छठी शताब्दी में वराहमिहिर ने ज्योतिष को तीन स्कन्धों में विभाजित करके समझाया था । (१) तन्त्र या गणित स्कन्ध—इसमें आजकल का अंकगणित (अरिथमैटिक), बीजगणित (अलजबरा), रेखागणित (ज्यॉमैट्री), त्रिकोणमिति (ट्रिगनोमेट्री) आदि विद्याएँ भी आती हैं और करण या प्रैक्टिकल एस्ट्रोनामी भी आती है । इस विद्या में भारतवर्ष बहुत ही समृद्ध था । भारतवर्ष की प्रतिभा ने ही दशमलव पद्धति या डेसिमल सिस्टम का आविष्कार किया था । आज यह पद्धति सम्पूर्ण संसार के व्यावहारिक गणित की नींव मानी जाती है । अरब के लोगों ने इसे भारतवर्ष से ही सीखा था । वे इसे इल्मे हिंदसाँ अर्थात् भारतीय विद्या कहते हैं । उन्होंने इसे सारे योरुप में फैलाया । आज से कोई हज़ार वर्ष से भी पहले अरब में संस्कृत के अनेक ज्योतिष ग्रन्थों का अनुवाद हो चुका था और वराह-

मिहिर, मुन्जाल, ब्रह्मगुप्त आदि प्रसिद्ध भारतीय गणितज्ञ अरब में अपने ही आचार्य माने जाते थे। (२) दूसरा स्कन्ध है संहिता स्कन्ध। इसमें प्राकृत घटनाओं के कारण जानने का प्रयास होता था। वर्षा कब होती है, क्यों होती है ? चन्द्रमा के चारों ओर परिधि क्यों पड़ती है ? भूकम्प होने का कारण क्या है ? संध्याकाल में आकाश क्यों लाल हो जाता है ? इन्द्रधनुष क्या है ? इत्यादि बातों का आरंभिक ज्ञान इस स्कन्ध में मिलता है। इसमें मकान, गाय, भैंस, घोड़ा, हाथी कम्बल, खड्ग, आदि के स्वभाव और लक्षण पर विचार किया जाता था। अच्छे पुरुष और अच्छी स्त्री की क्या पहचान है ? कौन-से लक्षण शुभ हैं, कौन-से अशुभ, इस बात पर विचार किया जाता था। खंजन, शृगाली, कुत्ता, चामर, आसन, शैय्या आदि के शुभाशुभ का विचार हुआ करता था। आजकल के अनेक विज्ञान उसमें अंकुरावस्था में मिलते हैं और अनेक काफी परिपुष्ट अवस्था में भी। इसी स्कन्ध में आजकल के मैट्रिओलॉजी, जियोलॉजी, कृषि विज्ञान आदि के बीज मिल जाते हैं। वास्तु विद्या का रूप भी इसमें मिल जाता है। परन्तु सर्वत्र शुभ और अशुभ, मंगल और अमंगल की चिन्ता इसमें प्रधान स्थान, अधिकार रखती है। (३) तीसरा स्कन्ध है होरा स्कन्ध। अर्थात् गृह-नक्षत्रों की विभिन्न स्थितियों से मनुष्य की भाग्य गणना। आजकल एस्ट्रोलॉजी इसी को कहते हैं। होरा ग्रीक भाषा का शब्द है। यह विद्या भारतीयों ने यवनाचार्यों अर्थात् ग्रीक विद्वानों से सीखी थी। बहुत प्राचीन ज्योतिष ग्रन्थों में इसकी चर्चा नहीं मिलती।

सक्षेप में ज्योतिष शास्त्र के यही विषय हैं। जहाँ तक प्रथम दो स्कन्धों का प्रश्न है, भारतवर्ष में इनकी जड़ें काफी मजबूत और गहरी हैं। तीसरा स्कन्ध बाद में आया है पर संसार के अन्यान्य देशों की जनता की भाँति भारतीय जनता को इसने भी अभिभूत किया है।

तन्त्र या गणित स्कन्ध विशुद्ध और सही अर्थों में विज्ञान है। इसमें पूर्ववर्ती आचार्यों के मत को निरन्तर व्यावहारिक ज्ञान द्वारा संशोधन करते रहने की प्रवृत्ति है। यद्यपि भारतीय चित्त आप्तवाणी को परम प्रामाण्य मानता है, पर गणित के आचार्यों ने इस क्षेत्र में बिलकुल स्वतन्त्र चिन्तन को बहुमान दिया है। बारहवीं शताब्दी के भास्कराचार्य, प्रसिद्ध गणितज्ञ ब्रह्मगुप्त की परम्परा में हुए थे। उन्होंने ब्रह्मगुप्त का नाम बड़े आदर और सम्मान के साथ लिया है। परन्तु ब्रह्मगुप्त के पुराने ग्रन्थों में अयनगति की कोई चर्चा नहीं है। यह स्पष्ट भूल है। ब्रह्मगुप्त के काल में पुराने ग्रन्थों में बताये अयनसंपात से शास्त्र की अयनगसम्माम का अन्तर बहुत कम था। उन्हें उसके चलने का भाव नहीं

हुआ था। पर भास्कराचार्य के ज़माने में उसका अन्तर बहुत बढ़ गया था। उसकी उपेक्षा नहीं की जा सकती थी। यद्यपि भास्कराचार्य के मन में ब्रह्मगुप्त के प्रति बड़ा सम्मान का भाव था, फिर भी उन्होंने लिखा कि इस ज्योतिष शास्त्र में प्रत्यक्ष आकाश और तर्क शुद्ध बुद्धि का ही प्रमाण है, क्योंकि इसमें बराबर संशोधन होते रहेंगे। अनन्त काल तक यह नहीं कहा जा सकेगा कि अब तक जो कह दिया गया, वही आखिरी बात है। ब्रह्मगुप्त के समान बड़े-बड़े विद्वान निरन्तर पैदा होते रहेंगे और संशोधन करते रहेंगे। यह विशुद्ध वैज्ञानिक दृष्टि है। सदा संशोधन के लिए प्रस्तुत, सदा प्रयोगों द्वारा परिणामों को जांचने की आग्रहवती। जो लोग भारतीय ज्योतिषियों की इस दृष्टि का परिचय नहीं रखते वे ही अनापशनाप बका करते हैं। ये आचार्य दृढ़ कंठ से स्वीकार करते हैं कि जो कुछ कहा गया है, वह अन्तिम नहीं है। संसार में थीसिस नाम की कोई चीज़ नहीं है। जो कुछ है, वह अधिक-से-अधिक हाइपोथीसिस है। आज भी क्या हम गणित ज्योतिष में अन्तिम बात जानने का दावा कर सकते हैं ? निरन्तर ब्रह्मगुप्त के समानधर्मा विद्वान पैदा होते जा रहे हैं, और निरन्तर पुरानी बातों को नये आलोक में देखने का प्रयास जारी है।

सभी जानते हैं कि भारतवर्ष में जाति-पाँति की कैसी जबर्दस्त पैठ है। पुराना भारतीय, अपने को संसार का श्रेष्ठ मनुष्य मानता था। दूसरे देश के निवासियों को वह म्लेच्छ से अधिक मानने को तैयार नहीं था पर ऐसा मानना ठीक नहीं है। संसार के हर भाग में मनीषी और विद्वान पैदा होते हैं, हो सकते हैं। आज का आधुनिक मनुष्य इस प्रकार नहीं सोचता। उसे यह दृष्टि अवैज्ञानिक ही लगती है। नई शिक्षा ने हमें एक प्रकार का उदार दृष्टिकोण दिया है। अब हम मनु महाराज की तरह भुजा उठाकर यह घोषणा नहीं करते कि इसी देश में पैदा होनेवाले अग्रजन्मा मनीषियों से संसार के सब मनुष्यों ने चारित्र्य और सदाचार सीखा हैं। किन्तु ज्योतिष के प्रमुख आचार्यों को यह वैज्ञानिक दृष्टि पहले से ही प्राप्त थी। छठी शताब्दी के प्रसिद्ध ज्योतिषी वराहमिहिर ने कहा था कि, यह सही है कि, यवन (ग्रीक) लोग म्लेच्छ हैं। परन्तु उनमें ज्योतिष शास्त्र का अच्छा ज्ञान है। उनकी पूजा भी ऋषियों की तरह होती है, फिर अगर भारतवर्ष का ब्राह्मण इस शास्त्र को जाने तो क्या बात है—

म्लेच्छा हि यवनस्तेषु सम्यक् शास्त्रमिदं स्थितम्।
ऋषिवत्तेऽपि पूज्यन्ते किं पुनर्दैवविद् द्विजः।

इस घोषणा में आत्मसम्मान के साथ ही साथ ज्ञान की पवित्रता के प्रति निष्ठा है। वराहमिहिर ने अनेक यवनाचार्यों के मत अपने ग्रन्थों में सादर उद्धृत

किये हैं।

ज्ञान के प्रति इस निष्ठा का ही परिणाम है, कि भारतीय ज्योतिषी अंकगणित, बीजगणित, त्रिकोणमिति आदि शास्त्रों में अपने युग के संसार के अन्य वैज्ञानिकों की तुलना में अग्रणी रहे। उन्होंने संसार के सभ्य देशों से लिया भी, और दिया भी। आज से लगभग एक सहस्र वर्ष पूर्व तक, भारतवर्ष इन वैज्ञानिक विषयों में संसार-भर का सम्मान पाता रहा। प्रसिद्ध अरब यात्री अलबरूनी ने भारतीय ज्योतिष विद्या की मुक्त कंठ से प्रशंसा की है। अनेक संस्कृत ग्रन्थों का अरबी में भाषान्तरित होना इस आदर-भाव का ही परिणाम था। भारतीय विद्या अरब के माध्यम से अन्य पश्चिमी देशों में भी पहुँची है।

ग्यारहवीं-बारहवीं शताब्दी के बाद सारे भारतीय ज्ञान में एक प्रकार की जड़िमा का भाव आने लगा। यह भावना क्रमशः बद्धमूल होती गई कि जो कुछ अच्छा और ग्राह्य है वह पहले के आचार्यों ने कह दिया है। नये सिरे से केवल उनकी टीका लिखी जा सकती है। इस काल में राजनीतिक उथल-पुथल भी बहुत रही। भारतीय जनता अधिकाधिक रूढ़िग्रस्त होती गई। ज्ञान के क्षेत्र में स्वाधीन चिन्तन का अभाव होता गया। अन्धविश्वासों और मूढ़ाग्रहों का बोलबाला होता गया। और परिणामस्वरूप विद्या के क्षेत्र में जड़िमा का संचार हुआ। ज्योतिष विद्या में भी सिद्धांत ग्रन्थों के स्थान पर आसानी से गणना करने वाले करण ग्रन्थों और सारणियों का चलन बढ़ गया। ग्रह-गणित के नये संस्कारों की बात भुला दी गई और ज्योतिषी का अर्थ केवल भाग्य गणना करने वाला होता गया।

भारतीय ज्योतिर्विज्ञान का इतिहास बहुत पुराना है। लगध मुनि के वेदांग ज्योतिष और जैन आगमों के सूर्यप्रक्षिप्त आदि ग्रन्थों में इसका जो रूप मिलता है, वह आरम्भिक है। बाद में इसमें क्रमशः सूक्ष्मता और गंभीरता आती गई है। वराहमिहिर ने अपनी पंच सिद्धांतिका में पांच पुराने सिद्धान्त ग्रन्थों की चर्चा की है। उनमें उन्होंने सूर्य सिद्धांत को श्रेष्ठ पाया था। निस्सन्देह सूर्यसिद्धान्त की ग्रह-गणना पर्याप्त सूक्ष्म है। कई बातों में वह गणना आधुनिक गणना के बहुत निकट आती है। पर वराहमिहिर ने जिस सूर्य सिद्धान्त की चर्चा की है वह अधुना प्रचलित सूर्य सिद्धान्त से कुछ भिन्न जान पड़ता है। इसका मतलब यह हुआ कि वराहमिहिर के बाद भी सूर्य सिद्धान्त में संस्कार होते रहे हैं। भारतीय ज्योतिषियों की वैज्ञानिक दृष्टि का ही यह फल है कि सूर्य सिद्धान्त जैसे अत्यन्त पवित्र माने जानेवाले ग्रन्थ में भी संस्कार होते रहे हैं।

संहिता स्कन्ध में जिन विषयों की चर्चा होती है, उन्हें देखकर सहज ही उस गंभीर उत्सुकता ग्रौर जिज्ञासा का परिचय मिलता है, जो भारतीय मनीषियों को प्रकृति के प्रत्येक रहस्य को समझने की प्रेरणा देती है। संहिताग्रों में विविध प्राकृतिक स्थितियों को समझाने के जो प्रयास किये गये हैं, वे ग्राज के वैज्ञानिक के लिए बहुत ग्राह्य नहीं हैं। परन्तु यह स्मरण रखना चाहिए, कि ग्राज से लगभग डेढ़ हज़ार वर्ष पहले संहिता स्कन्ध की प्रगति रुक गई थी। संसार के उसी काल के वैज्ञानिक विश्वासों के साथ उसकी तुलना की जा सकती है। परवर्ती काल के वैज्ञानिक विकास के साथ उसकी तुलना करना उसके साथ ग्रन्याय होगा। उसमें जो जिज्ञासा ग्रौर उत्सुकता है वही मुख्य बात है।

बारहवीं शताब्दी के बाद होरा शास्त्र ग्रौर शुभाशुभ बताने वाले ग्रन्थों से ही ज्योतिष विद्या लद गई है। ग्राधुनिक शिक्षित व्यक्ति उनके प्रभाव ग्रौर प्रसार को देखकर यह समझने लगता है कि यही भारतीय ज्योतिष है। पर यह बात केवल ग्रांशिक रूप से ही सत्य है।

संस्कृत-साहित्य में पक्षी-वर्णन

संस्कृत-साहित्य में पक्षियों की इतनी अधिक चर्चा है कि अन्य किसी साहित्य में इतनी चर्चा शायद ही हो। जिन दिनों संस्कृत के काव्य-नाटकों का निर्माण अपने पूरे चढ़ाव पर था, उन दिनों केलि-गृह और अन्तःपुर के प्रासाद-प्रांगण से लेकर युद्ध-क्षेत्र और वानप्रस्थों के आश्रम तक कोई-न-कोई पक्षी भारतीय सहृदय के साथ अवश्य रहा करता था। वह विनोद का साथी था, रहस्यालाप का दूत था, भविष्य के शुभाशुभ का द्रष्टा था, वियोग का सहारा था, संयोग का योजक था, युद्ध का संदेशवाहक था, और जीवन का ऐसा कोई क्षेत्र नहीं था, जहाँ वह मनुष्य का साथ न देता हो। कभी भवनवलभी में सोये हुए पारावत के रूप में, कभी मानिनी को हँसा देनेवाले शुक के रूप में, कभी अज्ञात प्रणयिनी के विरहोच्छ्वास को खोल देनेवाली सारिका के रूप में, कभी नागरिकों की गोष्ठी को उत्तेजित कर देनेवाले योद्धा कुक्कुट के रूप में, कभी भवन-दीर्घिका (अन्तःपुर के तालाब) में मृणाल-तंतुभक्षी कलहंस के रूप में, कभी अज्ञात प्रिय के सन्देशवाहक राजहंस के रूप में, कभी चूत-कषाय-कंठ से विरहिणी के दिल में हूक पैदा कर देने वाले कोकिल के रूप में, कभी नूपुर की झंकार से क्रेंकार ध्वनिकारी सारस के रूप में, कभी कंकण की रुनझुन से नाच पड़नेवाले मयूर के रूप में, कभी चन्द्रिकापान से मदविह्वल होकर मुग्धा के मन में अपरिचित हलचल पैदा कर देनेवाले चकोर के रूप में वह प्रायः इस साहित्य में पाठक की नज़रों से टकरा जाता है। इन पक्षियों को संस्कृत-साहित्य में से निकाल दीजिए, फिर देखिए कि वह कितना निर्जीव हो जाता है। हमारे प्राचीन साहित्य को जिन्होंने इतना सजीव कर रखा है, इतना सरस बना रखा है, उनके विषय में अभी तक हिन्दी में कोई विशेष उल्लेख-योग्य अध्ययन नहीं हुआ है, यह हमारी उदासीनता का पक्का प्रमाण है।

महाभारत में एक पक्षी ने एक मनुष्य से कहा था कि मनुष्य और पक्षियों में सम्बन्ध दो ही तरह के हैं—भक्षण का सम्बन्ध और क्रीड़ा का सम्बन्ध। अर्थात् मनुष्य या तो पक्षियों को खाने के काम में लाता है या उन्हें फँसाकर उनसे मनोविनोद किया करता है—और कोई तीसरा सम्बन्ध इन दोनों में नहीं है। एक वध का सम्बन्ध है और दूसरा बन्ध का[1]। परन्तु समस्त संस्कृत-साहित्य और स्वयं महाभारत इस बात का सबूत है कि एक तीसरा सम्बन्ध भी है। यह प्रेम का सम्बन्ध है। अगर ऐसा न होता, तो कमल-पत्र पर विराजमान वलाका (वक-पंक्ति), जो मरकतमणि के पात्र में रखी हुई शंख शुक्ति के समान दीख रही है, अकारण मानव-हृदय में आनन्दोद्रेक न कर सकती[2]; तपोनिरता पर्वत-कन्या जब कड़ाके की सर्दी में जल-वास करती होती, तो दूर से एक-दूसरे को पुकारने वाले चक्रवाक दम्पति के प्रति अहेतुक कृपावती न हो जाती[3]; धान से लहराते हुए, मृगांगनाओं से अध्युषित और क्रौंच पक्षी के मनोहर निनाद से मुखरित सीमान्त केका के साथ मनुष्य के चित्त को इतना चंचल न कर सकते[4]; और न ऐसी नदियाँ, जिनकी कांची क्रौंचों की श्रेणी है, जिनका कलस्वन कलहंसों का निनाद है, जिनकी साड़ी जलधारा है, जिनके कान के आभरण तीरद्रुम के पुष्प हैं, जिनका श्रेणी-मण्डल जलस्थल का संगम है, जिनके उरस्य उन्नत पुलिन हैं, जिनकी मुसकान हंसश्रेणी है, ऐसी नदियों के तट पर ही देवता रमण कर सकते हैं—यह बात ही मनुष्य के मन में आ जाती[5]!

साधारणतः संस्कृत-कवि का वर्णनीय अन्तःपुर धनी और राजवंशीय पुरुषों

---

१. **भक्षार्थं क्रीडनार्थं वा नरा वांच्छन्ति पक्षिणम्।**
तृतीयो नास्ति संयोगो बधबंधादृते क्षमः।—म० भा० शान्तिपर्व, १३९-६०

२. **उअ णिच्चल-णिप्पंदा भिसिणी-पत्तम्मि रेहइ बलाआ।**
णिम्मल-मरगअ-भाअण-परिट्ठिआ संखसुत्ति व्व॥—हाल सतसई, १-४

३. **निनाय साऽत्यन्तहिमोत्करानिलाः सहस्य रात्रीरुदवास तत्पराः।**
परस्पराक्रन्दिनि चक्रवाकयोर्मिथो वियुक्ते मिथुने कृपावती।
—कुमारसम्भव, ५-२६

४. **प्रभूतशालिप्रसवैश्चितानि मृगांगनायूथविभूषितानि।**
मनोहरक्रौंचनिनादितानि सीमान्तराण्युत्सुकयन्ति केकाः।
—ऋतुसंहार, ३

५. **क्रौंचकांचीकलापाश्च कलहंसकलस्वनाः।**
नद्यस्तोयांशुका यत्र शफरीकृतमेखलाः॥

का ही होता था, क्योंकि संस्कृत काव्य-नाटक-आख्यायिका आदि के नायक और नायिकाएँ प्रख्यातवंशीय और धनाढ्य हुआ करती थीं। इसीलिए संस्कृत-काव्यों के अन्तःपुर का ठाट-बाट बहुत ही विपुल और चित्ताकर्षक है। इन अन्तःपुरों और इनमें रहने वाली अन्तःपुरिकाओं का वर्णन संस्कृत-कवि बड़ी शान-शौकत के साथ करता है। अन्तःपुर के पक्षियों के विषय में अध्ययन आरम्भ करने के पहले अन्तःपुर की बनावट समझ लेना बहुत ज़रूरी है। प्रत्येक धनाढ्य नागरिक के घर के साथ उसका अन्तःपुर रहा करता था, जहाँ बड़े कड़े पहरे की व्यवस्था रहती थी। अन्तःपुर से लगी हुई एक वृक्ष-वाटिका (या गृह-उपवन) हुआ करती थी। इसके बीच में एक दीर्घिका या तालाब की व्यवस्था रहती थी। इस वाटिका में फलदार वृक्षों के सिवा पुष्पों और लता-कुंजों की भी व्यवस्था रहा करती थी। गृह-स्वामिनी अपनी रंधनशाला के काम लायक तरकारियाँ भी इसी वाटिका के एक अंश में उत्पन्न कर लिया करती थीं। वात्स्यायन के[1] कामसूत्र (पृ० २२८) में बताया गया है कि वह इस स्थान पर मूलक (मूली), आलुक (कन्द आदि), पलंकी (पालक), दमनक (दवना), आम्रातक (आमड़ा), ऐवसिक (फूटी), त्रपुष (खीरा), वार्त्ताक (बैंगन), कुष्माण्ड (सफेद कुंभड़े), अलाबु (कद्दू), सूरण (सूरन), शुकनासा (अगस्ता), स्वयंगुप्ता (केंवाछ), तिल, पर्णिका (शाक), अग्निमंथ (?), लशुन, पलाण्डु (प्याज़) आदि साग-भाजी बोती थीं। इस सूची से जान पड़ता है कि भारतवर्ष आज से दो हजार वर्ष पहले जो साग-भाजियाँ खाता था, वे अब भी बहुत परिवर्तित नहीं हुई हैं। इन साग-भाजियों के साथ ये मसाले भी गृहदेवियाँ स्वयं तैयार कर लेती थीं—जीरा, सरसों, जवायन, सौंफ, तेजपात आदि। वाटिका के दूसरे भाग में कुब्जक (=मालती?), आमलक (?), मल्लिका (बेला), जाती (मालती और भावप्रकाश के मत से चमेली), कुरण्टक (कटसरैया), नवमालिका, तगर, जपा आदि के पुष्पों के गुल्म भी लगाया करती थीं (पृ० ३२५)। वृक्षवाटिका के अन्तिम (बाहरी) किनारे पर बड़े छायादार

फुल्लतीरद्रुमोत्तंसाः संगमश्रोणिमण्डलाः।
पुलिनाभ्युन्नतोरस्याः हंसहासाश्च निम्नगाः॥
वनोपान्तनदीशैलनिर्झरोपान्तभूमिषु।
रमन्ते देवता नित्यं पुरेषूद्यानवत्सु च। —**वृहत्संहिता ५६, ६—८**

१. इस लेख में सर्वत्र चौखंभा सीरीज़ में छपे कामसूत्र की पृष्ठ-संख्याएँ दी हुई हैं।

वृक्ष—जैसे अशोक, अरिष्ट, पुन्नाग, शिरीष आदि—लगाये जाते थे। वृहत्संहिता (५५·३) में बताया गया है कि ये वृक्ष मांगल्य होते हैं, इसलिए इनको घर या उद्यान के पूर्व भाग में रोपण करना चाहिए। उद्यान के वीचोबीच गृह-दीर्घिका या तालाब रहा करता था। इन तालाबों में नाना प्रकार के जल-पक्षियों का रहना मंगलजनक समझा जाता था। इनमें कृत्रिम भाव से कमलिनी या नलिनी (पत्र-पुष्प-सहित कमल वृक्ष) उत्पन्न की जाती थी। वराहमिहिर ने वृहत्संहिता (५६·४-७) में लिखा है[1] कि जिस सरोवर में नलिनी-रूप छत्र से सूर्य-किरणें निरस्त होती हैं, हंस के कन्धों से धकेली हुई लहरियाँ कल्हारों से टकराती हैं, हंस, कारण्डव, क्रौंच और चक्रवाकगण कल-निनाद करते रहते हैं और जिसके तटान्त की वेत्र-वनच्छाया में जलचारी पक्षी विश्राम करते हैं, ऐसे सरोवर के निकट देवतागण प्रसन्न भाव से विराजते हैं। इन वापियों में विविध पक्षियों के निवास का नाना भाँति से कवियों ने वर्णन किया है। इन्हीं वाटिकाओं में, वात्स्यायन ने लिखा है कि, सघन छाया में प्रेङ्खादोला या झूला लगाया जाता था, इन्हीं में पत्थर की स्थंडिल-पीठिकाएँ (बैठने के आसन) बनाये जाते थे और उन पर सुकुमार पुष्प-दल बिछा दिये जाते थे (पृ० ४५)। भवन-दीर्घिका के एक पार्श्व में क्रीड़ा-पर्वत हुआ करते थे, जिनके इर्द-गिर्द मयूर मँडराते रहते थे। यहीं अन्तःपुरिकाएँ नाना भाँति की विलास-लीलाएँ करती थीं। दीर्घिका में और अन्यत्र धारायंत्र या फव्वारे बने होते थे, जिनमें कभी जलदेवताओं के और कभी हंस-मिथुन या चक्रवाक-मिथुन के जोड़े बने होते थे, जो जल-धारा को उच्छ्वसित करते रहते थे। अलकापुरी में मेघदूत की यक्षिणी के अन्तःपुर में एक ऐसी ही वाटिका थी, जिसमें यक्ष-प्रिया ने एक छोटे-से मंदार वृक्ष को—जिसके पुष्पस्तबक हाथ की पहुँच के भीतर ही थे—पुत्रवत् पाल रखा था।[2] इस उद्यान में मरकत-मणियों की सीढ़ीवाली एक

---

१. **सरः सुनलिनीच्छत्रनिरस्तरविरश्मिषु।**
हंसांसाक्षिप्तकह्लारवीचीविमलवारिषु॥
हंसकारण्डवक्रौंचचक्रवाकविराविषु।
पर्यन्तनिचुलच्छायाविश्रान्तजलचारिषु॥

२. **तत्रागारं धनपतिगृहादुत्तरेणास्मदीयं**
दूराल्लक्ष्यं त्वदमरधनुश्चारुणा तोरणेन।
यस्योद्याने कृतकतनयो वर्धितः कान्तया मे
हस्तप्राप्यस्तवकनमितो बालमन्दारवृक्षः॥ ८०

वापी थी, जिसमें वैडूर्यमणि के बने हुए नालों पर हेम-पद्म प्रस्फुटित हो रहे थे ग्रौर हंस विचरण कर रहे थे।[1] इसी वापी के तीर पर एक क्रीड़ा-पर्वत था। वह इंद्रनीलमणि से निर्मित था ग्रौर कनक-कदली से वेष्टित था। वाटिका के मध्य भाग में रक्त-ग्रशोक ग्रौर बकुल के वृक्ष थे, एक प्रिया के पदाघात से ग्रौर दूसरा वदन-मदिरा से उत्फुल्ल होने की ग्राकांक्षा रखता था।[2] इनका बेड़ा कुरवक या पियावसा की झाड़ियों का था। ठीक बीच में एक सोने की वास-यष्टि पर स्फटिक की पीढ़ी थी, जिस पर यक्ष-प्रिया का वह मयूर बैठा करता था, जिसे वह ग्रपनी चूड़ियों की मंजु ध्वनि से नचाया करती थी।[3] बहुत भीतर जाने पर यक्ष-प्रिया के शयन-कक्ष के पास पिंजड़े में मधुरभाषिणी सारिका थी, जिससे शायद वह ग्रपने प्रिय के विषय में पूछा करती थी।[4] बाणभट्ट की कादंबरी में ग्रन्तःपुर के भीतर का बड़ा ही रसमय ग्रौर जीवन्त वर्णन है। उस वर्णन से जान पड़ता है कि कादम्बरी की विविध परिचारिकाएँ किन कार्यों में व्यस्त थीं। वस्तुतः समस्त संस्कृत साहित्य में ग्रन्तःपुर-वर्णन के प्रसंग में इन बातों का ग्रत्याधिक विस्तार रहता है। ग्रन्तःपुर के सबसे भीतरी हिस्से में कोई लवलिका केतकी (केवड़े) की धूलि से लवली (हरफारेवरी) के ग्रालवालों को सजा रही थी। कोई सागरिका गंध-जल की वापियों में रत्न-बालुका निक्षेप कर रही थी, कोई मृणालिका कृत्रिम कमलिनियों के यन्त्र-

---

१. वापी चास्मिन् मरकतशिलाबद्धसोपानमार्गा
हेमैः स्फीता विकचकमलैर्दीर्घवैडूर्यनालैः।
यस्यास्तोये कृतवसतयो मानसं संनिकृष्टं
नाध्यास्यन्ति व्यपगतशुचस्त्वामपि प्राप्य हंसाः॥ ८१

२. रक्ताशोकश्चलकिसलयः केसरश्चात्र कान्तः
प्रत्यासन्नौ कुरवकवृतेर्माधवीमण्डपस्य।
एकः सख्यास्तव सह मया वामपादाभिलाषी
कांक्षत्यन्यो वदनमदिरां दोहदच्छद्मनास्याः॥ ८६

३. तन्मध्ये च स्फटिकफलका काञ्चनी वासयष्टि-
र्मूले बद्धा मणिभिरनतिप्रौढवंशप्रकाशैः।
तालैः शिंजद्वलयसुभगैः कान्तया नर्तितो मे
यामध्यास्ते दिवसविगमे नीलकण्ठः सुहृद् वः॥ ८७

४. पृच्छन्ती वा मधुरवचनां सारिकां पंजरस्थां
कच्चिद् भर्तुः स्मरसि रसिके त्वं हि तस्य प्रियेति।

चक्रवाकों के ऊपर कुंकुम-रेणु फेंक रही थी, कोई मकरिका कर्पूर-पल्लव के रस से गंध-पात्रों को सुवासित कर रही थी, कोई रजनिका तमाल वीथिका के अंधकार में मणि-प्रदीपों को रख रही थी, कोई कुमुदिका पक्षियों के निवारण के लिए दाड़िमी फलों को मुक्ताजाल से अवरुद्ध कर रही थी, कोई निपुणिका मणि की पुतलियों के वक्षःस्थल पर कुंकुम रस से चित्रकारी कर रही थी, कोई उत्पलिका कदली-गृह की मरकत-वेदिकाओं को सोने की संमार्जनी (झाड़ू) से साफ कर रही थी, कोई केसरिका वकुल-कुसुम-माला-गृहों को मदिरा-रस से सींच रही थी और कोई मालतिका कामदेवगृह की हाथीदाँत की वलभिका (मण्डप) को सिंदूर-रेणु से पाटलित कर रही थी। ये सारी बातें ऐसी हैं, जिनका अर्थ दरिद्र लेखनी-धारियों की समझ में नहीं आ सकता। हम केवल आँख फाड़कर देखते हैं कि मधुमक्खियों के छत्ते से भी अधिक व्यस्त दिखने वाले इस अन्तःपुर के व्यापारों का अर्थ क्या है? खैर, कुछ समझ में आने लायक बातें भी हैं। वहाँ कोई नलिनिका भवन के कल हंसों को कमल मधुरस पान कराने जा रही थी, कोई कदलिका मयूरों को धारा-गृह या फव्वारों के पास ले जा रही थी—शायद नचाने के लिए!—कोई कमलिनिका चक्रवाक-शावकों को मृणाल-क्षीर-रस दे रही थी, कोई कोकिलों को आम्रमंजरी का अंकुर खिलाने में लगी थी, कोई पल्लविका मरिच (काली मिर्च) के कोमल किसलयों को चुन-चुनकर भवन-हारीतों को खिला रही थी, कोई लवंगिका चकोरों के पिंजड़ों में पिप्पली के मुलायम पत्ते निक्षेप कर रही थी, कोई मधुरिका पुष्पों के आभरण बना रही थी, और इस प्रकार सारा अन्तःपुर पक्षियों की सेवा में व्यस्त था। सबसे भीतर वचनमुखरा सारिका (मैना) थी और विदग्ध शुक था, जिनके प्रणय-कलह की शिक्षा पूरी हो चुकी थी, और चंद्रापीड़ के सामने अपना वैदग्ध्य-विलास प्रकट करके जिस सारिका ने कादम्बरी के अधरों पर लज्जायुक्त मुसकान की एक हल्की रेखा प्रकट कर दी थी![1]

---

१. कादम्बरी पृ० ३३५ और आगे। इस लेख में सर्वत्र निर्णय-सागर प्रेस (षष्ठ संस्करण १९२१) की कादम्बरी से उद्धरण दिये गये हैं।

अपभ्रंश का रसात्मक साहित्य

'अपभ्रंश' भाषा का नाम तो बहुत पहले से सुना जाता रहा है पर बहुत काल तक इसके साहित्य की जानकारी कम ही थी। सन् ईसवी की बीसवीं शताब्दी में ही इस भाषा के विस्तृत साहित्य का विशेष रूप से उद्धार हुआ है। सन् १८७७ ई० में सुप्रसिद्ध भाषा-शास्त्री जर्मन पण्डित पिशेल ने 'प्राकृत-भाषा का व्याकरण' (ग्रामेटिक डेर प्राकृत श्प्राखेन) लिखा था जिसमें हेमचन्द्राचार्य के प्राकृत-व्याकरण का बहुत अच्छा अध्ययन प्रस्तुत किया था। अब भी यह पुस्तक प्राकृत-भाषा के अध्ययन के लिए उतनी ही महत्त्वपूर्ण बनी हुई है जितनी उस समय थी। हेमचन्द्र ने अपने व्याकरण के अन्त में अपभ्रंश भाषा का व्याकरण दिया है और उदाहरण बताने के लिए ऐसे दोहे उद्धृत किए हैं जिनमें अभीष्ट नियमों के निर्देशक पद आए हैं। पिशेल ने अन्य प्राकृतों के साथ अपभ्रंश का भी विवेचन किया था। बहुत बाद में, सन १९०२ ई० में उन्होंने केवल अपभ्रंश व्याकरण और साहित्य के लिए ही एक अलग पुस्तक लिखी। भामह और दण्डी (७वीं शताब्दी) के समय में अपभ्रंश का साहित्य वर्तमान था, यह सभी जानते हैं। बाद के रुद्रट, राजशेखर, भोज आदि अलंकार-शास्त्रियों ने अपभ्रंश भाषा की चर्चा की है। इसलिए पिशेल यह तो समझ ही गए थे कि इस देश में किसी समय अपभ्रंश का विशाल साहित्य विद्यमान था, इसीलिए उन्होंने तत्कालीन उपलब्ध साहित्य में से अपभ्रंश की रचनाओं को ढूंढ़ने का बहुत अच्छा प्रयास किया। हेमचन्द्र के व्याकरण में उदाहरणार्थ जो दोहे उद्धृत किए गए हैं उनके अतिरिक्त विक्रमोर्वशीय, सरस्वतीकंठाभरण, सिंहासनद्वात्रिंशतिका, वैतालपंचविंशति, प्रबन्धचिन्तामणि आदि ग्रन्थों में उपलब्ध बिखरी रचनाओं

का भी उन्होंने संकलन किया। सन् १९०२ में 'माटेरियलिय न सुर कैन्टनिस डेस अपभ्रंश' नामक जिस ग्रन्थ में इन अपभ्रंश सामग्रियों का विवेचन किया गया था उसे उन्होंने अपने मूल प्राकृत व्याकरण का परिशिष्ट कहा था। इसके बाद उनका स्वर्गवास हो गया। पिशेल अपभ्रंश के पाणिनि कहे जा सकते हैं। सुप्रसिद्ध पुरातत्त्ववेत्ता मुनि जिनविजयजी ने इस पण्डित की अपूर्व क्षमता को देखकर आश्चर्य के साथ कहा है कि यह विद्वान् कहीं "पाणिनिस्मृत आपिशल नामक वैयाकरण का पुनरवतार तो नहीं था।" मुनिजी ने कई अपभ्रंश और प्राकृत के महत्त्वपूर्ण ग्रन्थों का संपादन किया है। 'पउमसिरि चरिउ' नामक अपभ्रंश काव्य की भमिका में उन्होंने अपभ्रंश के नवोपलब्ध साहित्य के प्रकाश में आने की मनोरंजक घटना का विवरण दिया है। निस्संदेह अपभ्रंश साहित्य के नये सिरे से विपुल मात्रा में प्राप्त होने की सूचना हमारे देश के साहित्यिक इतिहास में बहुत ही महत्त्वपूर्ण और उल्लासवर्द्धक घटना है। बहुत दिनों तक लोगों का यह विश्वास बना रहा कि पिशेल ने अपभ्रंश-साहित्य का जो परिचय दिया है उससे अधिक अब प्राप्त नहीं है। सन् १९१३-१४ ई० में हरमन याकोबी नामक जैनशास्त्रमर्मज्ञ जर्मन पण्डित इस देश में आए। जब वे अहमदाबाद के जैन ग्रन्थ-भांडार का निरीक्षण कर रहे थे उसी समय एक जैन साधु के पास उन्हें 'भविसयत्त कहा' नामक काव्य देखने को मिला। इसे प्राकृत में ही लिखा समझा गया था। पर जब याकोबी ने उसे देखा तो उल्लास से फड़क उठे। यह वस्तुतः अपभ्रंश का काव्य था। इन्हें ही राजकोट में एक अन्य जैनमुनि से 'नेमिनाह चरिउ' भी प्राप्त हुआ। 'भविसयत्त कहा' की प्रतिलिपि और फोटो प्राप्त करने में याकोबी को बड़ी कठिनाई हुई थी। वे दृढ़व्रती थे। इन ग्रन्थों की प्रतिलिपि लेकर वे अपने देश को चले गए। तब तक योरोपीय प्रथम महायुद्ध का बिगुल बज गया। इन ग्रन्थों के प्रकाशन का काम बन्द हो गया। युद्ध-समाप्ति के बाद ही सन् १९१८ ई० में याकोबी द्वारा संपादित 'भविसयत्त कहा' का प्रकाशन हो सका। तीन वर्ष बाद 'नेमिनाह चरिउ' की एक अन्तःकथा 'सणंकुमार चरिउ' का याकोबी द्वारा संपादित रूप प्रकाशित हुआ। उधर युद्ध के धुएँ से याकोबी का परिश्रम आच्छादित हो रहा था, इधर बड़ौदा के महाराज सर सयाजीराव गायकवाड़ की आज्ञा से सन् १९१४ ई० में श्री चिमनलाल डाह्याभाई दलाल ने पाटण के सुप्रसिद्ध जैन भाण्डार की जाँच की और कई पुस्तकें ऐसी प्राप्त कीं जो अपभ्रंश भाषा में लिखी गई थीं। संदेशरासक, वज्र स्वामि-चरित, अन्तरंग-संधि, चौरंगसंधि, सुलसाख्यान, चच्चरी, भावनासार, परमात्मप्रकाश आराधना, मयणरेहा संधि,

नर्मया सुन्दरी संधि, भविसयत्त कहा, पउमसिरि चरिउ आदि ग्रन्थ इसी समय मिले। इनमें से कई एक अब प्रकाशित हो गए हैं। श्री दलाल ने 'भविसयत्त कहा' का सम्पादन भी आरम्भ किया, लेकिन अचानक सन् १९१८ ई० में उनका स्वर्गवास हो गया। बाद में स्व० पाण्डुरंग गुणे ने इसे पूरा किया। यह संस्करण भी बड़ौदा से प्रकाशित हो गया है। बहुतेरे ग्रन्थ-भाण्डारों में अपभ्रंश की रचनाओं को प्राकृत मान लिया गया था। सन् १९१८ ई० में जब भण्डारकर रिसर्च इन्स्टीच्यूट की स्थापना हुई और डेकन कॉलेज में सुरक्षित हस्तलेख उसमें स्थानान्तरित किए गए तो सुप्रसिद्ध विद्वान् मुनि जिनविजयजी को जैन हस्तलेखों के परीक्षण का अवसर मिला। उस समय अनेक महत्त्वपूर्ण अपभ्रंश ग्रन्थों का पता लगा। पुष्पदंत कवि का 'तिसट्ठि लक्खण महापुराण', स्वयंभू का 'पउम चरिउ', हरिवंश महापुराण आदि बहुमूल्य ग्रन्थ प्राप्त हुए। स्व० पं० नाथूरामजी प्रेमी ने बाद में 'जसहर चरिउ' और 'कुमार चरिउ' नामक दो अपभ्रंश ग्रन्थों का सन्धान बताया। प्रो० डॉ० हीरालाल जैन ने कारंजा के भण्डार से 'करकंडु चरिउ', 'सावय धम्म दोहा', 'पाहुड़ दोहा' आदि महत्त्वपूर्ण ग्रन्थों को खोज निकाला। फिर तो विभिन्न शोध-प्रेमियों ने परिश्रम से अपभ्रंश साहित्य के विपुल भण्डार के अनेक ग्रन्थरत्नों का अनुसंधान, संपादन और व्याख्या की जिनमें श्री मुनि जिनविजयजी, आदिनाथ उपाध्ये, हीरालाल जैन, परशुराम लक्ष्मण वैद्य, राहुल सांकृत्यायन, हरिवल्लभ भायाणी आदि उल्लेख्य हैं।

अभी तक जिस साहित्य की चर्चा की गई है वह जैन स्रोतों से प्राप्त हुआ साहित्य है। स्वभावतः इनमें अधिकांश जैन कवियों की रचनाएँ हैं। एकमात्र अपवाद 'संदेश रासक' है जो किसी 'अद्दहमाण' नामक जुलाहे कवि का लिखा हुआ 'रासक' संज्ञक खण्डकाव्य है। उसका प्रतिपाद्य विषय ऐहिक रस या लौकिक शृंगार रस है; शृंगार रस में भी विप्रलंभ। बाकी जैन कवियों की रचनाएँ हैं। ऐसा तो नहीं है कि उनमें ऐहिक रस हो ही नहीं, पर मुख्य लक्ष्य जैन धर्मसम्मत किसी जीवनोद्देश्य का प्रचार है। निस्संदेह उसको बहाना बनाकर उत्तम रसपरक साहित्य इसमें मिल जाता है। जैन रचनाओं में संगृहीत कविताएँ ऐसी भी हैं जो विशुद्ध लौकिक शृंगार या नीति विषयक हैं। वे आभास देती हैं कि बहुत बड़ा साहित्य इस श्रेणी का भी रहा होगा। 'प्रबन्ध चिन्तामणि', 'प्रबन्धकोश', 'पुरातन प्रबन्ध-संग्रह' आदि में शृंगार रस के बहुत सुन्दर मुक्तक प्राप्त होते हैं और स्वयं हेमचन्द्र के व्याकरण में उच्च कोटि के शृंगारी दोहे उदाहृत हुए हैं।

जैनेतर संप्रदायों के अपभ्रंश-काव्य नाना कारणों से सुरक्षित नहीं रह सके

परन्तु 'सरस्वतीकंठाभरण', 'सिंहासनद्वात्रिंशतिका', 'वैंतालपंचविंशति', 'भरटक-द्वात्रिंशतिका' और सबसे अधिक, 'प्राकृतपैंगलम्' के उदाहरणों में इस प्रकार की रचनाएँ उपलब्ध होती हैं जिससे यह अनुमान सहज ही किया जा सकता है कि अपभ्रंश की बहुत-सी रचनाएँ जैन-संप्रदाय के बाहर भी थीं जो अब ग्रन्थ-रूप में उपलब्ध नहीं हैं। 'प्राकृतपैंगलम्' छन्दोविधान का ग्रन्थ है। सन् १९०२ ई० में इसका संपादन श्री चन्द्रमोहन घोष ने किया था जो 'बिबिलियोथिका इंडिका' ग्रन्थमाला में प्रकाशित हुआ था। इसमें छंदों का उदाहरण देने के लिए अनेक अपभ्रंश कविताओं का संग्रह किया गया है। इन उदाहरणों से पता चलता है कि अपभ्रंश-कविता कितने विचित्र और विविध रूपों में किसी समय मिलती थी। इधर स्वयंभू नामक जैन कवि का लिखा हुआ 'स्वयंभूच्छंदस' नामक पिंगल-शास्त्रीय ग्रन्थ भी आंशिक रूप में उपलब्ध हुआ है जो इस भाषा की काव्य-सम्पत्ति के वैचित्र्य और वैविध्य का साक्षी है।

परन्तु इतना ही सब-कुछ नहीं है। सन् १९१६ में महामहोपाध्याय पं० हरप्रसाद शास्त्री ने 'बौद्ध गान ओ दोहा' नाम से कुछ अपभ्रंश की रचनाएँ प्रकाशित कराईं जिन्हें उन्होंने पुरानी बंगला में लिखित बताया। इसमें अनेक बौद्ध सिद्धों के गान और दोहे मिलते हैं। दोहों की भाषा तो परिनिष्ठित अपभ्रंश से मिलती-जुलती है, पर गानों की भाषा में पूर्वी प्रदेशों की पुरानी बोलियों का मेल मिलता है जिसके कभी बंगला, कभी मगही, कभी उड़िया और कभी भोजपुरी के पूर्वरूप होने का दावा उपस्थित किया गया है। सचाई यह है कि ये रचनाएँ मगध में प्रचलित किसी ऐसी भाषा के रूप हैं जो आधुनिक पूर्वी भाषाओं की जननी है। महामहोपाध्याय पं० हरप्रसाद शास्त्री के बाद अनेक विद्वानों ने इस प्रकार के साहित्य का अध्ययन किया। उन्होंने नई-नई रचनाओं का उद्धार किया। इनमें उल्लेख योग्य हैं—डॉ० प्रबोधचन्द्र बागची, डॉ० शहीदुल्ला और महापण्डित राहुल सांस्कृत्यायन। महापडित राहुल सांकृत्यायन ने सरहपा के शताधिक नये दोहों को खोज निकाला है जो शास्त्रीजी के संग्रह में अनुपलब्ध थे।

महामहोपाध्याय पं० हरप्रसाद शास्त्री ने पहले-पहल विद्यापति की कीर्तिलता का प्रकाशन बंगाक्षरों में कराया था। कीर्तिलता और कीर्तिपताका—ये दोनों रचनाएँ विद्यापति की हैं। इनकी भाषा भी एक तरह की देश्यमिश्रित अपभ्रंश ही है। कम-से-कम दोहों में तो परिनिष्ठित अपभ्रंश के रूप स्पष्ट ही मिलते हैं। स्वयं कवि ने इस भाषा को अवहट्ट कहा है। इसमें तत्काल प्रचलित मैथिल अपभ्रंश के रूप भी मिल जाते हैं। संदेशरासक के टीकाकार ने उसकी

भाषा को भी 'अवहट्ट' ही कहा है। ऐसा जान पड़ता है कि जैनाचार्यों के बनाए व्याकरण-नियमों से जो भाषा पूर्णतः बँधी नहीं थी, कुछ अधिक विकसित और रूढ़ि-मुक्त थी, उसे अवहट्ट कहा जाने लगा था। साधारणतः भाषाशास्त्री इस प्रकार की भाषा को अग्रेसरित या 'एडवान्स्ड' अपभ्रंश कहते हैं। अब इस श्रेणी की भाषा को 'अवहट्ट' कहने की प्रवृत्ति बढ़ रही है और धीरे-धीरे इस श्रेणी की भाषा के साहित्य को अपभ्रंश-साहित्य से अलग रखा जाने लगा है। परन्तु इस श्रेणी का साहित्य है अपभ्रंश का ही बढ़ाव। पुरानी राजस्थानी और जूनी गुजराती या कभी-कभी पुरानी हिन्दी कहकर भी इस श्रेणी की रचनाओं की भाषा का उल्लेख किया जाता है। इसमें इन आधुनिक भाषाओं के विकास के अध्ययन की सामग्री मिल जाती है।

इस प्रकार हम देखते है कि सन् ईसवी की इस बीसवीं शताब्दी के आरंभ में पिशेल ने बहुत थोड़ी अपभ्रंश रचनाओं से सन्तोष कर लिया था पर उसके बाद अपभ्रंश का काफ़ी समृद्ध साहित्य उपलब्ध हुआ। यदि अग्रेसरित अपभ्रंश या अवहट्ट की उपलब्ध रचनाओं को भी जोड़ लिया जाए तो अब तक प्राप्त छोटे-मोटे सभी ग्रन्थों की संख्या दो सौ के आसपास पहुँचती है। ८वीं शताब्दी से इस साहित्य का सृजन होने लगा था और यद्यपि मुख्य और उत्तम रचनाएँ १२वीं शताब्दी तक ही पाई जाती हैं, पर १५वीं, १६वीं शताब्दी तक अपभ्रंश काव्य की परम्परा निर्बाध भाव से चलती रही। जान पड़ता है कि हेमचन्द्राचार्य के समय (१२वीं शताब्दी) में ही अपभ्रंश भाषा संस्कृत और प्राकृत की भाँति स्थिरीकृत शास्त्रीय रूप ग्रहण कर चुकी थी। बोलचाल में उसका उपयोग नहीं हो रहा था क्योंकि उन्होंने अपने काव्यानुशासन में दो प्रकार की अपभ्रंशों की चर्चा की है। एक तो वह अपभ्रंश है जिसका व्याकरण उन्होंने लिखा था और दूसरी को वे 'ग्राम्य अपभ्रंश' कहते हैं। उपलब्ध साहित्य[1] में जैन कवियों

---

१. (१) स्वयंभू और उनके पुत्र त्रिभुवन का पउम चरिउ और
(२) स्वयंभू का रिट्ठणेमिचरिउ (हरिवंश पुराण), ८वीं शती
(३) पुष्पदन्त का महापुराण
(तिसट्ठि महापुरिस गुणालंकार) १०वीं शती
(४) धनपाल की भविसयत्त कहा १०वीं शती
(५) नयनन्दि का सुदंसण चरिउ १०वीं शती
(६) धवल कवि का हरिवंश पुराण १०वीं शती
(७) वीर कवि का जम्बूचरिउ ११वीं शती

की रचनाएँ ही अधिक हैं। इन जैन रचनाओं में प्रधानता चरित काव्यों की है। इन कवियों ने पुराण, चरित और काव्य में बहुत भेद नहीं किया है। जैन लोगों ने ६३ महापुरुषों का गुणगान किया है। इन्हें 'त्रिषष्टि शलाका

---

(८) पद्मकीर्ति का पासुपुराण — ११वीं शती
(९) सागरदत्त का स्वामि चरिउ — ११वीं शती
(१०) विबुधश्री का पासु चरिउ — १२वीं शती
(११) हरिभद्रसूरि का णेमिणाह चरिउ — १२वीं शती
(१२) सिद्धसेन (साधारण) की विलासम्वई कहा — १२वीं शती
(१३) मुनि कनकामर का करकंडु चरिउ — १२वीं शती
(१४) रइधू का पज्जुण्ण चरिउ (प्रद्युम्न चरित) — १२वीं शती
(१५) लक्ष्मण कवि का जिणदत्त चरिउ — १३वीं शती
(१६) धर्म सूरि का जम्बू सामि रास — १३वीं शती
(१७) विनय धर्म सूरि का नेमिनाथ चउपई — १३वीं शती
(१७) भट्टारक यश : कीर्ति के पाण्डव पुराण
(१८) चंदप्पह चरिउ — १४वीं शती
(१९) जिन प्रभ सूरि के मल्लिनाथ चरिउ,
(२०) नेमिनाथ जम्माभिषेक
(२१) धनपाल का बाहुबली चरिउ — १५वीं शती
(२२) शम्भुकीर्ति का सान्तिणाह चरिउ — १५वीं शती
(२३) रइधू के मेहेसर चरिउ (२४) पद्मपुराण — १५वीं शती
(२५) सिद्ध चक्क माहाप्प (२६) कटकंडु चरिउ — १५वीं शती
(२७) जयकुमार चरिउ (२८) जिनदत्त चरिउ
(२९) बलभद्र चरित इत्यादि — १५वीं शती
(३०) तेजपाल का सम्भवणाह चरिउ
(३१) माणिक्यराज का णायकुमार चरिउ — १६वीं शती
(३२) महीन्दु का सान्तिणाह चरिउ — १६वीं शती
(३३) जयमित्र हल्ल का वड्डमाण कव्वु — १६वीं शती
(३४) दामोदर का चन्दप्पह चरिउ
(३५) ब्रह्मदेव सेन का जय कुमार चरिउ
(३६) मदनरेखा चरिउ (१४वीं शती) — १६वीं शती
(३९) धवल का पउमसिरि चरिउ इत्यादि

पुरुष' कहा है। इनमें २४ तीर्थंकर हैं, १२ चक्रवर्ती हैं, ९ बलदेव हैं, ९ वासुदेव हैं और ९ प्रतिवासुदेव। इन्हीं में से किसी एक को लेकर लिखा हुआ काव्य चरित कहलाता है और सबकी चर्चा करनेवाला काव्य महापुराण कहलाता है। पुष्पदन्त की एक रचना का नाम 'महापुराण' भी है और तिसट्ठि महापुरिस गुणालंकार' भी। पद्मचरित राम की कथा है और हरिवंश पुराण कृष्ण की। श्री हरिबल्लभ भायाणी ने 'पउमसिरि चरिउ' की भूमिका में लिखा है कि स्वरूप की दृष्टि से अपभ्रंश के पौराणिक काव्यों और चरित काव्यों में बहुत अन्तर नहीं है। पौराणिक काव्यों में विषय का विस्तार बहुत अधिक होने से सन्धियों की संख्या पचास से सवा सौ तक होती है, जबकि चरित-काव्यों में विषय-विस्तार बहुत मर्यादित होता है जिससे सन्धि-संख्या बहुत अधिक नहीं होती। शेष बातों में—जैसे सन्धि, कडवक, तुक, पंक्तियुगल, आदि का दोनों में कोई भेद नहीं होता। ऐसा भी नहीं है कि सभी चरित-काव्य कडवक-बद्ध ही हों। हरिभद्रकृत 'णेमिणाह चरिउ' आद्योपान्त रड्डा छन्द में है। सो, पुराण, चरित और काव्य सभी प्रसिद्ध पौराणिक चरितों को आश्रित करके लिखे चरित काव्य ही हैं। कथा अवश्य इनसे थोड़ा बाहर पड़ती है पर सदा नहीं। जैन अपभ्रंश काव्यों में कुछ ऐसी कथाएँ हैं जो किसी वणिक कुमार या कुमारी के जीवन पर लिखी प्रेमगाथा की कोटि में आती हैं परन्तु उद्देश्य उनका भी पाठकों को जैन धर्म की ओर आकृष्ट करना होता है। इन सब को हम प्रबन्ध-काव्य जैसा सामान्य नाम दे सकते हैं। इनमें मानवीय गुणों की, उसकी आशा-आकांक्षाओं की, राग-विरागों की सबल अभिव्यक्ति तो हुई है पर सब-कुछ अन्त में वैराग्य-प्रवण धर्म की ओर उन्मुख होने का साधन बन जाते हैं। इस प्रकार के जैन प्रबन्ध-काव्य तीन दर्जन से ऊपर प्राप्त हो चुके हैं, और अब भी बहुत-से भाण्डारों में अज्ञात पड़े हुए हैं। इनके रचयिताओं में सर्वश्रेष्ठ हैं—स्वयंभू और पुष्पदन्त, तत्रापि स्वयंभू।

धर्म के गूढ़ तत्त्वों को सामान्य जनता तक पहुँचाने के उद्देश्य से मध्यकाल में ब्राह्मणों और जैनों द्वारा पुराण-साहित्य की रचना हुई थी। जैन पुराण संस्कृत, प्राकृत और अपभ्रंश—इन तीनों भाषाओं में लिखे गए हैं। पुराण-साहित्य में उत्तम कवित्व बिखरा हुआ है। पर वहाँ मनुष्य के दुःख-सुख, राग-विराग, सफलता-असफलता को उद्देश्य-विशेष के अधीन होना पड़ता है। इसका परिणाम यह होता है कि समूचा कवि-कर्म पौराणिक मूल उद्देश्य का साधन बन जाता है और सुकवि-नियोजित मानवीय व्यापार अन्त तक हतप्रभ और शिथिल हो जाता है। आरंभ में उसमें जितना तेज रहता है वह क्रमशः पौराणिक रूढ़ियों

और घिसे-पिटे दार्शनिक तत्त्ववादों के सामने क्षीणबल होकर समाप्त हो जाता है। महाभारत और रामायण की ज्वलन्त मानवीय भावनाएँ परवर्ती पुराणों में एकदम ठंडी पड़ जाती हैं। ऐसा लगता है जैसे जलती हुई अग्निशिखा को छोड़ दिया गया है और बुझे हुए कोयलों को सग्रह किया जा रहा है जिनमें तेज के सिवा बाकी सब-कुछ रहता है। अपभ्रंश के पुराण-साहित्य में भी आरंभ में जो उदात्त मानव-चरित्र आए हैं वे क्रमशः प्रभाहीन, वैचित्र्य-हीन होकर काव्य-रूढ़ियों के शिकार हो गए हैं। यद्यपि सौभाग्यवश अपभ्रंश के जैन-प्रबन्ध काव्य काफ़ी मात्रा में उपलब्ध हो गए हैं तथापि आरम्भ के दो महाकवि ही उसमें सर्वाधिक जाज्वल्यमान हैं—स्वयंभू और पुष्पदंत। जैन अपभ्रंश-प्रबन्ध-काव्य के सर्वाधिक लोकप्रिय चरित्र हैं ऋषभदेव, नेमिनाथ, पार्श्वनाथ और महावीर जैसे तीर्थंकर और यशोधर, नागकुमार और करकंडु जैसे चक्रवर्ती नरेश। प्रसंग-क्रम से राम और कृष्ण के जीवन भी काफ़ी विस्तार से लिखे गए हैं। पुष्पदन्त का महापुराण अथवा तिसट्ठि महापुरिस गुणालंकार, पुराण और काव्य दोनों दृष्टियों से महत्त्वपूर्ण है। इसमें जैन साहित्य के ६३ शलाका-पुरुषों की कथाएँ हैं जिनमें २४ तीर्थंकर, १२ चक्रवर्ती, ९ बलदेव, ९ वासुदेव (नारायण) और ९ प्रति वासुदेव (प्रति नारायण) कुल ६३ पुरुषों की चर्चा है। यह महापुराण दो खंडों में है—आदि पुराण और उत्तर पुराण। आदि पुराण में प्रथम तीर्थंकर ऋषभदेव का चरित ८० संधियों में लिखा गया है और उत्तर पुराण में शेष २३ तीर्थंकरों और उनके समसामयिक अन्य शलाका-पुरुषों के चरित ४२ संधियों में समाप्त किए गए हैं। जैन-साहित्य में राम का नाम 'पद्म' है। पद्म-चरित का अर्थ है, राम-चरित। हरिवंश पुराण कृष्ण-चरित है। स्वयंभू का पउम चरिउ (पद्म-चरित) प्रसिद्ध ही है। पुष्पदन्त के उत्तर पुराण का एक अंश हरिवंशपुराण है जो कृष्ण-कथा है। पद्मचरित और हरिवंश पुराण को क्रमशः राम-काव्य और कृष्ण-काव्य कहा गया है।

स्वयंभू बहुत हीं उच्चकोटि के कवि थे। उनके पुत्र त्रिभुवन भी पंडित कवि थे। स्वयंभू ने पउमचरिउ ८३ सँधियों तक ही लिखा था। बाद में त्रिभुवन ने सात और संधियाँ जोड़कर उसे पूरा किया था। साधारणतः जैन काव्यों में ब्राह्मणों और ब्राह्मण मत की कटु आलोचना अवश्य आती है। स्वयंभू ने भी थोड़ी-बहुत की है पर उनका मन इसमें रमता नहीं। वे उदार अधिक हैं। उनका काव्य बड़ी व्यापक भूमिका पर है। मनुष्य और प्रकृति के मनोरम चित्र खींचने में वे कमाल करते हैं। राम और सीता को उन्होंने उज्ज्वल रूप में अंकित किया है। राम को उन्होंने साधारण मनुष्य के समान ही दुःख में

विचलित देखा है। यद्यपि उनकी तूलिका राग-विरागों के चित्रण में बड़ी निपुण है और भाषा की बड़ी ही वेगवती धारा उन्हें सहजसिद्ध है फिर भी राम के चरित्र में महाकाव्योचित गरिमा—जो सुख में और दु:ख में, सफलता और विफलता में, उल्लास में और अवसाद में अद्वितीयता और अपूर्वता ला देती है—नहीं आ पाई है। सीता अवश्य उज्ज्वल बनी है पर अन्त तक जाकर वह भी पराजित-सी होकर वैराग्य-मार्ग का अवलम्बन करती है ताकि फिर दूसरे जन्म में स्त्री होकर जन्म न लेना पड़े। यह सब होते हुए भी स्वयंभू का काव्य बहुत उच्चकोटि का है। उनके पुत्र त्रिभुवन, पंडित अधिक हैं कवि कम। महिमा में स्वयंभू के निकट पहुँचने वाले प्रबन्ध-कवि पुष्पदन्त हैं। भाषा की सम्पत्ति में वे स्वयंभू के समकक्ष हैं। पाण्डित्य में कदाचित् कुछ अधिक ही हों। अपने को उन्होंने 'अभिमानमेरु' कहा है। परन्तु हृदय की उदारता, कल्पना की विशालता, सहज प्रेषण-सामर्थ्य और, सबसे बढ़कर, मानवीय गुणों की अभिव्यक्ति में वे स्वयंभू से घटकर ही दिखते हैं। स्वयंभू की कविता की भाषा सरल, प्रसाद-गुण-युक्त है; पुष्पदन्त की अलंकृत और शब्दगुणमयी। निस्संदेह स्वयंभू और पुष्पदन्त दोनों केवल अपभ्रंश के ही नहीं, भारतीय भाषाओं के काव्य के अद्भुत ज्वलंत ज्योतिष्क है। दोनों भारतीय साहित्य के प्रथम श्रेणी के कवियों में स्थान पाने योग्य हैं। अब तक अपभ्रंश साहित्य का ठीक-ठीक पता न होने के कारण ही ये दोनों कवि भारतीय काव्य साहित्य में अपरिचित-से रहे हैं। अपभ्रंश भाषा को इन दोनों कवियों ने बड़े ही अनमोल रत्न दिए हैं।

प्रबंध-काव्यों के अतिरिक्त अन्य काव्यरूपों का उपयोग भी जैन कवियों ने किया है। रास, रसायन, फाग, चर्चरी आदि तत्काल-प्रचलित काव्य-रूपों का प्रयोग पर्याप्त मात्रा में किया गया है। सर्वत्र उद्देश्य है—साधारण जनता में उसी की भाषा में, उसी के परिचित काव्यरूपों के माध्यम से धर्म का सन्देश पहुँचाना।

जोइन्दु का परमात्मप्रकाश और योगसार तथा मुनि रामसिंह का पाहुड़-दोहा रहस्यवादी ढंग के दोहे हैं, जिनमें बताया गया है कि परम प्राप्तव्य परमेश्वर बाह्य पदार्थों में नहीं है, बाह्याचारों से वह प्राप्त नहीं होता। वह तो अन्तर में ही सदा विद्यमान है। ध्यान से समाधि द्वारा समरसीकृत मनोभूमि पर ही उसका निवास है। इन रचनाओं को आसानी से परवर्ती निर्गुणिया कवियों और समसामयिक बौद्ध और नाथ सिद्धों के दोहों के साथ एक जाति का समझा जा सकता है। जोइंदु के इस दोहे पर से यदि 'जैन' विशेषण हटा

दिया जाए तो ऐसा लगेगा कि वह किसी नाथ सिद्ध या निर्गुणमार्गी भक्त की रचना है। उदाहरणार्थ—

देवु न देवले नहु सिलए, नहु चंदणि नहु चित्ति ।
अखउ णिरंजणु णाण धणु सिउ संठिउ समचित्ति ।।

अर्थात्

देव न देवलि नहिं सिला नहिं चंदन नहिं चित्रि,
अखय निरंजन ज्ञानधन सिव संस्थित समचित्ति ।

बौद्ध सिद्धों की अपभ्रंश-रचनाओं में भी इसी प्रकार के बाह्याचार-विरोधी, बाह्य-पूजा-निषेधी समाधिगम्य परमत्व की झलक मिलती है। जैनों और बौद्धों के तत्त्ववाद अलग-अलग हैं, पर इस बात में दोनों एक हैं कि परम-प्राप्तव्य को खोजने के लिए किसी बाहरी उपादान की ज़रूरत नहीं है। साधना द्वारा, ध्यान द्वारा उसे अन्तर में ही उपलब्ध किया जा सकता है। परवर्ती निर्गुणमार्गी कवियों में इस सिद्धांत की नये सिरे से स्थापना और उसका प्रचार हुआ है। अन्तर इतना है कि उनमें भक्ति नामक नया तत्त्व भी आ जुड़ा है।

सरहपाद कहते हैं कि जब तक खुद ज्ञान न प्राप्त कर लो तब तक शिष्य बनाने की गलती न करो। यह काम कुछ ऐसा ही है जैसे अंधा अंधे को कुएं से काढ़ने का प्रयत्न करता है। दोनों एक-दूसरे को लिए-दिए अन्त में कुएँ में जा गिरते हैं। यह दोहा बहुत अंशों में शब्दशः कबीरदास के इसी भाव के दोहे से मिलता है। सरहपाद का दोहा इस प्रकार है—

जाव ण आप जणिज्जइ, ताव ण सिस्स करेइ ।
अंधां अंध कढ़ाव तिम, वेण्ण वि कूव पडेइ ।

(सरह)

जाका गुरु भी अंधला चेला खरा निरन्ध ।
अंधे अंधा ठेलिया दोऊ कूप पड़त ।।

(कबीर)

इसी प्रकार सरहपाद कहते हैं, सारी दुनिया में अक्षर (शास्त्रज्ञान) बढ़ गया है, निरक्षर कोई नहीं। पर अक्षर तभी सार्थक होता है जब निरक्षर (क्षर-रहित) हो जाए।

अक्खर बाढ़ा सअल जगु, णाहि णिरक्खर कोइ ।
ताव से अक्खर घोलिया, जाव णिरक्खर होइ ।

(सरह)

कण्हपा कहते हैं—पंडित लोग आगम वेद और पुराण पढ़कर मान करते

हैं (पर तत्त्व की बात समझने का प्रयत्न नहीं करते) यह उसी प्रकार का प्रयत्न है जैसे पके बेल के चारों ओर भौंरा चक्कर लगाता रहता है (पर रस नहीं पा सकता)।

आगम-वेअ-पुराणेंहि पंडिअ माण वहन्ति
पक्क-सिरीफले अलिअ जिम, बाहेरीअ भमन्ति।

(कण्हपा)

जोइन्दु कहते हैं—देवालय भी, देवता भी, शास्त्र भी, गुरु भी, तीर्थ भी, वेद भी, काव्य भी, सब नाशवान हैं। जो भी वृक्ष कुसुमित है वह सब अन्ततोगत्वा इंधन ही हो जाता है :—

देउल देउ वि सत्थु गुरु, तित्थु वि वेउ वि कव्वु।
वच्छु जु दीसै कुसुमियउ, इंधणु होसइ सव्वु॥

(जोइन्दु)

मुनि रामसिंह कहते हैं—बहुत पढ़ता है, पर उससे तालू ही सूखता है। अरे मूढ़, कोई एक ऐसा अक्षर क्यों नहीं पढ़ता जिससे तू शिवपुर में पहुँच सके—

बहुयइँ पढियइँ मूढ़ परु तालू सूकइ जेण।
एक्कु जि अक्खर तं पढहु सिवपुरि गम्मइ जेण॥

(मुनि रामसिंह)

इस प्रकार की ज्ञानमार्गी वैराग्य-व्यंजक रचनाएँ जैन और बौद्ध आचार्यों ने काफी मात्रा में की थीं। सब उपलब्ध नहीं हो सकीं पर जितनी भी मिली हैं उनसे इस प्रकार के साहित्य की समृद्धि का पता चलता है और परवर्ती हिंदी-साहित्य में जो इस भावधारा का समृद्ध साहित्य उपलब्ध होता है उसका प्रेरणा-स्रोत और विकास-क्रम समझना आसान हो जाता है। अपभ्रंश-काव्य-परंपरा का यह एक महत्त्वपूर्ण अंग है। पर मैं आपको इसमें अधिक देर भटकाना नहीं चाहता। अब हम अपभ्रंश के रसात्मक साहित्य की चर्चा करेंगे।

अपभ्रंश-ग्रन्थों के प्रकाशन से अनेक साहित्यिक रहस्य स्पष्ट हुए हैं। जब-जब कोई जाति नवीन जातियों के संपर्क में आती है तब-तब उसमें नई चेतना के लक्षण दिखाई देते हैं। साहित्य में नवीन चेतना काव्यरूपों, छंदों और विषय-विशेष के प्रति दृष्टिकोण में प्रकट होती है। वैदिक साहित्य के बाद लौकिक संस्कृत-काव्य की नई चेतना की सूचना श्लोक से मिलती है, प्राकृत की गाथा से और अपभ्रंश की दोहा छंद से। दोहा अपभ्रंश का इतना लाड़ला छंद है कि किसी समय अपभ्रंश काव्य को दोहा बंध या दूहाविद्या कहने की

प्रथा चल पड़ी थी। प्रबंध चिन्तामणि में दो बंदीजनों को दूहा-विद्या में विवाद करते हुए कहा गया है। दूहा-विद्या अर्थात् अपभ्रंश-काव्य। माइल्ल धवल नामक कवि ने दव्वसहावपयास (द्रव्य स्वभाव प्रकाश) को पहले दोहा बन्ध में देखा था। लोग उसका उपहास करते थे। अपभ्रंश गंवारू भाषा जो ठहरी। यह देखकर कवि माइल्ल धवल ने उसे गाहाबंध (गाथाबंध) में परिवर्तित किया—

'दव्वसहावपयासं' दोहयबंधेण आसि ज दिट्ठं।
तं गाहाबंधेण य रइयं माइल्ल धवलेण।

गाहाबंध की यह भाषा प्राकृत है। कहने का मतलब यह कि दोहा छंद अपभ्रंश में इतना प्रचलित था कि लोग छंद और भाषा को एकमेक करके देखने लगे थे। कब यह सहज-मनोहर छंद भाषा काव्य में आ गया, यह कहना कठिन है। इसका सबसे पुराना प्रयोग कालिदास के विक्रमोर्वशीय नाटक में मिलता है। राजा पुरूरवा प्रिया-विरह में व्याकुल जंगल में घूम रहा है। वह उन्मत्त है, राजोचित मर्यादा की बात भूल जाता है। नियम-कायदे से राजा को संस्कृत में ही बोलना चाहिए ऐसा नाट्यशास्त्री आचार्यों का कठोर निर्देश है। इस नियम की अवहेलना केवल पागल ही कर सकता है। राजा पुरूरवा सचमुच पागल हो गया था। वह संस्कृत छोड़कर प्राकृत में बोलता है, कभी-कभी अपभ्रंश में भी। अपभ्रंश जब बोलता है तो अनायास यह दोहा उसके मुँह से निकल पड़ता है—

मइँ जाणिअँ मिअलोयणी णिसिअरु कोइ हरेइ।
जाव ण णवतडिसामलो धाराहरु बरिसेइ।

इसे ब्रजभाषा का दोहा बनाने में बहुत थोड़ा ही आयास करना पड़ेगा—

मैं जान्यो मृगलोचनिहिं निसिचरि कोइ हरेइ।
जौं लौं न नव तड़ि श्यामल धाराधर बरसेइ॥

कुछ लोग अपभ्रंश के इन पद्यों को प्रक्षिप्त मानते हैं। यदि कालिदास का काल सन् ईसवी की पाँचवीं-छठी शताब्दी हो तो यह मानने में कोई विशेष आपत्ति नहीं है कि उस समय दोहा छंद प्रचलित था। डेढ़-दो सौ वर्ष बाद के तो दोहाबंध के ग्रंथ भी मिलने लगते हैं। यदि जंगल में प्रियाविरह की चपेट से विक्षिप्त राजा द्वारा कवि ने तत्काल प्रचलित ग्राम्य छन्द में प्रलाप करा दिया तो इसमें अचरज की क्या बात है? जो लोग कालिदास का समय और भी पुराना मानते हैं उन्हें जरूर कठोर आपत्ति होगी। वे यदि चाहें तो इसे और अन्य अपभ्रंश पद्यों को प्रक्षिप्त मानकर संतोष कर सकते हैं। मुझे

तो इस समाचार से प्रसन्नता ही हो रही है कि कालिदास को यह छन्द मालूम था, और अपनी पीयूषवर्षी लेखनी से उन्होंने इस छन्द को धन्य किया था। सबसे महत्त्वपूर्ण बात यह है कि कालिदास इस छन्द में रचना करने का लोभ नहीं संवरण कर सके और मौका और बहाना खोजकर कुछ लिख ही दिया। जो भी हो, आज से डेढ़ हजार वर्ष पहले यह छन्द खूब प्रचलित हो गया था।

कुछ पश्चिमी विद्वानों ने यह बताया है कि किसी समय बलख के ग्रीक सैनिकों में होमर की कविताओं का प्रचार था। उन्हीं लोगों ने या उनके संपर्क में आए आभीर आदि ने ग्रीक 'हेक्सा मीटर' की तौल पर भारतीय जनभाषा में यह दोहा छन्द बना लिया था। पर यह बात कल्पना की उड़ान मात्र की सूचना देती है। किसी ठोस प्रमाण पर इस मत की पुष्टि नहीं हुई।

अब तक हमने जैन और बौद्ध साधुओं और साधकों की रचनाओं की चर्चा की है। स्वभावत: उनमें धार्मिक पुट है, वैराग्य की ओर झुकाव हैं, तत्त्वदर्शन को स्पष्ट करने की प्रवृत्ति है और भिन्न मतावलंबियों का उपहास करने का प्रयास है। परन्तु लोक जीवन के सरस हृदयों को, बिना किसी धार्मिक आग्रह के, प्रकट करने वाला अपभ्रंश-साहित्य बहुत अधिक मात्रा में किसी समय विद्यमान था। दुर्भाग्यवश वह सब सुरक्षित नहीं रह सका। हेमचन्द्र के प्राकृत-व्याकरण में सब जगह तो व्याकरण के नियमों को स्पष्ट करने के लिए एक-दो पदों को निदर्शन रूप में दिखाकर चलता कर दिया गया है परन्तु अपभ्रंश के प्रकरण में वैयाकरण की कंजूस बुद्धि का सहारा नहीं लिया गया। नियमों के बनाने में हेमचन्द्राचार्य ने 'अल्पाक्षरेण लाघवेन पुत्रोत्सवं मन्यंते वैयाकरणा:' वाले सिद्धांत का ही पालन किया है, पर अपभ्रंश के उदाहरणों में पूरे-का-पूरा दोहा उद्धृत कर दिया है। वैयाकरणों की दुनिया में निश्चय ही इस फिजूल-खर्ची के लिए उन्हें दण्डभागी होना पड़ेगा, पर साहित्यिकों के लिए तो वे अमूल्य निधि छोड़ गए हैं। पता नहीं कहाँ-कहाँ से उन्होंने इन बहुमूल्य दोहों का संग्रह किया था। निश्चय ही उनमें कई प्रसिद्ध कवियों की रचनाएँ रही होंगी। इनमें लौकिक जीवन की सहज अभिव्यक्तियों का बड़ा ही मनोरम चित्र मिलता है। जान पड़ता है उन्हें इनके लोप हो जाने का भय था, इसलिए यत्नपूर्वक बचा रखना उनका उद्देश्य था। उन्हें जैन लोग 'कलिकाल सर्वज्ञ' कहते थे। कदाचित उन्होंने आधुनिक युग के सहृदयों के मनोभाव को दूरदृष्टि से ताड़ लिया था।

यह उन दिनों की बात है जब संस्कृत का साहित्य माघ, भारवि और हर्ष के वाग्वैभव का आस्वादन कर रहा था। वचन-वक्रिमा, अलंकरण-चातुरी

शब्दगुंफ, अनुप्रासों की छटा, यमकों की घटा, विकट पदबंध और बुद्धिवैभव से अनुस्यूत उक्ति-विलास से मनोरम कला-जगत् इस काव्य के गुण हैं। बड़े-बड़े छन्दों में बँधी हुई कवि-प्रौढ़ोक्ति इस काव्य को दुरूह और विद्वद्ग्राह्य बनाती है, न्याय-व्याकरण की सूक्ष्म युक्तियाँ इसे बहु-विचित्र शोभा से समृद्ध करती हैं। यह काव्य बार-बार अनुशीलन और सावधान अध्ययन की माँग करता है; काव्यलक्षणों की बारीकियों, शब्दशास्त्र के अनुशासन और उक्तिवैचित्र्य की मार्मिक जानकारी की अपेक्षा रखता है; राजनीति के निपुण घात-प्रतिघातों, राजसभा के अभिजातगृहीत कायदे-कानूनों, वस्त्रालंकरण की परिपाटी-विहित विच्छित्तियों और माल्य-उपलेपन-अंगरागों की सहृदयजन-वांछित विधियों के ज्ञान की आवश्यकता चाहता है; शोभा, विलास, कांति, हाव-भाव, विव्वोक, मोट्टायित, कुट्टमित आदि अयत्नज और यत्नज चेष्टाओं के भेदोपभेदों को रसास्वादन की आवश्यक शर्त मानता है। पद्य तो पद्य, गद्य में भी यह समय सुबाहु, दंडी और वाण का युग है। इस युग में गद्य को पद्य से भी अधिक परिष्कृत रुचि और सुशिक्षित वचन-वैदग्ध्य का विषय माना गया है, गद्य को कवियों के परिष्कृत वाग्विलास की कसौटी माना गया है। कथाकारों के मुकुटमणि वाणभट्ट ने कहा था—उज्ज्वल दीपक और उपमा आदि अलंकारों से सम्पन्न, अपूर्व नूतन पदार्थों के समावेश से विरचित, निरन्तर श्लेषालंकार से घनीभूत होने के कारण किंचित् दुर्बोध्य कथा-काव्य उज्ज्वल प्रदीप के समान उपादेय घन-संनिविष्ट चंपक कली की उस मनोहर माला के समान जिसमें बीच-बीच में चमेली के फूल पिरोये होते हैं, किसका मन हरण नहीं करते ?

हरंति कं नोज्ज्वलदीपकोपमै-
र्नवैः पदार्थैरुपपादिताः कथाः।
निरन्तरश्लेषघनाः सुजातयो
महास्रजश्चम्पककुड्मलैरिव ॥

इसी पांडित्यख्यापिनी, बुद्धिग्राह्य, सावधान-पाठ्य मनोरम अभिजात काव्य के वातावरण में अपभ्रंश के इन सहज-सुकुमार मर्मभेदी अव्याज-मनोहर कविताओं की रचना होती है। सीधी बात सीधे हृदय से निकलती है और सहृदय के हृदय पर सीधी चोट करती है। अलंकरण के लिए कोई आयास नहीं, वक्रभंगिमा के लिए दौड़-धूप नहीं, परिपाटी-विहित रसिकता की परवाह नहीं, लीला-विलास विच्छित्तियों के निपुण विवेचन की कोई खबर नहीं—सरल मानस की सहज अभिव्यक्ति !

काव्य जगत् की रूढ़ियों से त्रस्त, परिपाटी-विहित मार्मिकता से घायल

और कृत्रिम भावभंगियों से ऊबे सहृदय को यहाँ शान्ति की साँस लेने का अवसर मिलता है। बहुत पहले कविकुलगुरु कालिदास ने कभी कहा था—

शुद्धान्तदुर्लभमिदं वपुराश्रमवासिनो यदि जनस्य।
दूरीकृता खलु गुणैरुद्यानलता वनलताभिः।

राजाओं के अन्तःपुर में दुर्लभ इस प्रकार का मनोहर शरीर यदि आश्रमवासियों का हो तो फिर निश्चय ही वन-लताओं ने उद्यान-लताओं को गुणों में बहुत दूर पीछे छोड़ दिया है।

इन कविताओं को पढ़कर महाकवि की इस उक्ति की याद आए बिना नहीं रहती।

स्वयंभू, त्रिभुवन और पुष्पदंत जैसे कवियों के काव्य की भाषा अवश्य ही अपभ्रंश है परन्तु वे शास्त्रीय परंपरा के कवि हैं। उन्होंने संस्कृत और प्राकृत के काव्यों का गम्भीर अध्ययन किया था। अलंकार, रस और पिंगल के पूर्ण ज्ञाता थे। परन्तु हेमचन्द्र के व्याकरण में उद्धृत दोहों में ग्रामीण कवियों की सरल अभिव्यक्ति है, उनमें कोई आडम्बर नहीं है, वक्रता नहीं है, रसनिष्पत्ति के लिए चिन्तन-जन्य भंगिमा नहीं है। स्वयंभू लोकभाषा के प्रेमी थे परन्तु रससृष्टि के अभिजातजनोचित नियमों के परिपालक भी थे। हरिवंश पुराण में स्वयंभू ने लिखा है कि उन्हें इन्द्र से व्याकरण, व्यास से विस्तरण, पिंगल से छंद और प्रस्तार-विधि, भामह-दण्डी से अलंकरण, वाणभट्ट से घनघनित शब्दाडंबर, हरिसेन तथा अन्य कवियों से कवित्व-गुण और चउम्मुह (चतुर्मुख) से छन्दण, द्विपदी और ध्रुवकों से जड़ित पद्धड़ियाबन्ध प्राप्त हुआ—

इन्देण समप्पिउ बायरणु। रस भरहें वासें वित्थरणु॥
पिंगलेण छंद पथ पत्थारु। भम्मह दण्डिणिहि अलंकारु॥
बाणेण समप्पिउ घणघणउ'। ते अक्खर डम्बर घण घणउ॥
हरिसेणिं पाविउ णित्तणउ। अवरेहि मि कईहि कवित्त णउ॥
छन्दणिय-दुवइ-धुवएंहि जड़िय। चउमुहेण समप्पिय पद्धड़िय॥

इस वक्तव्य से उनके गंभीर अध्ययन और शास्त्रीय ज्ञान का परिचय मिलता है। निश्चय ही उनके काव्य में इस गंभीर अध्ययन-मनन का साक्ष्य वर्तमान है। वे विकट बंध के कवि कहे गए हैं। पर जिन दोहों की चर्चा हम आगे करने जा रहे हैं वे ऐसे पंडितों के लिखे नहीं जान पड़ते। पंडित वे हों भी तो पंडिताई से बहुत ऊपर उठे हुए हैं। सहज भाव बड़ी कठोर साधना से प्राप्त होता है।

कुछ उदाहरणों से बात स्पष्ट हो सकेगी।

एक विरह-व्याकुला प्रिया कहती है कि किसी प्रकार यदि मैं प्रिय को पा जाती तो एक ऐसा खेल करती—जो अब तक किसी ने नहीं किया। उसके प्रत्येक अंग में ऐसा पैठ जाती जिस प्रकार पानी मिट्टी के नये कसोरे में प्रवेश कर जाता है—अंग-अंग में भीन जाता है—

जइ केवइँ पावीसु पिउ अकिआ कुड्डु करीसु।
पाणिउ नवइ सरावि जिवं सव्वंगे पइसीसु॥

प्रेमपरवशा वधू कहती है—माई री, जब मन स्वस्थ हो तो मान की सुधि की जाए। यहाँ तो बात ही कुछ और है। ज्यों ही प्रिय को देखती हूँ, ऐसी हड़-बड़ी मचती है कि फिर अपनी समझी-बूझी को याद ही कौन करे! सारा सोचा-समझा गायब हो जाता है—

अम्मीए सत्थावत्थेहिं सुधिँ चिंतिज्जइ माणु।
पिए दिट्ठे हल्लोहलेण को चेअइ अप्पाणु॥

मान करनेवाले दूल्हे को सिखाया जा रहा है—प्यारे, मैंने तुम्हें बहुत बार मना किया कि मान देर तक न किया करो। बेपीर, इस मान-मनौअल में रात बीत जाएगी और जल्दी-जल्दी दड़बड़ बिहान हो जाएगा!

ढोल्ला मइँ तुहुँ वारिआ मा कुरु दीहा माणु।
निद्दए गमिही रत्तड़ी दड़बड़ होइ विहाणु॥

कोई वयस्का सखी सहजबंकिम-लोचना नायिका को परिहास पेशल वाणी में समझा रही है—बिटिया, मैंने तुम्हें कितनी बार कहा कि इस दृष्टि को बाँकी न किया करो। वह जो कानवाली बर्छी होती है न, जो हृदय में घुसकर मांस नोचकर बाहर निकलती है उसी प्रकार तुम्हारी यह बांकी दृष्टि शिकार को बेधती है।

बिट्टीए मइँ भणिय तुहुँ मा कुरु बंकी दिट्ठि।
पुत्ति सकण्णी भल्लि जिवँ मारइ हियइ पइट्ठि॥

बंकिम कटाक्षों के तीखेपन को इस प्रकार समझाया जाता है—जैसे-जैसे वह साँवरी अपने बंकिम लोचनों को घूमना सिखाती है वैसे-वैसे मन्मथ अपने बाणों को खरे पत्थर पर पजा-पजाके (घिस-घिसके), तीखा कर लेता है (ये बाण फूलों के नहीं, इस्पात के होंगे!)

जिवँ-जिवँ बंकिम लोअणहं णिरु सामलि सिक्खेइ।
तिवँ-तिवँ बम्महु णिअअ-सरु खरि पत्थरि तिक्खेइ॥

बिरहिणी ग्राम-वधू काक के शकुन पर अब विश्वास नहीं करती। सुनते-सुनते कान पक गए पर प्रिय का आना नहीं हुआ और यह काग है कि बोलता

ही जा रहा हैं। उसने उड़ाना चाहा इस मिथ्याभाषी को, हाथ उठाकर। विरह से दुबली कलाइयों से चूड़ी निकलकर पृथ्वी पर गिरी, लेकिन कागा की बात ठीक ही थी। अचानक प्रिय दिख गया। आधी चूड़ियाँ धरती पर गिर गईं थीं। पर सहसा प्रियदर्शन से खुशी की लहर दौड़ी, दुबली कलाई फूलकर मोटी हुई, आधी चूड़ियाँ तड़ाक से टूट बिखरीं !

वायसु उड्डावंतिअए पिउ दिट्ठउ सहसत्ति।
अद्धा वलया महिहि गय अद्धा फुट्टु तड़त्ति ॥

कैसी सहज अभिव्यक्ति है ! कोई बनाव-सिंगार नहीं, कोई आडंबर नहीं, सहज उल्लास का सहज प्रकाशन।

मान करनेवाले प्रेमी से प्रिया कहती है—देखो प्यारे, ज़िंदगी का कोई ठिकाना नहीं है और मौत का आना एकदम तै है। ऐसी हालत में यह रूठने की बात क्यों ? रूठोगे तो ये वियोग के एक-एक दिन देवताओं के सौ-सौ वरसों के समान हो जाएंगे।

चंचल जीवणु ध्रुवु मरणु पिअ रूसिज्जइ काइं।
होसिंहि दिअहा रूसणा दिव्वइँ वरिस सयाइं ॥

सीधा-सा अकाट्य तर्क है !

काव्य-शिक्षा-सिद्ध कवि जम के उत्तान श्रृंगार का चित्रण करता था पर कहीं-न-कहीं उसके हृदय में चोर बैठा होता था। वह जानता था कि लोग इस बात को अच्छा नहीं समझेंगे। इन दोहों के कवि में ऐसी झिझक नहीं थी। राधा के पयोधरों की महिमा वह इस प्रकार वर्णन करता है—'इन्होंने श्रीकृष्ण को आंगन में ही नचा दिया और लोगों को अचरज में डाल दिया। अब राधा के इन मनोहर अंगों का जो होना हो, हो !'

हरि णच्चाविउ पंगणइ विम्हइ पाडिउ लोउ।
एम्वहिं राह पओहरहं जं भावइ तं होउ ॥

अब्दुल रहमान ने भी संदेशरासक में विरह की अभिव्यंजना इन्हीं प्रतिदिन के जीवन में प्राप्त होनेवाले सहज उपमानों के सहारे की है। विरह-विधुरा प्रिया कहती है—मेरा प्रिय मेरे हृदय में सुनार की तरह उत्कंठा जागृत करता रहता है, क्योंकि पहले तो विरह की आग में जलाया करता है और फिर आशा के जल से सींचा करता है।

सुन्नारह जिम मह हियउ पिअ उक्किख करेइ।
विरह हुयासि दहेवि करि आसा जलि सिंचेइ ॥

फिर, ऐ रात्रि, तुम्हारी शिकायत भी क्या करूँ ? यह शिकायत क्या

इतनी थोड़ी है कि तीन लोक में ग्रँट सके ? दुःख के दिनों में तो तू चौगुनी हो जाती है पर सुख-संगम के समय एकदम छोटी हो जाती है। इस ग्रन्याय की कोई सीमा है ?

जामिणि जं वयणिज्ज तुअ, तं तिहुयणि णहु माइ।
दुक्खिहि होइ चउग्गणी झिज्जइ सुह-संगाइ॥

(संदेश रासक)

प्रबंध चिंतामणि, पुरातन प्रबंध-संग्रह में जो मुंज ग्रौर मृणालवती संबंधी दोहे प्राप्त होते हैं उनमें भी ग्रत्यंत सहज ग्रभिव्यक्ति है। गतयौवना मृणालवती को संबोधन करके मुंज कहता है—ऐ मृणालवती, क्यों चिंता करती है कि तेरा यौवन समाप्त हो गया है। मिश्री चूर-चूर भी हो जाए तो भी चूरे उतने ही मीठे बने रहते हैं—

मुंज भणइ मुणालवइ गउ जुब्बणु मति झूरि।
जो सक्कर सय खण्ड किग्र तो वि स मिट्ठी चूरि॥

फक्कड़ राजा मुंज की, जो मृणालवती के प्रेम के धोखे में गिरफ्तार हुग्रा ग्रौर बाँधा जाकर दर-दर घुमाया गया, यह कैसी चुटीली उक्ति है।

पर हेमचन्द्र के संगृहीत दोहों में केवल श्रृंगार ही नहीं है। उसकी सबसे ग्रधिक ग्राकर्षक बात है, वीर-पत्नियों का गर्व। पति की वीरता को सहज गर्व का विषय बनाकर ये वीरबालाएँ ऐसी दर्पोक्तियाँ करती हैं कि बस देखते ही बनता है। यह एकदम नवीन प्राणस्पंदी काव्य है।

ग्ररी ग्रो सखी, मेरा वल्लभ जब देखता है कि ग्रपना दल टूट रहा है ग्रौर शत्रु का दल बढ़ा ग्रा रहा है तभी निराशा के ग्रन्धकार को चीरती हुई शशि-रेखा की भाँति उसकी करवाल चमक उठती है—

भग्गिउ देक्खिवि निग्रग्र बलु, बलु पसरिग्रउ परस्सु।
उम्मिल्लइ ससिरेह जिंव करि करवालु पियस्स॥

देख-देख, मेरा कांत वह है, लोग जिसकी सौ-सौ लड़ाइयों की बहादुरी का बखान किया करते हैं, देख किस प्रकार त्यक्तांकुश मत्तगजराजों के विशाल कुम्भों को लगातार तलवार की चोटों से विदीर्ण करता जा रहा है—

संगर सएंहि जु वण्णिग्रइ देक्खु ग्रम्हारा कंतु।
ग्रहिमतहँ चत्तंकुसहँ गयकुंभइँ दारंतु॥

सुन सखी, मेरा प्यारा वीरों की उस निविड़ घटा के भीतर से ग्रपना रास्ता निकाला करता है जहाँ बाणों से बाण कटा करते हैं ग्रौर तलवारों से तलवारें छीजती रहती हैं। ऐसी भयंकर रणघटा में ही वह ग्रपना मार्ग बनाता है—

जहिं कप्पिज्जइ सरिण सरु छिज्जइ खग्गिण खग्गु ।
तहिं तेहइ भड घड निवहि कंतु पयासइ मग्गु ।।

भलेमानस, तू अगर बड़े आदमियों के बड़े-बड़े महलों की पूछता है तो देख, बड़े महल वे हैं । पर ऐसे महान् का घर पूछता है जो संकट-कातर लोगों के उद्धार का सामर्थ्य रखता है तो देख उस कुटिया को जहाँ मेरा कान्त रहता है ।

जइ पुच्छह घर बड्डाइँ तो बडडा घर श्रोइ ।
बिहलिअजण—अब्भुद्धरणु कंतु कुडीरइ जोइ ।।

अरी ओ सखी, तू क्या उसकी शूरता और वदान्यता की बड़ी बड़ाई कर रही है। बेकार बकबास न कर । मैं उसके दो दोषों को भली-भाँति जानती हूँ—दान करने लगता है तो सर्वस्व उलीचकर दे देता है, मुझे बचा लेता है; जूझने लगता है तो सब-कुछ दाँव पर लगा देता है, तलवार बचा लेता है । ऐसे कंजूस की तू बड़ाई कर रही है। झूठ है, सब झूठ है—

महु कंतहु बे दोसड़ा हेल्लि म झंखहि आलु ।
देन्तहो हउं पर उब्बारिअ जुज्झन्तहो करवालु ।।

कुमारी प्रार्थना करती है—हे गौरी, इस जन्म में और अगले जन्म में मुझे ऐसा वर दो जो त्यक्तांकुश मत्तगजराजों से हँसता-हँसता भिड़ जाए !

आएंहिं जम्मेंहिं अन्नेंहिं वि गवरि सु दिज्जइ कंतु ।
गयमत्तच्चत्तंकुसहँ जो अब्भिडइ हसंतु ।।

किसी शत्रुपक्षीय शूर की प्रशंसा सुनकर वीरवाला की यह दर्पोक्ति सुनिए—जब तक कुंभतट पर सिंह की चपेट की चटाक नहीं पड़ती तभी तक सारे मतवाले गजराजों के पग-पग पर ढोल बजा करते हैं—

जाम न निबडइ कुंभयडि सीह चवेड चडक्क ।
ताम समत्तहँ मयगलहँ पइ पइ बज्जइ ढक्क ।।

बलैया जाऊँ उस प्यारे की, जिसके पैरों में मृत योद्धाओं की अंतड़ियाँ उलझी हुई हैं, सिर कंधे से झूल पड़ा है तो भी कटार पर हाथ जमा हुआ है—

पाइ विलग्गी अंतड़ी सिरु ल्हसिअउं खन्धस्सु ।
तो वि कडारइ हत्थडउ बलि किज्जउं कंतस्सु ।।

शत्रुसेना से घिरे शूर की दर्पोक्ति भी सुनिए—अरे ओ हृदय, शत्रु बहुत हैं तो क्या आसमान पर या बादल पर चढ़ जाऊँ ? मेरे भी तो दो हाथ हैं । मरना ही है तो मारके मरूँगा—

हिअडा जइ वेरिअ घणा तो किं अब्भि चडाहुँ ।
अम्हाहिं वि बे हत्थड़ा जइ पुणु मारि मराहुँ ।।

शृंगार और शौर्य का यह अद्भुत लोक है । यहाँ भय और आशंका का कोई स्थान नहीं है, भविष्य की चिन्ता से फूंक-फूंक कर कदम रखने वालों की पगध्वनि यहां नहीं सुनाई देती । भला ऐसे पुत्र के उत्पन्न होने से लाभ ही क्या है और मर जाने से नुकसान ही क्या है जिसके रहते बाप की ज़मीन दूसरे भोगते रहें—

पुत्ते जाए कवणु गुणु अवगुणु कवणु मुएण ।
जा बप्पीड़ी भूंहड़ी चंपिज्जइ अवरेण ।।

इन दोहों में शृंगार और वीर रस के अतिरिक्त नीति के दोहे भी हैं । परवर्ती साहित्य में इन सभी अंगों का समुचित विकास पाया जाता है । परवर्ती साहित्य के अध्ययन के लिए इनका महत्त्व बहुत अधिक है ।

अपभ्रंश में एक तरफ जहाँ लौकिक रस के सहज सरस दोहे लिखे जा रहे थे वहीं अन्य छंदों की भी रचनाएं हो रही थीं । जैन कवियों ने अपने काव्यों में बड़े-बड़े छंदों का भी प्रयोग किया है । मुख्यतः वे कडबक-बद्ध हुआ करते हैं । कडबक अपभ्रंश के काव्य-रूपों का पारिशाषिक शब्द है । पज्झटिका, पद्धड़िया आदि छंदों की कुछ पंक्तियाँ देकर बाद में धत्ता, उल्लाला आदि छंद दिए जाते थे जो बहुत-कुछ तुलसीदास और जायसी के चौपाई-दोहों के पूर्व-रूप हैं । इसे पद्धड़िया-बंध भी कहते हैं । स्वयंभू ने अपने पूर्ववर्ती अपभ्रंश कवि चउम्मुह (चतुर्मुख) को पद्धड़िया-बंध का राजा बताया था । उन्होंने कृतज्ञता-पूर्वक स्वीकार किया है कि उन्होंने पद्धड़िया-बंध की प्रेरणा चउम्मुह से ही ली थी । धीरे-धीरे अपभ्रंश में रोला, उल्लाला, वीर, काव्य, छप्पय, कुंडलिया, रासक आदि बड़े-बड़े छंद भी प्रचलित हुए । वे भी उतने ही सरस बन पड़े जितने दोहे । अब्दुल रहमान के संदेशरासक में अनेक प्रकार के छंदों का बहुत सुन्दर प्रयोग हुआ है । 'प्राकृत पैंगलम्' में कई कवियों के बड़े मनोहर छंद उदाहरण रूप में उद्धृत हैं । 'प्राकृत पैंगलम्' में बब्बर, जज्जल, बिज्जाहर (विद्याधर) आदि कई कवियों के नाम भी मिल जाते हैं । इनकी वीर और शृंगार रस की कविताएँ बहुत ही उच्च कोटि की हैं । काशी-कान्यकुब्ज के महाराजा जयित्र चंद्र (जयचंद) की वीरता बताने वाली यह कविता कितनी उत्साहवर्द्धक है—

भअ भज्जिअ वंगा, भग्गु कलिंगा,
तेलंगा रण मुक्कि चले ।
मरहट्ठा ढिट्ठा लग्गिअ कट्ठा

सोरट्ठा भअपाअ पले।
चंपारण कंपा पव्वय झंपा
ओत्था ओत्थी जीव हरे।
कासीसर राणा कियउ पआणा
बिज्जाहर भण मंतिवरे।

जज्जल की यह प्रसिद्ध उक्ति 'प्राकृत पैंगलम्' से ही उद्धृत है—

पिंधउ दिढ़ संणाह वाह उप्पर पक्खर दइ।
बंधु समदि रण धसउ सामि हम्मीर वअण लइ॥
उड्डल णह पंह भमउ। रिउ सीसहि डारउ।
पक्खर पक्खर ठेल्लि पेल्लि पव्वअ अप्फालउ॥
हम्मीर कज्ज जज्जल भणइ कोहाणल मुंह मह जलउ।
सुरताण सीस करवइ जाल दतेजि कलेवर दिअ चलउ॥

उदाहरणों को बढ़ाने से कोई लाभ नहीं है। ये छंद केवल इतनी सूचना दें जाते हैं कि किसी समय अपभ्रंश भाषा में बहुत ही उत्तम कोटि का साहित्य उपलब्ध था। यद्यपि इस समय हमारे पास जैन कवियों के धार्मिक काव्य ही कुछ बचे रह गए हैं पर लौकिक रस का प्रचुर साहित्य इस भाषा में विद्यमान था, इसमें कोई संदेह नहीं। इस प्रसंग में उल्लेख्य है कि लौकिक शृंगार रस का एक ही पूरा काव्य उपलब्ध हुआ है—अद्दहमाण या अब्दुल रहमान नामक पंजाबी मुसलमान कवि का संदेश रासक। यह विरह का काव्य है। इसमें कवि ने बड़ी ही कुशलता से एक विरहिणी नारी के वियोगाकुल हृदय का चित्र खींचा है। यद्यपि ग्रंथ में प्रधान रूप से रासक छंद का ही प्रयोग हुआ है पर अन्य बड़े-छोटे छंद भी इस ग्रंथ में कम नहीं हैं। इस पुस्तक की कुछ पंक्तियों की बानगी देना अनुचित नहीं होगा। एक विरहिणी, जो विजयनगर की है, प्रिय-विरह से कातर होकर किसी की राह जोह रही है। तभी मुलतान का कोई आदमी, जो व्यापार के सिलसिले में मालिक का पत्र लेकर खंभात जा रहा है, मिल जाता है और वह अपना संदेश उसके हाथों भेजती है। विरहिणी का प्रथम परिचय बड़ा ही करुण है। यद्यपि अपूर्व सुन्दरी है, उभरे हुए वक्षः-स्थल और भिड़ की तरह पतली कटि तथा हंस के समान गति वाली है, फिर भी विरहाग्नि की आँच से उसका चेहरा काला पड़ गया है, सोने का-सा रंग म्लान हो गया है जैसे चद्रमा राहु द्वारा पराभूत हो गया हो। वह दीनानना राह जोह रही है, आँखों से निरन्तर जलधारा प्रवाहित होती जा रही है—

विजयनयरहु कावि वररमणि,
उत्तुंगथिरथोरथणि बिरुडलक्क धयरट्ठपउहर।
दीणाणण पहु णिहइ जलपवाह पवहत दीहरि।
विरहग्गिहिं कणयंगितणु तह सांमलिमपवन्नु।
णज्जइ राहि विडम्बिग्रउ ताराहिवइ सउन्न।

फिर सामने किसी बटोही को जाते देखती है और उसे रोकती है। उसके पास पहुँचने को उतावली उस विरहकातरा तन्वंगी की दुर्दशा हो जाती है। तेज़ी से जो वह पथिक की ओर बढ़ी तो कमर की रशनावली टूट गई, किंकिणियाँ कण-क्वणन के साथ बिखर गईं। किसी तरह उन्हें समेटा और रशनावली में निष्ठुर गाँठ बाँध-बूँध आगे बढ़ी तो मोतियों का नौलड़ा हार टूटकर छितरा गया। उसे बिचारी ने सँभालकर कुछ आगे बढ़ने का प्रयत्न किया तो चरणों में नूपुर ही उलझ गया और उसकी किंकिणियाँ रास्ते में बिखर गईं।

तं जं मेहल ठवइ गंठि णिट्ठुर सुहय
तुडिय ताव थूलावलि णवसर हार लय।
सा तिवि किविसंवारिवि च्हुवि किवि संचरिय
णेवर चरण विलग्गिवि तह पहि पंखुडिय॥

इस उतावली की कोई हद है! पथिक मिला मुलतान का निवासी, खंभात का यात्री। विरहिणी का पति वहीं रहता था। फिर संदेशा! विरह का अपार समुद्र! जितना ही गंभीर उतना ही उद्दाम!

अब्दुल रहमान बड़े ही निपुण कवि थे। उन्होंने आरम्भ में अपना परिचय देते हुए कहा है कि वे प्राकृत के काव्य और गीत विषयों में निपुण हैं। निस्संदेह उनके इस छोटे-से काव्य से पता चलता है कि वे महान् कवि रहे होंगे। प्राकृत-काव्य पर उनका अनुराग भी बहुत है। उन्होंने बड़ी विनम्रता से अपना काव्य आरम्भ किया है। उनका लक्षीभूत श्रोता थोड़ा-बहुत पढ़ा-लिखा सहृदय है। वे कहते हैं कि जो लोग पंडित हैं वे इस कुकवित्त के लिए क्यों ठहरेंगे, जो एकान्त मूर्ख है उसका मूर्खता के कारण इसमें प्रवेश ही नहीं हो सकता। इसलिए जो लोग न पंडित हैं और न एकदम मूर्ख हैं, मध्यवर्ग में आते हैं, उन्हीं को यह कविता प्रिय लगेगी। उनके सामने ही यह कविता बार-बार पढ़ी जा सकती है—

णहु रहइ बुहह कुकवित्तरेसु,
अबुहत्तणि अबुहह णहु पवेसु।

जिण मुक्ख न पंडिय मज्झयार ।
तिहँ पुरउ पढिव्वउ सव्ववार ।।

इस काव्य में विरह की अनेक सूक्तियाँ भी हैं । पर अधिकांश विरहिणी के कोमल हृदय की सरल अभिव्यंजना है । ऋतुवर्णन का बहाना भी कवि ने ढूँढ लिया है और तीसरे प्रक्रम में प्रकृति के बदलते हुए विभिन्न रूपों के साथ मनुष्य के रागात्मक हृदय का अद्भुत स्वारस्य चित्रित किया है । इस विरह-वर्णन के अत्यन्त करुण चित्र में भी कवि का प्राकृत भाषा का प्रेम प्रकट हो जाता है । शरत्काल के वर्णन में विरहिणी नायिका पथिक से पूछती है—

कहो पथिक, क्या उस देश में रात को निर्मल चन्द्रमा की ज्योत्स्ना नहीं छिटकती ? क्या अरविंदों पर विहार करने वाले हंस कलरव नहीं करते ? क्या कोई सुललित राग से प्राकृत भाषा का गाना नहीं गाता ? क्या कापालिक (निर्दय) भाव से कोई पंचम सुर में तान नहीं छेड़ता ? क्या वहाँ प्रातःकाल की प्रत्यूष वेला में ओस से भीगे पुष्प समूह मह-मह नहीं कर उठते ? हे पथिक, मैं तो समझती हूँ कि मेरा प्रिय अरसिक ही है जो शरत्काल में भी घर नहीं लौटता—

कि तहि देस णहु फुरइ जुन्ह णिसि णिम्मल चंदह,
अह कलरउ न कुणंति हंस फलसेवि रविंदह ।
अह पायउ णहु पढ़इ कोइ सुललिय पुण राइण,
अह पंचमु णहु कुणइ कोइ कावालिय भाइण ।
महमहइ अहव पच्चूसि णहु ओससित्तु घणु कुसुम भरु ।
अह मुणिउ पहिय अणरसिउ पिउ सरइ समइ जुण सरइ घरु !

कैसा है वह देस जहाँ प्राकृत का ललित राग भी नहीं गाया जाता !! अब्दुल रहमान का अपना नगर ऐसा अरसिक नहीं था । वहाँ तो प्राकृत और रासक से नगर-मार्ग मुखरित होते रहते थे । इस कवि ने साम्बपुर या मुलतान का बड़ा ही मनोहर और जीवन्त वर्णन किया है । वहाँ के धवलतुंग प्राकारों का उल्लेख करते हुए जब नगर के जीवन-क्रम का परिचय देता है तो पहली बात वह यही कहता है कि चतुर व्यक्तियों के साथ नगर में प्रवेश किया जाए तो अत्यंत मधुर-मनोहर प्राकृत छन्द सुनाई देंगे, चौबे लोगों का वेद-पाठ सुनाई देगा और नाना रूपों में निबद्ध रासक सुनाई देंगे ।

विविहविअक्खण सत्थिहि जइ पवसिइ णिरु
सुम्मइ छन्दु मणोहरु पायउ महुरयरु ।।

कहव ठाइं चउवेईहिं वेउ पयासियउ।
कहुँ बहुरूवि णिबद्धउ रासउ भासियइ।।

प्राकृत के मनोहर छन्द, वेद और रासक ! रामायण, महाभारत, नलदमयन्ती, सारंगा-सदयबच्छ, सब बाद में ! इसी से इस कवि का प्राकृत (और अपभ्रंश) काव्य के प्रति राग स्पष्ट हो जाता है। हर ऋतु का वर्णन कवि ने बड़ा ही मनोरम किया है। वर्षा के प्रसंग में—

झंपवि तम बद्दलिण दसह दिसि छायउ अम्बरु।
उन्नवियउ घुरहुरइ घोरु घणु किसणाडंबरु।।
णहह मग्गि णहबल्लि तरल तडयडिवि तडक्कइ,
दद्दुर रड़णु रउद्दु सद्दु कुवि सहवि ण सक्कइ।
निवड निरन्तर नीरहर दुद्धर धरधारोहभरु।
किम सहउ पहिय सिहरट्ठि ठयइ दुसहउ कोइल रसइ सरु।

कवि की यह उक्ति बादलों की घनघोर घटा, काले मसृण आडंबर के साथ घुरघुराती हुई घुमड़ती हुई ध्वनि, नभोमार्ग में बिजली का तड़तड़ाना, दादुरों की रौद्र रटन और रुई के पहल-पर-पहल के समान फैले हुए जलभरित मेघों की दुर्धर धारा-पंक्तियों को बिना अर्थ समझे भी, प्रत्यक्ष कर देती हैं। विरहिणी की यह करुण हृदयवेदना कि ऐसे समय में शिखर पर बैठी कोयल की दुःसह कूक कैसे सहूँ, मूर्तिमंत होकर प्रकट होती है। पर हर ऋतु में बदली हुई प्रकृति के साथ ताल मिलाकर चलनेवाली मानव-प्रकृति प्राकृत के रागों में बराबर मूर्तिमती हो उठती है। अब्दुल रहमान कोयल को कूक के साथ रागों की दुनिया की कूक को कभी नहीं भूलते। वसन्त में एक तरफ विभिन्न पुष्पों के रंगों, गन्धों, रूपों में प्रकृति के अन्तरतर की उल्लास-वेदना कसमसा उठती है, कोयल कूकने लगती है और भौंरे गुंजार करने लगते हैं। मोर नाच उठते हैं। सारी प्रकृति उल्लसित और मदविह्वल हो उठती है पर साथ ही अब्दुल रहमान मनुष्य के उस राग-रंजित चित्त को नहीं भूलते जो नूपुरों की रुनझुन में, नृत्य की चटुल भंगिमा में, हारों की झटकन-मटकन में, चर्चरी के गेय पदों के साथ उमड़ते तालों में, युवतियों के उल्लास-तरल कंठ में अभिव्यक्ति पाता है—

नच्चो रिहि गेउ झुणि करिवि तालु,
नच्चीयइ अउव्व वसन्त कालु।
घण निविड हार परिखिल्लरीहिं,
रुणझुण रउ मेहलकिंकिणीहिं।

गज्जंति तरुणि णवजुव्वणीहिं,
सुणि पढिय गाह पिअकंखिरीहिं।

ऐसे समय में प्रिय विरहिता यह प्राकृत गाथा पढ़े बिना कैसे रह सकती थी ?—

एआरिसंमि समए घणदिणरहसोयरंमि लोयम्मि।
अच्चहियं मह हियए कन्दप्पो खिवइ सरजालं॥

अर्थात् ऐसे समय में जबकि लोक में दिन इतने उत्तेजक हो गए हैं यह कितनी बड़ी विपत्ति है कि प्रेम का देवता मेरे हृदय पर वाणों की निरंतर चोट करता ही जा रहा है !

हर मौसम में अब्दुल रहमान प्रकृति की अन्तर्निगूढ़ वेदना के साथ मानव-चित्त को उद्वेल करने वाली प्राकृत कविता का ध्यान रखते हैं। मानो यह कविता भी हज़ार फूलों के बीच खिला हुआ एक फूल हो—सहज मनोरम, भव्य, आकर्षक।

अपभ्रंश कविता के जो कुछ भी अवशेष प्राप्त हुए हैं वे इतने मोहक और रसाल हैं कि वक्ता को छूट दी जाए तो एक-एक कविता उद्धृत करने की सोचेगा, एक ही कविता को कई बार पढ़ने की कामना करेगा। परन्तु मैं आपको अधिक उद्धरणों से परेशान नहीं करूँगा। कुछ थोड़ी-सी कविताएँ इस बात को सिद्ध करने के लिए पर्याप्त हैं कि यह साहित्य कितना समृद्ध था, कितना सहज था, कितना मनोरम था !

मैं कुछ और पुस्तकों में प्राप्त कविताओं को उद्धृत करने की लालसा को दबा रहा हूँ। जैसाकि शुरू में ही बताया गया है, कई ग्रन्थों में इस साहित्य की सामग्री बिखरी पड़ी है। कुछ ऐसी महत्त्वपूर्ण पुस्तकों का सिर्फ नामोल्लेख करके विरत हो रहा हूँ जिनमें अपभ्रंश की उत्तम रचनाएँ बिखरी हुई हैं और मेरे देखने में आई हैं।

प्रबन्ध चिन्तामणि नामक ग्रन्थ सं० १३६१ वि० में लिखा गया था। इसके दो अंग्रेज़ी अनुवाद हो चुके हैं। मैंने हिन्दी में भी इसका अनुवाद किया है जो सिंघी ग्रंथमाला में प्रकाशित हो चुका है। इसमें अपभ्रंश के कुछ बहुमूल्य दोहे हैं जो सिद्ध करते हैं कि किसी समय अपभ्रंश का विपुल साहित्य उपलब्ध था। मेरुतुंग इसके लेखक हैं। बाद में राजशेखर सूरि ने देखा कि इसमें कुछ कथाएँ छूट गई हैं। उन्होंने चौबीस प्रबन्धों का प्रबन्धकोश लिखा और इन दोनों में छूटी हुई कथाओं को परवर्ती जैन पाठकों ने विविध हस्तलेखों के हाशिए पर लिख रखा था जिनका संग्रह मुनि जिनविजयजी ने 'पुरातनप्रबन्ध संग्रह' नाम

से सम्पादित किया है। इन दो संग्रहों के हिंदी अनुवाद भी मैंने किए हैं। पर अभी तक वे प्रकाशित नहीं हो सके हैं। इन तीन प्रबन्धों में अपभ्रंश की अनेक रचनाएँ प्रकाशित हुई हैं जो इस भाषा के विपुल साहित्य की ओर इंगित करती हैं। सोमप्रभ नाम के एक दूसरे जैन आचार्य हुए हैं जिन्होंने 'कुमारपाल प्रति-बोध' नामक एक विचित्र काव्य लिखा जो है तो मुख्यतः प्राकृत में है, पर एक-दो कथाएँ संस्कृत में और कुछ अंश अपभ्रंश में हैं। अपभ्रंश के कुछ दोहे इसमें आए हैं। कदाचित् कवि ने कथाओं को रोचक बनाने के उद्देश्य से और उन्हें सामयिक और स्थानिक रंग देने के लिए अज्ञात और अप्रसिद्ध कवियों के दोहे बीच-बीच में रख दिए हैं। इन दोहों में कई हेमचन्द्र के उदाहरणों में मिल जाते हैं और कई प्रबन्ध चिन्तामणि आदि में भी। इसमें स्वयं सोमप्रभ के दोहे भी हैं पर अन्य कवियों की कविताओं से इतना तो पता चल ही जाता है कि अपभ्रंश का बहुत व्यापक साहित्य उन्हें उपलब्ध था और फिर यह भी कि कुछ कवियों के दोहे इतने प्रसिद्ध थे कि कई-कई ग्रन्थकारों ने उद्धृत किए।

यह सत्य है कि इस विशाल साहित्य का अधिकांश नहीं मिला। पर जो मिला है वह निस्संदेह महत्त्वपूर्ण है।

भाषा सर्वेक्षण

भाषा सर्वेक्षण बहुत ही उत्तरदायित्वपूर्ण और पवित्र कार्य है। इसके लिए अधिक-से-अधिक सावधानी और वैज्ञानिक तटस्थ बुद्धि की आवश्यकता होती है। हमारे देश में भाषाओं के अध्ययन का कार्य बहुत पुराना है। हमारे वैयाकरणों ने समय-समय पर विभिन्न प्रदेशों में बोली जाने वाली भाषाओं और बोलियों के बारे में कुछ उल्लेखयोग्य काम किया है। परन्तु 'लिंग्विस्टक सर्वे' उनसे भिन्न श्रेणी का काम है। यह केवल कुछ बोलियों के नाम गिनाने या व्याकरण बनाने का काम नहीं हैं। यह उससे भिन्न भी है और अधिक महत्त्व का काम भी है। आधुनिक युग में हमारे देश के भाषा सर्वेक्षण का काम उन्नीसवीं शताब्दी के अन्तिम चरण से शुरू हुआ है। यद्यपि यूरोपीय विद्वानों ने इस देश की भाषाओं की जानकारी प्राप्त करने के लिए थोड़ा-बहुत काम बहुत पहले ही शुरू कर दिया था, लेकिन सन् १८७८ ई० तक कोई ऐसा भी काम नहीं हुआ था जिसे आधुनिक दृष्टि से एक अच्छा 'कैटेलाग' भी कहा जा सके। यूरोपियन यात्रियों में जिन लोगों ने भाषा के विषय में जानकारी प्राप्त कराने का प्रयत्न किया उन्होंने बहुत-कुछ अटकल का ही सहारा लिया। किसी-किसी ने इस देश की भाषाओं की संख्या ५०-६० बताई और किसी ने २५० तक। परन्तु १८७८ ई० में प्रसिद्ध भाषा-शास्त्री डॉ० कल्ट ने पहला शानदार प्रयत्न किया और अपनी खोज का विवरण MODERN LANGUAGES OF THE EAST INDIES नामक ग्रन्थ में प्रकाशित कराया।

इस पुस्तक में पहली बार भाषा-शास्त्रीय सूझ-बूझ के साथ इस देश की भाषाओं के वर्गीकरण का प्रयत्न किया गया है। उनका यह प्रयत्न अधूरा ही था क्योंकि किसी एक व्यक्ति के लिए, चाहे वह कितना भी बड़ा पंडित हो,

सम्पूर्ण भारत की भाषाओं का सर्वेक्षण एक असम्भव कार्य ही है। फिर भी डॉ० कल्ट का काम बहुत ही शानदार था, क्योंकि उसने विद्वानों को और सरकार को इस कार्य के करने की बड़ी प्रेरणा दी।

सन् १८८६ ई० में वियना में ओरियंटल कांग्रेस की ऐतिहासिक बैठक हुई। डॉ० कल्ट इस कांग्रेस के सदस्य थे। इसी कांग्रेस के सुप्रसिद्ध विद्वान डॉ० व्हूलर ने प्रस्ताव किया जिसे प्रोफेसर वेवर ने समर्थन दिया। इस प्रस्ताव में भारत सरकार से अनुरोध किया गया था कि वह भारतवर्ष की भाषाओं का A DELIBERATE SYSTEMATIC SURVEY कराए। कांग्रेस में यह प्रस्ताव सर्वसम्मति से पास हुआ जिसका भारत सरकार पर बड़ा प्रभाव पड़ा। कोई आठ वर्ष के विचार-विमर्श और सलाह-मशविरे के बाद सन् १८८४ ई० में भारत सरकार ने इस महान् कार्य के लिए दृढ़ संकल्प किया। उस समय भारतवर्ष की आबादी उन्तीस करोड़ चालीस लाख कूती गई थी जिसमें बाईस करोड़ चालीस लाख लोग 'ब्रिटिश इण्डिया' के ही निवासी थे। इस सर्वेक्षण का काम प्रसिद्ध विद्वान् सर जार्ज ग्रियर्सन को सौंपा गया। इस प्रकार वर्षों के कठिन परिश्रम से भारतवर्ष का पहला सर्वांगीण भाषा सर्वेक्षण प्रस्तुत हुआ। इस सर्वेक्षण के आधार पर पता चला कि भारतवर्ष में १६६ भाषाएँ और ५४४ बोलियाँ हैं। परन्तु यह सर्वेक्षण अत्यन्त महत्त्वपूर्ण होते हुए भी त्रुटिहीन नहीं कहा जा सकता। स्वाधीनता-प्राप्ति के बाद कई बार यहाँ अनुभव किया गया है कि भाषा सर्वेक्षण का काम फिर से और नये सिरे से करना चाहिए। परन्तु नई परिस्थितियों में भाषा के साथ भावावेश, अनुचित आसक्ति और राजनीतिक हानि-लाभ की भावना इतनी जुड़ गई है कि वैज्ञानिक-तटस्थ दृष्टि बनने में बराबर कठिनाई अनुभव की जाती रही है। परन्तु कठिनाई कितनी भी क्यों न हो, भाषा सर्वेक्षण का महत्त्वपूर्ण कार्य स्थगित नहीं किया जा सकता। कुछ-न-कुछ राज-नीतिक लाभ-हानि की भावना और भावावेग तो हमेशा बना ही रहेगा। ग्रियर्सन के भाषा-सर्वेक्षण पर भी यह आरोप लगाया गया था कि उसमें तत्का-लीन भारत सरकार की साम्राज्यवादी नीति काम कर रही थी। आवश्यकता है यथाशक्ति शुभ बुद्धि, निष्पक्ष वैज्ञानिक दृष्टि और सच्चे ज्ञान के प्रति अटूट निष्ठा की। जिसके भीतर ये बातें होंगी वही इस कार्य को ठीक-ठीक कर सकेगा। भारतवर्ष अब स्वाधीन हुआ है। अब हमारी सभी भाषाएँ और सभी बोलियाँ अपनी हैं। हमारा पक्षपात हो तो सभी बोलियों के साथ होना चाहिए और होगा। इसी शुभ-बुद्धि से इस महान् कार्य को हाथ में लेना चाहिए।

ग्रियर्सन ने जब भाषा सर्वेक्षण का काम शुरू किया था तो उस समय के

भाषा-प्रेमी विद्वानों के सहयोग से कुछ पद्धतियाँ अपनाई गई थीं। उनकी जानकारी हमारे इस कार्य के लिए आवश्यक होगी। पहली बात यह तय की गई थी कि एक परिनिष्ठित या स्टैंडर्ड कहानी दी जाए जिसे भिन्न-भिन्न बोलियों के बोलनेवालों से अपनी भाषा में कहलवाया जाए और उसका शुद्ध लेखन किया जाए। यह भी निश्चय किया गया कि उस क्षेत्र में जो लिपि प्रचलित हो उसी में वह कहानी लिखी जाए और फिर उसे रोमन लिपि में उतार लिया जाए। हर प्रकार की ध्वनि रोमन लिपि में लिखी जा सके, यह प्रयत्न बहुत सावधानी से किया गया। अनेक नये चिह्नों की योजना करके रोमन वर्णमाला को अधिक-से-अधिक पूर्ण बनाने की कोशिश की गई। 'स्टैंडर्ड कहानी' के लिए बाइबल की PARABLE PRODIGAL SON नामक कहानी चुनी गई। परन्तु भारतीय जनता की रुचि का ध्यान रखते हुए उसमें थोड़ा परिवर्तन भी कर लिया गया। इस कहानी की सबसे बड़ी विशेषता यह है कि इसमें सभी वचन, कारक और लिंग आ जाते हैं। क्रियाओं के भी तीनों कालों के रूप आ जाते हैं और अधिकतर सर्वनाम रूप भी इसमें आ जाते हैं। परन्तु आशंका की बात यह थी कि अंग्रेज़ी न जानने वाले के लिए यह दुर्बोध्य थी। उसे अनुवाद करके हिन्दुस्तानी या अन्य किसी भाषा में समझाना पड़ता था और कहनेवाला उस अनुवाद का अनुवाद करता था। इससे मुहावरेदार सहज स्वाभाविक भाषा का परिचय मिलना कठिन हो जाता था। यद्यपि इस कहानी के अनुवाद से व्याकरण के ढाँचे का तो पता चल जाता था किन्तु उस बोली या भाषा का जीवन्त रूप सामने नहीं आ पाता था। इस कमी को पूरा करने के लिए एक दूसरी पद्धति यह थी कि बोलने वाले से उसी क्षेत्र में प्रचलित कोई लोक-कथा कहलाई गई। इसमें बोलनेवाले को पूरी स्वतन्त्रता थी कि वह अपनी इच्छा से स्वतन्त्रतापूर्वक जो भी कहना चाहे कहे। इन दोनों बातों के अतिरिक्त एक तीसरी बात और स्वीकार की गई। सर जार्ज कैम्पबेल ने बहुत पहले भारतीय भाषाओं की एक परिनिष्ठित शब्द-सूची तैयार की थी जो बंगाल एशियाटिक सोसायटी के जर्नल में बहुत पहले प्रकाशित हो चुकी थी। इस सूची में कुछ और शब्द जोड़कर A STANDARD LIST OF WORDS बनाई गयी। प्रत्येक बोली मे इनके लिए कौन-से शब्द प्रयुक्त होते हैं और इनका उच्चारण किस प्रकार का है, यह जानने की कोशिश की गई। प्रत्येक ज़िला अधिकारी और पॉलिटीकल एजेंटों को ये सारी बातें अच्छी तरह समझा दी गईं और इस प्रकार विभिन्न भाषाओं और बोलियों के नमूने इकट्ठे किये गये और भाषा सर्वेक्षण का कार्य सम्पन्न किया गया।

इन नमूनों का भाषा-शास्त्रीय विश्लेषण बड़ी सावधानी से किया गया। सारे नमूने जब मिल गये तो देखा गया कि इनमें भाषाओं की संख्या २३१ है और बोलियों की ७७४। बाद में छानबीन करने पर मालूम हुआ कि यह संख्या ठीक नहीं है क्योंकि कई बोलियाँ दो या अधिक ज़िलों में बोली जाती हैं। इसीलिए कई बोलियों का नाम दो या तीन बार भी आ गया है। इन सबको भाषा-शास्त्र की कसौटी पर कस कर देखा गया तो पता चला कि भाषाओं की संख्या वस्तुतः १६६ है और बोलियों की ५४४। परन्तु गलती की संभावना इसमें भी है, क्योंकि सन् १९२१ की जनगणना में इन्हीं आधारों पर भाषाओं की संख्या १८८ बताई गई है।

स्पष्ट है कि ज़िला अधिकारियों और पॉलिटीकल एजेंटों ने जिन लोगों को इस काम के लिए नियुक्त किया वे सभी भाषा-शास्त्रीय नियमों के जानकार नहीं थे। इस काम में अधिकतर पटवारियों और पोस्टमैन जैसे लोगों से मदद ली गई। कई बार तो ऐसी बोलियों का पता चला जिनको जानने वाला कोई पढ़ा-लिखा आदमी मिला ही नहीं। हिमालय में एक ऐसी बोली का पता चला जो तिब्बती परिवार की थी। उसके बोलनेवाले बहुत थोड़े लोग थे जो तिब्बत से आकर वहाँ बस गये थे। उनकी भाषा आस-पास के लोग बिल्कुल नहीं समझते थे। लेकिन उत्साही कार्यकर्त्ताओं ने उसके नमूने भी पेश कर ही दिये। ग्रियर्सन ने लिखा है कि उस बोली का नाम "Was a solemn procession of weird monosyllabels wandering right across a page" अर्थात् एकाक्षरिक शब्दों की लम्बी कतार थी जो पूरा पन्ना घेरे हुए थी। मूंड मार कर भी ग्रियर्सन इस नाम का कोई कूल-किनारा नहीं खोज सके। दोबारा पूछ-ताछ करने पर रहस्य का पता लगा। पूछनेवाले राजकर्मचारी ने उस बोली के बोलने वाले से पूछा कि तुम्हारी बोली का नाम क्या है? उसने अपनी बोली में उत्तर दिया कि मैं कुछ भी नहीं समझ रहा हूँ कि आप पूछना क्या चाहते हैं—"I don't understand what you are driving at?" कर्मचारी महोदय ने इस पूरे वाक्य को उस बोली का नाम समझ लिया। ऐसी ही कहानियाँ और भी हैं। इस कहानी से आप आसानी से समझ सकते हैं कि कर्मचारी महोदय ने भाषा का नमूना कैसा संग्रह किया होगा।

एक विचित्र बात यह है कि हिन्दुस्तान की अधिकांश जनता यह नहीं जानती कि वह कौन-सी बोली बोलती है। कम-से-कम ग्रियर्सन के समय तो यही अवस्था थी। हर बोली का नाम उसके पड़ोसियों का दिया हुआ है। पंजाब के दक्षिण और बीकानेर के उत्तर में एक बोली बोली जाती है, उसका

नाम है 'जंगली'। परन्तु बोलने वालों में से कोई भी अपनी बोली 'जंगली' कहने को तैयार नहीं हुआ। पड़ोसियों ने ही उसको यह नाम दे रखा था और लिंग्विस्टिक सर्वे में वह नाम उजागर भी हो गया। मेरी अपनी बोली का नाम 'भोजपुरी' है। परन्तु गाँव के लोग यह नहीं जानते कि उनकी बोली का नाम भोजपुरी है। यह नाम अंग्रेज सिपाहियों का दिया हुआ है। कुछ लोग एक सामान्य भाषा का नाम जानते हैं और उसी से अपनी बोली का भी परिचय दे दिया करते हैं। भाषा सर्वेक्षण का काम करनेवालों को इन सब बातों का सामना करना पड़ेगा। हो सकता है कि लिंग्विस्टिक सर्वे ऑफ इंडिया में दिये हुए नामों में अधिकांश कल्पित या बनावटी जान पड़ें। आपको बड़ी सावधानी के साथ सही स्थिति का पता लगाना होगा। पड़ोसियों के दिये हुए नाम कभी-कभी घृणा-सूचक या उपहास-सूचक होते हैं। जैसे बंगाली लोग पूर्वी बिहार वालों की भाषा को 'खोटा भाषा' कहते हैं और स्वयं बिहार वाले मैथिली को 'छिकाछिकी'। कहने का मतलब यह है कि केवल दूसरों की बात पर अन्ध भाव से विश्वास करने की जरूरत नहीं है। स्वयं विश्लेषण करके उचित तथ्यों का पता लगाना चाहिए।

भाषा सर्वेक्षण करनेवालों के सामने एक प्रश्न यह भी रहा है कि भाषा और बोली का अन्तर कैसे किया जाए। यूरोपियन विद्वानों में एक मान्यता यह रही है कि बोली विभिन्न क्षेत्रों की घरेलू भाषा है। कई बोलियों के लोग आपसी व्यवहार के लिए एक सामान्य भाषा का व्यवहार करते हैं जिसे सभी बोलियों के बोलनेवाले समझ जाते हैं। यह मान्यता व्यावहारिक दृष्टि से ठीक कही जा सकती है। पर भाषा-शास्त्रीय कसौटी पर ठीक नहीं उतरती। ग्रियर्सन ने कहा है कि लगभग समूचे उत्तरी भारतवर्ष में लोग एक सामान्य भाषा हिंदी-हिंदुस्तानी को समझ लेते हैं, फिर भी भाषा-शास्त्रीय दृष्टि से मैथिली, भोजपुरी, कमायूनी, गढ़वाली भाषाएँ एक नहीं हैं। उनका परिवार अलग है। साधारणतः क्रियापद, सर्वनाम और वाक्य-रचना से परिवारों के भेदक लक्षणों का ज्ञान होता है। हमारे संविधान में चौदह (अब पंद्रह) भाषाएँ मानी गई हैं। पर भाषा-शास्त्री इसे व्यावहारिक भेद ही कहेगा। भाषा-शास्त्र की दृष्टि से हिंदी और उर्दू अलग भाषाएँ नहीं है। हिंदी का लिखा जानेवाला भाषा-शास्त्रीय रूप भोजपुरी और अवधी के उतना निकट नहीं है जितना पंजाबी या गुजराती का रूप। इसी प्रकार बिहार की भाषाएँ बंगला के अधिक निकट हैं। इस बात की अधिक सावधानी से जाँच होनी चाहिए कि विभिन्न बोलियों का असली परिवार क्या है। इस विषम सामयिक राजनीति को यथासंभव दूर

रखना चाहिए। राजनीति बदलती रहती है, भाषा अधिक स्थायी वस्तु है।

जिस क्षेत्र के भाषा-सर्वेक्षण का कार्य आप करने जा रहे हैं उसका गठन ही भाषा के आधार पर हुआ है। कुछ दिन पूर्व तक 'पंजाब' बहुत बड़ा क्षेत्र था। देश-विभाजन के बाद वह आधा से भी कम रह गया। अब नये सिरे से जिस राज्य को हम पंजाब कहते हैं वह बिल्कुल पंजाबी भाषा-भाषी क्षेत्र है। इसके वर्तमान रूप की कहानी आप सबको मालूम है। पर इस तथ्य से आपका काम आसान नहीं हो जाता। पंजाबी यहाँ की मुख्य भाषा है। पर और भाषाएँ यहाँ हैं ही नहीं, यह नहीं समझना चाहिए। जिस भाषा या बोली के बोलने वाले दस आदमी ही हों, वह भी भाषा और बोली ही है। लिंग्विस्टिक सर्वे का कार्यकर्त्ता उसे भूल नहीं सकता और न उपेक्षा कर सकता है। इससे भाषाओं और बोलियों की संख्या अधिक बढ़ जा सकती है, फिर भी पंजाबी भाषा का महत्त्व उससे घटनेवाला नहीं है। भाषा सर्वेक्षण वैज्ञानिक अध्ययन है। व्यवहार के क्षेत्र में उसके सैकड़ों प्रकार के उपयोग हो सकते हैं। उत्तरी अमेरिका की राजभाषा अंग्रेज़ी है। वही वहाँ की मुख्य भाषा है, पर भाषा सर्वेक्षण से पता चलता है कि वहां अंग्रेजी के सिवा लगभग २५ परिवारों की ३४५ भाषाएँ बोली जाती हैं। केंद्रीय अमेरिका और मैक्सिको में २० परिवारों की कोई ८४ भाषाएँ हैं और दक्षिण अमेरिका में लगभग ७७ परिवारों की ७७६ भाषाएँ बोली जाती हैं। कुल अमेरिका में १२२ परिबारों की १२०५ भाषाएँ बोली जाती हैं। इनमें अंग्रेज़ी या अन्य यूरोपीय भाषाओं को नहीं जोड़ा गया है। इससे स्पष्ट है कि भाषा सर्वेक्षण करनेवालों ने छोटे-से-छोटे समुदाय की भाषा को भी छोड़ा नहीं है। पर इस बड़ी संख्या से अंग्रेज़ी के राजभाषा होने में कोई बाधा नहीं आती। इस विशाल संख्या को देखते हुए भारतवर्ष की १६६ भाषाएँ और ५४४ बोलियाँ बहुत कम दिखती हैं।

ग्रियर्सन के भाषा-सर्वेक्षण की चर्चा हम कर चुके हैं। दूसरे देशों में छोटे-छोटे जिलों या तहसीलों को लेकर उनका सर्वेक्षण किया गया है और भाषाओं या बोलियों के एटलस तैयार किए गए हैं। १८२१ से पहले श्मेलर ने बवेरियन उपभाषाओं का काम किया था। १८७३ में स्कॉट नामक अंग्रेज़ी विद्वान ने इंग्लिश डाइलैक्टोलाजी सोसायटी की स्थापना की थी। और इंग्लैंड की कई बोलियों का एटलस तैयार किया था। १८७६ में जर्मन पंडित जार्ज वेंकर ने राइन की बोलियों का सर्वेक्षण किया था और बाद में पूरे जर्मनी की, सरकारी सहायता से और स्कूली शिक्षकों के उत्साहपूर्ण सहयोग से भाषाओं का बहुत शानदार काम किया था। पर विद्वानों को इस कार्य से सन्तोष नहीं हो सका

क्योंकि सहयोग देनेवालों में उत्साह तो बहुत था पर इस विषय का प्रशिक्षण नहीं मिला था। और भी बहुत काम हुए हैं। इनका नाम गिनाना यहाँ अभिप्रेत नहीं है। परन्तु १९२९-४३ के कनाडा के न्यू इंग्लैंड के कुरैथ द्वारा बनाये हुए एटलस की चर्चा कर देना उचित समझता हूँ। भारतीय भाषाओं के विभिन्न क्षेत्रों में भी कुछ काम हुए हैं। वस्तुतः क्षेत्रीय भाषाओं के अध्ययन की यह भाषा-शास्त्रीय शाखा (जिसे लिंग्विस्टिक ज़ियाग्रफ़ी या भाषा भूगोल नाम दिया गया है) काफी महत्त्वपूर्ण बन गई है।

अब तक इस विषय पर जिन लोगों ने काम किया है वे थोड़े-बहुत भेद के साथ मोटी तौर पर एक ही पद्धति से क़ाम करते रहे हैं। जिस क्षेत्र का अध्ययन करना होता है उसे कई विभागों में बाँट लिया जाता है और वहाँ की सामाजिक और अन्य परिस्थितियों की मोटी रूप-रेखा बना ली जाती है। यह ज़रूरी है। इसलिए कि जिस क्षेत्र में काम करना हो उसके सामाजिक, धार्मिक विश्वासों, अन्धविश्वासों और रीतिरस्मों की जानकारी न होने से कार्यकर्त्ता को कभी-कभी बड़ी कठिनाइयों का सामना करना पड़ता है। उसे बोली के प्रतिनिधि वक्ता का विश्वास अर्जन करना पड़ता है, नहीं तो यदि लोग उसे संदेह की दृष्टि से देखने लगे तो ठीक उत्तर नहीं देते या बिल्कुल सहयोग नहीं करते। आजकल इस पद्धति को 'फील्ड मैथड कहा जाता है और इस पर अनुभवी लोगों ने पुस्तकें भी लिखी हैं। भाषा का अध्ययन पाँच दृष्टियों से किया जाता है—ध्वनि, रूप, शब्द, वाक्य और अर्थ। ऐसी कहानियाँ लोगों से कहलाने के लिए चुनी जानी चाहिए जिनमें भाषा के ये सभी रूप मिल जा सकें। यह ध्यान में रखना बहुत आवश्यक है कि जिस व्यक्ति से सूचनाएँ संग्रह की जा रही हों वह यथासम्भव बाहरी बोलियों या साहित्यिक भाषा से प्रभावित न हो। पहले केवल संग्रहकर्त्ता के सुनने और ठीक-ठीक लिख सकने की क्षमता पर ध्यान दिया जाता था, अब टेप-यंत्रों के आविष्कार के बाद से इसकी सहायता ली जाने लगी है। पर अनुभव से देखा गया है कि कभी-कभी इस यंत्र को ही भूतों की करामात मान लिया गया है और संग्रहकर्त्ता को परेशानी उठानी पड़ी है। पिछड़े इलाकों में इस बात की अधिक आशंका होती है। इसीलिए सावधानी बरतने की आवश्यकता होती है। भाषाओं और बोलियों की विभाजक रेखाओं के निश्चयन के लिए आइसोग्लास या आइसोफ़ोन पद्धति प्रचलित है। इससे उस विभाजक रेखा का पता लगता है जहाँ से भाषा में परिवर्तन के चिह्न स्पष्ट होने की ओर झुकने लगते हैं। इस विषय के जानकार अब हमारे देश में बहुत तो नहीं, पर मिल जाएँगे। सर्वेक्षण

आरम्भ करने के पूर्व हमें पूर्ववर्ती विद्वानों के अनुभव और आधुनिक पद्धतियों पर सावधानी से विचार कर लेना चाहिए। भाषा और बोलियों के नक्शों को आजकल बहुत महत्त्व दिया जाता है। ध्वनि, शब्दरूप, वाक्य-विन्यास, अर्थ आदि की रेखाएँ प्रायः भिन्न-भिन्न क्षेत्रों को लिया करती हैं। फिर भी कुछ ऐसे स्थल होते हैं जहाँ वे प्रायः मिल जाती हैं और पास-पास आ जाती हैं। इन्हीं मिली हुई या सटी हुई रेखाओं से बोलियों का क्षेत्र विभाजन होता है। पर कितनी भी सावधानी क्यों न बरती जाए, स्पष्ट विभाजक रेखा प्रायः कल्पित रेखा ही होती है। भाषा एक जीवन्त तत्त्व है। उसे भौतिक पद्धतियों से सीमा-बद्ध करना कठिन है। प्रायः एक क्षेत्र की विशेषताएँ दूसरे में मिल जाया करती हैं। भाषा सर्वेक्षण के समय यह सदा याद रखना चाहिए कि बहुत सुकुमार प्राणवन्त वस्तु की जांच की जा रही है।

पंजाब राज्य कई बार विभाजित हुआ है। पाकिस्तान के बाद जो विभाजन हुआ उससे भाषा विषयक उथल-पुथल हुई है और पुरानी परिस्थितियों में बड़ा अन्तर आ गया है। विभिन्न बोलियों के बोलने वाले झुंड-के-झुंड लोग इधर-से-उधर और उधर-से-इधर आए-गए हैं। पंजाबी भाषा शब्द के पुराने अर्थों में अन्तर आया है। किसी समय सिराइकी हिन्दकी के लिए इस शब्द का प्रयोग होता था। सिराइकी शब्द का अर्थ है ऊँची भूमि की भाषा। सिरो ऊँची भूमि को कहते हैं। परिनिष्ठित लहंदा, जिसे लायलपुर में अधिक परिनिष्ठित रूप में पाया जाता है, कभी पंजाबी-भाषा के नाम पर समझी जाती थी। लहंदा या लहंदी का अर्थ पश्चिमी है। यह सूर्यास्त के अर्थ में प्रयुक्त शब्द है। पूरे पंजाब के पश्चिमी भाग की भाषा को यह नाम दिया गया था। वस्तुतः 'लहुन्दे दी बोली' अर्थात् पछाँही भाषा से अंग्रेज़ अधिकारियों ने इस शब्द को ले लिया था। कभी हिन्दुओं की भाषा होने के कारण हिन्दकी, जाटों की भाषा होने के कारण जटकी, उच्च कस्बे के नाम पर इसे 'उच्ची' नाम दिया गया। ग्रियर्सन ने ही इसके परिनिष्ठित रूप को सुपरिभाषित नाम दिया। उनके अनुसार इनके बोलने वालों की संख्या कोई ४८००० के आस-पास थी। अब कितने लोग हैं, कितने बाहर चले गए हैं और कितने अन्य क्षेत्रों से आकर लहन्दा भूमि में आकर बस गए हैं, इसका अभी तक ठीक-ठीक पता नहीं है। आज पंजाबी शब्द का प्रयोग साहित्यिक भाषा के लिए अधिक रूढ़ हो गया है। परिनिष्ठित पंजाबी का शुद्ध भाषावैज्ञानिक ढाँचा केन्द्रीय पंजाब के मैदानों में है। अमृतसर के आस-पास का इलाका मध्यभूमि का माझ कहा जाता था। माझ की भाषा माझी के अतिरिक्त जालन्धरी, दोआबी, पोवाई, राठी, मालवाई, भट्टियानी (जिसमें बीकानेरी

राठी, फाजिल्काई, बागड़ी, फिरोजपुरी, राठौरी है) आदि से प्रचुर उपादान लेकर साहित्यिक परिनिष्ठित पंजाबी का गठन हुआ है। विभाजन के बाद इसमें कौन-कौन नए उपादान आए हैं, यह आज के प्रयत्नों से स्पष्ट होगा। पाकिस्तानी पंजाब की अनेक बोलियों के बोलनेवाले इन प्रदेशों में आ बसे हैं। निश्चय ही भाषा उनके सम्पर्क से प्रभावित हुई होगी।

भाषा का अध्ययन हमारे सांस्कृतिक विकास और आदान-प्रदान को स्पष्ट करता है। यह उचित ही है कि भाषा के सर्वेक्षण के साथ-साथ हम सांस्कृतिक सर्वेक्षण की ओर भी अग्रसर हों। भाषा में प्रयुक्त एक-एक शब्द, एक-एक स्वराघात कुछ सूचना देते हैं। व्यक्तियों के नाम, कुलों या खानदानों के नाम, पुराने गाँवों के नाम जीवन्त इतिहास के साक्षी हैं। हमारे रीति-रस्म, पहनावे, मेले, गान, नाच, पर्व, त्यौहार, उत्सव हमारे पुराने इतिहास की कथा सुना जाते हैं। यह आश्चर्य और कुतूहल की ही नहीं, उल्लास और आशा की बात है कि उपरले स्तर पर जहाँ इतिहास हमें लड़ाई-झगड़े और मारा-मारी की बात बताते हैं, वहीं गहराई में हमारे शब्द, हमारे स्वराघात, हमारे गाँव, हमारे त्यौहार, हमारे मेले, भुजा उठाकर घोषणा करते हैं कि उपरले स्तर पर जहाँ राज्यलिप्सा है, झगड़े हैं, धक्का-मुक्की है वहीं गहराई में मिलन की तैयारी होती रहती है। मनुष्य मिल रहा है, ले-दे रहा है, एक हो रहा है। कभी पंजाब में नागों का और आर्यों का कितना भयंकर संघर्ष था—इसका आभास हमें महाभारत के अर्जुन द्वारा दिए गए पाण्डव बन-दाह और जनमेजय द्वारा अनुष्ठित नाग-यज्ञ से मिलता है। न जाने कब वह संघर्ष कहाँ बिला गया, पर नागों के देवता या उनके आठ कुलों में से एक के नेता कर्कोट या गंगोट आज भी गुग्गा पीर या गोगा पीर के नाम से पूजे जा रहे हैं। पुरानी यक्ष-सभ्यता पता नहीं कहाँ चली गई पर मनेर कोटला (कोटला-कोटर) में शताब्दियों से चली आती हुई यक्ष रात्रि का उत्सव आज भी मुस्लिम सन्तों के संरक्षण में जी रहा है। हिमालय में दूर-दूर तक फैली हुई खस जाति अब कहीं है या नहीं, यह पण्डितों के अध्ययन का विषय बना हुआ है पर खसपल्ली कसौली के रूप में जी रही है और स्मरण दिलाती है कि किसी जमाने में खस यहाँ बसते थे। अम्बाला से जालन्धर तक न जाने कितने गाँव सड़क पर ही मिल जाते हैं जिनके अन्त में आला लगा हुआ है। लुधियाना का पुराना नाम भी कदाचित् लुधियाला था और वर्ण विपर्यय से उसी प्रकार लुधियाना बन गया है जिस प्रकार नफासत पसन्द लोगों के मुँह से नखलऊ, लखनऊ बन जाता है। क्या गाँवों की यह नामावली किसी विशेष सभ्यता की सूचना नहीं देती? कौन-सी सभ्यता या

सभ्यता की स्थिति वह रही होगी ? पंजाब में कुल-सूचक आस्त्रादों को सुनकर मेरा मन कुतूहल से भर जाता है। राजपूत जैसी नव क्षत्रिय जाति का नाम 'राजपुत्र' शब्द का विकास है। उस आधार पर मल्लों के वंशज (मल्लाह पुत्तर) मलहोत्रा, मिहिरों के वन्शज मेहरोत्रा समझ में आ जाते हैं क्योंकि पुराने साहित्य से इनका सन्धान मिल जाता है। पर बहुत से आस्पद हमें चुनौती देते हैं। वे अपने बारे में कुछ कह जाते हैं, अपने को उजागर करने के लिए व्याकुल दीखते हैं पर हम सुन नहीं पाते। सुनने का प्रयत्न भी नहीं करते। मिहिर शब्द मिहिरपुत्र या मेहरोत्रा से भी अधिक मनोरंजक है। उज्जैन के प्रसिद्ध ज्योतिषी (छठी शताब्दी) वराहमिहिर के नाम में जो मिहिर शब्द है उसका कोई सम्बन्ध है। मिहिर ही क्या मिसिर है जो आगे चलकर संस्कृतीकरण की प्रक्रिया में मिश्र और अंग्रेज़ी प्रभाव से मिश्रा बन गया है। कौन बताएगा ?

सांस्कृतिक सर्वेक्षण से बहुत महत्त्वपूर्ण निष्कर्षों के निकलने की सम्भावना है। हममें ज्ञान के प्रति अदम्य निष्ठा होनी चाहिए।

हमारी महती परंपरा

राजनीतिक स्वाधीनता प्राप्त करने के बाद देश को अनेक जटिल समस्याओं का सामना करना पड़ा है। सर्वत्र यह अनुभव किया गया है कि इस देश को जिस बात की सबसे बड़ी आवश्यकता है वह है चरित्रबल। बड़े-बूढ़ों का ध्यान बार-बार देश के नौजवानों की ओर आकृष्ट हुआ है। उनकी जिज्ञासा-वृत्ति की कमी के लिए दुःख प्रकट किया गया है, उनकी परिश्रम-कातरता को देखकर क्षोभ प्रकट किया गया है और उनकी चरित्रगत दुर्बलताओं को देखकर क्रोध प्रकट किया गया है। परन्तु सारे दुःख, क्षोभ और क्रोध के पीछे यह विश्वास काम करता रहा है कि देश के ये नौजवान ही भविष्य में इस संसार को रहने योग्य बना सकते हैं। आशा की ज्योति-किरण अगर कहीं है तो इन युवकों में ही है। देश के वृद्धजनों की आँख बार-बार युवकों की ओर ही फिरी है।

काशी हिन्दू विश्वविद्यालय के संस्थापक ऋषिकल्प महामना पं० मदनमोहन मालवीयजी का देश के युवकों पर अखण्ड विश्वास था। उन्हें ज्ञान से, तपस्या से और आत्मबल से समृद्ध बनाने के उद्देश्य से ही उन्होंने इस महान् विश्वविद्यालय की स्थापना की थी। देश उन दिनों पराधीनता के पाश से जकड़ा हुआ था, जीवन के हर क्षेत्र में देशवासी नाना प्रकार की बाधाएँ अनुभव कर रहे थे। मालवीयजी महाराज हार माननेवालों में नहीं थे। देश की उगती हुई पीढ़ी पर दृढ़ विश्वास रखते हुए उन्होंने इस महान् विद्यापीठ की स्थापना की थी। हिन्दू विश्वविद्यालय के विद्यार्थियों ने अपने महान् संस्थापक को निराश नहीं किया। त्याग और आत्म-बलिदान के अवसर पर वे पीछे नहीं रहे। यह महती परम्परा हमें विरासत में मिली है। सब प्रकार

की कठिनाइयों से जूझकर आगे बढ़ने की, सब प्रकार के क्षुद्र स्वार्थों की अपेक्षा देश-हित को ऊपर रखने की और आवश्यकता पड़ने पर देश के कल्याण के लिए सब-कुछ को निछावर कर देने की परम्परा मामूली परम्परा नहीं है। हमें दृढ़ता और आस्था के साथ इस परम्परा को कायम रखना है। देश के सामने जो नई परिस्थितियाँ आई हैं, नवीन शक्तियों से मुक्त होने से जो नई उलझनें पैदा हुई हैं उनके लिए आज के युवकों को नये ढंग से प्रस्तुत होना होगा। इस विश्वविद्यालय के प्रत्येक विद्यार्थी को स्मरण रखना होगा कि उसे अपने विश्वविद्यालय के महान् संस्थापक की आशाओं के अनुरूप बनना है।

परन्तु यह नई उलझनें क्या हैं? हमारी सभ्यता हज़ारों वर्ष पुरानी सभ्यता है। इसके गुणों और अवगुणों की जड़ गहराई तक पैठी हैं। नई शिक्षा के फलस्वरूप हमारे समाज के सोचने-विचारने वाले अंश में नई दृष्टि प्रतिष्ठित हुई है जो सब समय इस शिक्षा से अपरिचित जन-समूह की दृष्टि से मेल नहीं रखती। नई शिक्षा ने हमारी दृष्टि धीरे-धीरे परलोक से हटाकर इसी मर्त्यलोक के मर्त्यजीवन की ओर केन्द्रित कर दी है। हमने क्रमशः यह अनुभव करना शुरू किया है कि मनुष्य को इसी जीवन में सुखी बनाना ही हमारा महान् कर्तव्य है। इस दृष्टि के प्रतिष्ठित होने के फलस्वरूप जीवन की प्रत्येक क्रिया और विचारों के मानों में परिवर्तन हुआ है। जिस समाज-व्यवस्था को पहले यत्न-पूर्वक सुरक्षणीय माना जाता था उसके प्रति शिक्षितों की आस्था क्रमशः क्षीण होती जा रही है। सिद्धान्त रूप में हमने मनुष्य मात्र की समता और उसे इसी जीवन में सुखी और समृद्ध बनाने की बात स्वीकार कर ली है। अपने विधान में हमने देश के प्रत्येक प्राणी को यह समानता का अधिकार दे दिया है। किन्तु हमारे पुराने संस्कार भी बने हुए हैं। पुराने संस्कारों के साथ नये विचारों का विचित्र मिश्रण चल रहा है। सब समय सबके लिए यह समझना कठिन हो जाता है कि जीवन-व्यापारों का जो मान परिवर्तित हो रहा है उनका वास्तविक स्वरूप और उपयोगिता क्या है। इस बात की ठीक-ठीक जानकारी के लिए गम्भीर अध्ययन और अनासक्त दृष्टि की आवश्यकता है। इसलिये हमारा सबसे प्रथम कर्तव्य है गम्भीर अध्ययन और अनासक्त दृष्टि की प्राप्ति। देश और काल में व्याप्त मनुष्य के प्रत्येक अंग का सूक्ष्म अध्ययन करते ही हम उसके विचारों और क्रियाओं का यथार्थ स्वरूप समझ सकते हैं और बदलने वाले या बदले हुए मानों की वास्तविक गति और उपादेयता जान सकते हैं। इसके लिए कठोर परिश्रम की आवश्यकता है। इसी अध्ययन के द्वारा हम अपनी समस्याओं का ठीक-ठीक स्वरूप समझ सकते हैं। इसलिए गम्भीर अध्ययन हमारा प्रथम

कर्तव्य है। हम लोग इस विश्वविद्यालय में मुख्य रूप से इसी उद्देश्य से एकत्र हुए हैं। इस बात को हमें कभी नहीं भूलना चाहिए।

किन्तु विश्वविद्यालय में हम केवल ज्ञान पा लेने के उद्देश्य से ही नहीं आते। ज्ञान का यथार्थ अधिकारी बने बिना कोई ज्ञान नहीं पा सकता। इसलिए हमें अधिकारी भी बनना चाहिए। जिसमें श्रद्धा नहीं होती और तपस्या नहीं होती उसे ज्ञान नहीं देना चाहिए—यह प्राचीन आचार्यों का निर्देश है। गीता में भगवान् ने कहा है कि जो अधिकारी न हो, जिसमें तप और भक्ति न हो उसे यह ज्ञान नहीं देना चाहिए और आधुनिक अनुभव बताता है कि ऐसे अनधिकारी को यदि यह ज्ञान दिया भी गया तो लाभ की अपेक्षा हानि ही अधिक होती है।

गम्भीर अध्ययन के लिए संयत जीवन की आवश्यकता है। पिछले कई वर्षों के शिक्षा-विशारदों के मत का विश्लेषण किया जाए तो जान पड़ेगा कि विद्यालयों की अनुशासन-हीनता सबसे अधिक उनकी चिन्ता का कारण रही है। यह बड़े दु:ख की बात है, क्योंकि यदि सचमुच ही देश की उगती हुई पीढ़ी में अनुशासनहीनता आ गई है तो देश का भविष्य अन्धकारमय है। जिसने आरम्भिक जीवन में विचारगत संयम और आचारगत मर्यादा की बात नहीं सीखी वह आगे चलकर क्या सीखेगा। बड़ी चीज़ का दाम भी बड़ा होता है। जिस गम्भीर अध्ययन और अनासक्त दृष्टि के पाने के लिए हम विश्वविद्यालयों में एकत्र होते हैं उसके लिए बहुत बड़े मूल्य के चुकाने की आवश्यकता है। वह मूल्य रुपयों-पैसों में नहीं चुकाया जा सकता। आत्मदान ही उसका यथार्थ मूल्य है। ज्ञान को प्राप्त करने के लिए बड़े संयम की आवश्यकता होती है और संयम वह वस्तु नहीं है जो अनायास प्राप्त हो जाए। उसके लिए प्रयत्नपूर्वक अभ्यास करने की आवश्यकता होती है। प्रयत्न करना मनुष्य का सहज धर्म है। इसलिए प्रयत्न से घबराना नहीं चाहिए। साधारणत: इस विषय का सारा दोष विद्यार्थियों के मत्थे मढ़ दिया जाता है। पर सचाई यह है कि विद्यार्थी केवल पुस्तकों में लिखे हुए या बड़-बूढ़ों के कहे हुए उपदेशों से शिक्षा नहीं ग्रहण करता—ठीक उसी प्रकार जिस प्रकार वृक्ष केवल दूसरों के हाथ से ढरकाए हुए पानी से जीवन नहीं पाता—वातावरण से भी उसे रस लेना पड़ता है। वृक्ष तभी स्थायी होता है जब वह वातावरण से सहज भाव से रस खींचने लगता है। हमारे देश के अधिकांश विद्यालयों में इस प्रकार के वातावरण की कमी है जहाँ से विद्यार्थी को संयमित विचार और मर्यादित जीवन की सहज शिक्षा मिल सके। उस प्रकार के वातावरण की आवश्यकता है। पर यह हो कैसे ? जब तक विद्यालय का प्रत्येक प्राणी प्रयत्नपूर्वक संयत विचार और

मर्यादित जीवन का अभ्यासी नहीं होता तब तक वातावरण नहीं प्रस्तुत होता और जब तक वातावरण नहीं प्रस्तुत होता तब तक विद्यार्थी सहज ढंग से अनुशासित जीवन की शिक्षा नहीं पा सकता। दोनों परस्पर-सापेक्ष हैं। इसलिए प्रत्येक व्यक्ति को इस ओर सावधान रहना चाहिए। वातावरण बनाने के लिये प्रयत्न करना प्रत्येक व्यक्ति का धर्म है। संयत और मर्यादित जीवन से मनुष्य धार्मिक बनता है।

हमारे विश्वविद्यालय के संस्थापक ने बार-बार धर्ममय जीवन पर ज़ोर दिया था। विश्वविद्यालय के बारहवें उपाधि वितरणोत्सव के अवसर पर उन्होंने कहा था कि 'हम धर्म को चरित्र-निर्माण का सीधा मार्ग और सांसारिक सुख का सच्चा द्वार समझते हैं। हम देशभक्ति को सर्वोत्तम शक्ति मानते हैं जो मनुष्य को उच्चकोटि की निःस्वार्थ सेवा करने की ओर प्रवृत्त करती है।" उन्होंने इन्हीं दो बातों के आधार पर विश्वविद्यालय के विद्यार्थियों में चरित्रबल ले आने की बात सोची थी। आज जब समूचे देश में अनुशासन के अभाव की बात कही जा रही है तो कम-से-कम हिन्दू विश्वविद्यालय के विद्यार्थियों तथा अन्य लोगों को तो अपने संस्थापक के महान् आदर्शों को मूर्त रूप देने का व्रत ले ही लेना चाहिए।

'देशभक्ति' शब्द का प्रयोग तो बहुत होता है पर बहुत कम लोग समझते हैं कि इसका वास्तविक अर्थ क्या है। देश की सेवा कहने से भी वह सब बातें नहीं प्रकट होतीं जो 'देशभक्ति' शब्द का प्रतिपाद्य हैं। देश केवल मानचित्र नहीं है। देश-सेवा का अर्थ है देश के कोटि-कोटि लोगों को अज्ञान, कुशिक्षा, दारिद्र्य और परमुखापेक्षिता से बचाना। जिसके मन में यह बड़ा संकल्प आ जाएगा वह कभी निचली श्रेणी के स्वार्थ का शिकार नहीं हो सकता। इस देश की समूची जनता को ठीक-ठीक समझने के लिए इस देश के इतिहास की जानकारी आवश्यक है; इस देश की समस्त प्राकृतिक शक्तियों का---जंगलों-पहाड़ों का, खनियों का, नदियों का—ठीक-ठीक ज्ञान अपेक्षित है; इनका सर्वोत्तम उपयोग पहले किया जाए इस कौशल की जानकारी भी ज़रूरी है और देश में बसी हुई सैकड़ों जातियों, उपजातियों, श्रेणियों और जमातों के आचार-विचार, धर्म-नियम, रीति-नीति का अध्ययन भी आवश्यक है। जो इस विशाल देश की सेवा करना चाहता है उसे इसकी समाज-व्यवस्था को खूब परिश्रम से समझना चाहिए। सबके लिए गम्भीर अध्ययन और अविचल मनोयोग की आवश्यकता है। बिना ठीक वस्तुस्थिति को समझे देश-सेवा करने का काम खतरे से खाली नहीं है। विश्वविद्यालय ही इस प्रकार के ज्ञान प्राप्त करने के उत्तम केंद्र हैं।

विश्वविद्यालय की शिक्षा का उद्देश्य है जनता को ठीक-ठीक समझना ग्रौर समझकर उचित कल्याण-मार्ग की ग्रोर ले जाना।

परन्तु देश-सेवा ही देशभक्ति नहीं है। यदि सेवा करनेवाले के मन में कोई ऐसी भावना हो कि वह कुछ उपकार करता है, दया करता है, तो वह देश की जनता की ठीक सेवा नहीं कर सकता। इसीलिए हमारे संस्थापक ने 'देश-भक्ति' शब्द का प्रयोग किया था। देश की जनता में ग्रखण्ड विश्वास ग्रौर श्रद्धा के भाव लेकर ही हम उसकी सेवा कर सकें तो ग्रच्छा हो। मनुष्य की सेवा में ही परमात्मा की सेवा है। हमें भूलना नहीं चाहिए कि विश्वविद्यालय में ज्ञान की साधना बहुत ही पवित्र है। जितना ही हम इस पवित्रता का ध्यान रखेंगे उतना ही हमारा ग्रध्ययन गम्भीर होगा। इस पवित्र कर्तव्य को स्मरण रखने से हमारे ग्रध्ययन में गम्भीरता, उत्तरदायित्व ग्रौर कल्याणबुद्धि ग्राएगी ग्रौर हमारे भीतर ग्रनासक्त ग्रौर ग्रनाविल दृष्टि प्रतिष्ठित होगी।

हिन्दी पर वैष्णव धर्म का प्रभाव

मध्य युग में भक्ति की एक नई धारा भारतीय महाद्वीप के इस छोर से उस छोर तक बह गई और देखते-देखते इस विशाल देश को एक नये रूप में बदल दिया। भाषा-शास्त्र के प्रकाण्ड पण्डित डॉक्टर ग्रियर्सन[1] मध्ययुग के इस आन्दोलन के सम्बन्ध में कहते हैं—"बिजली की चमक के समान अचानक इस समस्त (अर्थात् पुराने धार्मिक मतों के) अन्धकार के ऊपर एक नई बात दिखाई दी। कोई हिन्दू नहीं जानता कि यह बात कहाँ से आई, कोई भी इसके प्रादुर्भाव का काल निश्चित नहीं कर सकता; किन्तु वे सभी शास्त्रीय ग्रन्थ जो इस (भक्ति) के सम्बन्ध में लिखे गये हैं, और जिनका काल निश्चयपूर्वक बताया जा सकता है, ईसाई सन् के बहुत बाद लिखे गये हैं।" इसीलिए डॉक्टर साहब इस नयी बात का अनुभव कर सके हैं।[2] आपका कहना है कि यह बात मद्रास प्रान्त में आकर बस गये नेस्टोरियन सम्प्रदाय के ईसाइयों से ग्रहण की गई है। यही विद्वान एक दूसरी जगह लिखते हैं—"कोई भी मनुष्य, जिसे १५वीं शताब्दी का भारतीय साहित्य पढ़ने का अवसर मिला है, उस भारी व्यवधान को लक्ष्य किये बिना नहीं रह सकता जो प्राचीन और नयी (धार्मिक भावनाओं) में विद्यमान है। हम अपने को एक ऐसे धार्मिक आन्दोलन के सामने पाते हैं, जो

---

१. **ग्रियर्सन** : Modern Hinduism and its debt to the Nestorians, Journal of the Royal Asiatic Society (J. R. A. S) Page 313, 1907.

२. Grierson : Bhaktimarga. Encyclopedia of Religion and Ethics, Vol. 2. 1909.

उन सब आन्दोलनों से कहीं अधिक विशाल है, जिन्हें भारतवर्ष ने कभी भी देखा है—यहाँ तक कि वह बौद्ध धर्म के आन्दोलन से भी अधिक विशाल है, क्योंकि इसका प्रभाव आज भी वर्तमान है। धर्म ज्ञान का विषय नहीं, 'रस' (Emotion) का विषय हो गया था। इस समय से हम साधना और प्रेमोल्लास (Mysticism and rapture) के देश में आते हैं और ऐसी आत्माओं का साक्षात्कार करते हैं जो काशी के दिग्गज पंडितों की जाति की नहीं हैं, बल्कि जिनका सम्बन्ध मध्ययुग के यूरोपियन मरमी (Mystic) बर्नर्ड ऑफ़ क्लेयर-वक्स (Bernerd of Clairvaux), थामस-ए-केम्पिस (Thomas-a-Kempis), एखर्ट Ekhert) और सेन्ट थेरिसा (St. Therisa) से है।"
डॉक्टर ग्रियर्सन के इन दो उद्धरणों से यह बात स्पष्ट ही प्रकट हो जाती है कि भारतीय मध्ययुग का भक्ति-आन्दोलन संसार के इतिहास में बेजोड़ है। जैसा कि डॉक्टर साहब ने बताया है, इस युग का धर्म, ज्ञान का विषय नहीं, रस का विषय है। दूसरे शब्दों में हम कह सकते हैं कि इस युग के धर्म और कला को अलग-अलग रखकर विचार नहीं किया जा सकता। क्या वास्तु शिल्प, क्या मूर्ति-शिल्प, क्या चित्रकला, क्या काव्य, क्या नृत्य और क्या संगीत—सर्वत्र एक ही बात दिखाई देती है। और वह यह कि समस्त भारतीय अन्तरीप एक सिरे से दूसरे सिरे तक भक्ति—विशेषकर वैष्णव-भक्ति की शक्तिशाली तरंग से आक्रान्त हो उठा था। इस बात का महत्त्व तब और भी बढ़ जाता है जब हम देखते हैं कि इसी युग में भारतवर्ष विदेशी धर्म और विजातीय संस्कृति का करुणाजनक शिकार बना हुआ था।

ग्रियर्सन ही को नहीं, उनके पूर्ववर्ती अनेक पंडितों को भी यह सन्देह हो चुका है कि भक्ति-आन्दोलन ईसाइयत की देन है। वेबर और लैसेन ने भी यह सन्देह किया था। डॉक्टर साहब की शंकाओं का समाधान हमने 'सूर साहित्य' की भूमिका में किया है। ग्रियर्सन साहब के सामने ही, संस्कृत भाषा के प्रकाण्ड पंडित श्रीयुत (अब डॉक्टर) कीथ ने उनकी प्रायः समस्त युक्तियों का खण्डन कर दिया था।[1] परन्तु जब हम मध्ययुग के उस रहस्यमय युग में एकाएक भक्ति-

---

१. **इन सब बातों की विस्तृत आलोचना के लिए निम्नलिखित कई प्रबंध द्रष्टव्य हैं**—[1] Modern Hinduism and its debt to the Nestorians : Grierson; [2] The Child Krishna, Christianity and the Gujars. (J. R. A. S. 1907); [३] **उक्त नाम का प्रबन्ध** A. B. Keith (J. R. A. S. 1908.)

आन्दोलन के प्रबल स्रोत का अनुमान करते हैं, तो इन विदेशी पंडितों के इस विश्वास को आश्चर्यजनक नहीं कह सकते कि भारतीय साधना में भक्ति बाहरी उपादान है। उनका यह भ्रम स्वाभाविक है। असल बात यह है कि जिस प्रकार मनुष्य के दुर्बल और रोगाक्रान्त होने पर उसकी जीवनी-शक्ति एकाएक प्रबल वेग से जाग पड़ती है, ठीक उसी प्रकार भारतीय संस्कृति के रोगाक्रान्त होने पर उसकी जीवनी-शक्ति अर्थात् भक्ति-साधना, वेग के साथ जाग पड़ी थी। हम इस प्रश्न के ऊपर फिर विस्तृत विवेचन करेंगे।

हिन्दी-साहित्य के ऊपर वैष्णव प्रभाव का अध्ययन एक विशाल कार्य है। मध्ययुग का हिन्दी-साहित्य कुछ थोड़े-से अपवादों को छोड़कर समस्त वैष्णव साहित्य ही है। मिश्रबन्धुओं ने जिन नौ महाकवियों को हिन्दी का 'नवरत्न' माना है, जिनकी संख्या बाद में दस करनी पड़ी है, उनमें से सात तो नख से सिख तक वैष्णव हैं। तीन—चन्द, कबीर और भूषण—और चाहे कुछ भी हों अ-वैष्णव नहीं हैं। मिश्रबन्धु-विनोद के प्रथम दो भागों में जिन कवियों की चर्चा है, उनमें ८५ फीसदी पूरे वैष्णव हैं।[1] शेष में बहुत ही कम अवैष्णव हैं। साहित्य की धर्म के साथ इस प्रकार की अद्भुत एकात्मता संसार के इतिहास में विरल नहीं है। परन्तु कुछ ऐसी बातें हैं जिनके कारण वैष्णव साहित्य और वैष्णव साधना की एकता संसार के इतिहास में एक नयी बात है। यह बात क्या है, यह समझने के लिए हमें इस युग तक के साहित्यिक और धार्मिक विकास की एक साधारण जानकारी आवश्यक है।

भारतीय नाट्यशास्त्र के आरम्भ में ही एक ऐसी कथा आती है जो विद्वानों को चक्कर में डाल देती है। इस कथा के अनुसार देवताओं की प्रार्थना पर ब्रह्मा ने 'नाट्य वेद' नामक पाँचवें वेद की रचना की थी। साधारणतया हिन्दू

---

१. **यह वर्गीकरण इस प्रकार है—वैष्णव कवि ८४.७९ प्रतिशत**

सन्त (अर्थात् शास्त्र की परवाह किये बिना भक्ति करनेवाले)	**३.५९ ,,**
मुसलमान	**२.७५ ,,**
जैन	**२.७४ ,,**
अन्यान्य	**६.१३ ,,**

यह सूची अपूर्ण हो सकती है। क्योंकि कितने ही कवियों के विषय में ठीक-ठीक नहीं जाना जा सका कि उनकी कविता का विषय क्या है। यह ध्यान देने की बात है कि मुसलमान कवियों में से अधिकांश वैष्णव भावापन्न हैं और जैनों में भी कुछ वैष्णव ढंग के कवि हैं।

आचार्य किसी नये शास्त्र की नींव डालते समय उसका सम्बन्ध किसी-न-किसी प्रकार वेदों से ज़रूर स्थापित करते हैं। नाट्य-शास्त्र की रचना के समय भी यह बात अवश्य प्रस्तुत हुई होगी। परन्तु जब कोई सीधा सम्बन्ध मिलना असम्भव हो गया होगा तब उक्त कथा के बल पर एक पाँचवें वेद की कल्पना आवश्यक समझी गयी होगी। मामला पेचीदा इसलिए हो जाता है कि वस्तुतः वेदों में ऐसे कथोपकथनों की कमी नहीं है जिन्हें आसानी के साथ नाटकों का मूल रूप कह सकते थे; फिर नाट्य वेद की कल्पना शास्त्रकार ने क्यों की ? प्रभावशाली विचार के लगभग सभी यूरोपियन पंडितों ने इस पर अपनी-अपनी रायें दी हैं।[1] फलतः "मुण्डे मुण्डे मतिर्भिन्ना" तो हो गई, परन्तु कोई उचित समाधान नहीं हो पाया।

हमारी समझ में इस मामले का इतना पेचीदा हो जाना एक कल्पित किन्तु भ्रमात्मक सिद्धान्त को स्वीकार कर लेने पर निर्भर है। यूरोपियन पंडित यह मानकर ही कलम उठाते हैं कि भारतवर्ष में जो कुछ है वह वेदों से ही शुरू होता है। हमें श्री मनमोहन घोष[2] का यह मत ठीक जान पड़ता है कि नाटक इस देश में आर्यों के आगमन के पूर्व ही वर्तमान थे। परन्तु उनमें पात्रों की बातचीत नहीं रहा करती थी, वे अभिनय-प्रधान हुआ करते थे। इन अभिनयों का काम था 'रस' का उद्रेक। आर्य-संसर्ग के बाद अभिनय के साथ-साथ कथोपकथन भी मिल गया। परन्तु नाटक का प्रधान उपकरण अभिनय रहता था और लक्ष्य निष्पत्ति। प्राचीन संस्कृत-नाटकों में 'लज्जां नाट्यति' 'वृक्षसेचनं नाट्यति' आदि प्रयोग इस अनुमान की पुष्टि करते हैं। कालिदास के अभिज्ञान शाकुन्तल के प्रसिद्ध टीकाकार राघवभट्ट ने वृक्षसेचन, भ्रमरबाधा निवारण, आदि अभिनयों की भंगी का भी निर्देश किया है।[3]

रस नाटक का ही विषय था, इस बात का और भी स्पष्ट प्रमाण है

---

१. इन मतों के लिए ए० बी० कीथ का 'इण्डियन ड्रामा' देखिए।

२. अभिनय दर्पण की प्रस्तावना (Introduction) XXIII—XXVI

३. देखिये, अभिज्ञान शाकुन्तलम्, राघव भट्ट की टीका (निर्णयसागर) : वृक्षसेचन (पृ० २७) भ्रमरबाधा (पृ० ३४) शृंगारलज्जा (पृ० ४०) विषाद (पृ० ४६) मुखोन्नयनपरिहार (पृ० १०६) कुसुमावचय (पृ० ११५) प्रसाधन (पृ० १२६, १३२) गतिभंग (पृ० १३६) अवतरण (पृ० १८६) रथाधिरोहण (पृ० २२२) विशेष व्याख्या के लिए देखिये अभिनय-दर्पण में मनमोहन घोष का Introduction।

आलंकारिकों की रस-सूत्र की व्याख्या। वस्तुतः मम्मट ने[1] जिन आलंकारिकों का मत भारतीय नाट्यसूत्र के सिलसिले में उद्धृत किया है, वे सभी—लोल्लट, शंकुक, भट्ट नायक और अभिनवगुप्त—नाट्य-शास्त्र के ही व्याख्याता हैं और दर्शक के मन में रसोद्रेक की बात ही कहते आये हैं। नाटक में रस की भाँति ही अलंकार स्फुट काव्य का विषय समझा जाता था। यह ध्यान देने योग्य बात है कि अलंकार सम्प्रदाय के प्राचीनतम आचार्यों—दण्डी और भामह—ने अलंकार को ही प्रधान माना है। रस की चर्चा तो वे करते ही नहीं। उनकी पुस्तकों से यह अनुमान करना बिल्कुल कठिन नहीं है कि वे रस को काव्य—अर्थात् स्फुट श्लोक—का विषय ही नहीं समझते।[2]

आठवीं शताब्दी के आस-पास अलंकार-शास्त्र में ध्वनि-सम्प्रदाय ज़ोर पकड़ता दिखाई देता है।[3] ध्वनि या व्यंग्य को काव्य की आत्मा मान कर और ध्वनि में भी रस-ध्वनि को सर्वोत्तम स्थान देकर इस सम्प्रदाय ने अलंकारशास्त्र को अभिनव जीवन दिया और एक बड़ा कार्य यह किया कि रस और अलंकार दोनों को नाटक और स्फुट काव्य में समान रूप से उपयोगी

---

१. काव्यप्रकाश, चतुर्थ उल्लास।

२. इसीलिए रुय्यक अलंकारसर्वस्व (पृ० ७) में कहते हैं—"नदेवं अलंकार एव काव्ये प्रधानमिति प्रायशानां मतम्।"

३. शब्द की तीन शक्तियाँ होती हैं : [१] अभिधा अर्थात् कोश-व्याकरण सम्मत शब्द का सांकेतिक अर्थ बतानेवाली शक्ति; [२] लक्षण अर्थात् संकेतार्थ से संबद्ध अन्य लक्षित अर्थ को बतानेवाली शक्ति और [३] व्यंजना अर्थात् अभिधेय और लक्ष्य के अतिरिक्त उनसे संबद्ध या असंबद्ध अन्य अर्थों को व्यंग्य करने वाली (Suggestive) शक्ति। सर्वप्रथम ध्वन्यालोक में व्यंग्य अर्थ (ध्वनि) की प्रधानता की युक्तिपूर्वक प्रतिष्ठा की गई है। ध्वन्यालोककार आनन्दवर्द्धन इस मत को वैय्याकरणों के स्फोटवाद से उद्भूत बताते हैं। पर 'स्फोट' से इसका सम्बन्ध केवल इसलिए बताया गया है कि इस मत को नवीन कहकर उड़ा न दिया जा सके। जो हो, इसमें कोई सन्देह नहीं कि ध्वनि का जो सर्वांगपूर्ण विवेचन इस ग्रंथ में किया गया है वह इस बात का प्रमाण है कि इसके बहुत पूर्व ही इस मत का अस्तित्व था। स्वयं आनन्दवर्धन ही कहते हैं—

"काव्यस्यात्मा ध्वनिरिति बुधैर्यं समाम्नात पूर्वः"

—ध्वन्यालोक, १-१

बताया। ध्वनि-सम्प्रदाय ने अलंकार-प्रधान काव्य को 'अवर' या अश्रेष्ठ कोटि में रखा। यद्यपि साहित्य-दर्पणकार ने इसको काव्य की आत्मा बताया परन्तु असल में वे ध्वनि को ही काव्यात्मा समझते रहे। मुख्य बात तो यह है कि पन्द्रहवीं शताब्दी तक ध्वनि सम्प्रदाय का ही बोलबाला रहा। साहित्य-दर्पण में सबसे प्रथम इस शास्त्र में नायिकाभेद का प्रवेश हुआ। यद्यपि ध्वनि-सम्प्रदाय के आचार्यों ने 'रस' को काव्य का सर्वश्रेष्ठ उपादान मान लिया था। परन्तु रस को इतना अधिक स्थान नहीं दिया गया कि उसमें नायिकाभेद भी मिला दिया जाए। 'रस' रूपक विवेचना का प्रधान विषय समझा जाता था और उसी में नायिकाओं का वर्गीकरण भी सम्मिलित रहता था। यह ध्यान देने की बात है कि पन्द्रहवीं शताब्दी में ही नायिका-भेद और अलंकार एक साथ विविक्त हुए। यह शताब्दी वस्तुतः देशी भाषाओं के साहित्य की उन्नति की शताब्दी है।

साहित्यदर्पण के बाद एक ऐसे मत का प्रादुर्भाव दिखाई देता है जो रस के अतिरिक्त अन्य किसी बात को काव्य-विवेचना का विषय समझता ही नहीं, या समझकर भी उसे गौण स्थान देता है। इसी तरह एक दूसरा सम्प्रदाय ऐसा दिखाई देता है जो अलंकार के अतिरिक्त अन्य किसी विषय की परवाह नहीं करता। कभी-कभी ऐसा होता है कि एक ही आचार्य इन दोनों विषयों पर अलग-अलग ग्रन्थ लिखता है। परन्तु इस बात का अच्छा अध्ययन करना हो तो संस्कृत को छोड़कर देशी भाषाओं के उदीयमान साहित्य की ओर देखना होगा। यहाँ वह अद्भुत बात दिखाई देती है जिसे हज़ारों वर्ष के भारतीय इतिहास में बेजोड़ कहा जा सकता है। संसार की बात तो हम नहीं जानते—वह बहुत बड़ा है—पर हमारी जानी हुई दुनिया में यह बात अद्वितीय है। यहाँ हम देखते हैं कि रस—विशेषकर रसों के राजा शृंगार—के आलंबनों और उद्दीपनों का वर्गीकरण हो रहा है और उनके उदाहरणों के बहाने भगवान् की लीला गाई जा रही है। "आगे के सुकवि रीझिहैं तौ कविताई न तौ राधिका गुविन्द सुमिरन कौ बहानो है!" अर्थात् कविता करने के बहाने परम आराध्य का भजन या परम आराध्य के भजन के बहाने कविता! ललित कला के सुकुमार प्राण 'रस' के साथ धार्मिक और दार्शनिक साधना के परमलक्ष्य का इस प्रकार एकीकरण अन्यत्र दुर्लभ है। इस युग की देशी भाषाओं के साहित्य का संसार की साहित्यिक साधना में यही महान् दान है।

बंगाल में सर्वप्रथम रूप गोस्वामी ने 'उज्ज्वल नीलमणि' नामक संस्कृत-ग्रन्थ में इस प्रकार से रस का विवेचन किया। रूप गोस्वामी चैतन्य महाप्रभु के भक्तों में से थे। इनका समय पन्द्रहवीं शताब्दी का अन्तिम और सोलहवीं

शताब्दी का प्रारम्भ था। यही पुस्तक संस्कृत में प्रथम बार भक्ति और अलंकार-शास्त्र को एक रूप देकर लिखी गई। इसके बहुत पहले जयदेव, विद्यापति और चण्डीदास ने क्रमशः संस्कृत, मैथिली और बंगला में राधाकृष्ण की लीलाओं का गान किया था। परन्तु रस-शास्त्र के नाम पर नायक-नायिकाओं का प्रथम वर्गीकरण यही था जिसमें उदाहरण के लिए राधा-माधव की लीलाओं का वर्णन रखा गया। इस ग्रन्थ में उज्ज्वल या मधुर रस को, जिसे ग्रन्थकार भक्तिरस भी कहता है (मधुराख्यो भक्तिरसः १—३), मनुष्य का परम प्राप्तव्य बताया गया है। मधुर रस के आलम्बन श्रीकृष्ण ही हो सकते हैं, दूसरा नहीं। गौडीय वैष्णवों के मत से पाँच रस होते हैं—शान्त, हास्य या प्रीति, सख्य या प्रेम, वात्सल्य और माधुर्य। इसी माधुर्य को उज्ज्वल रस कहते हैं। इसे ग्रन्थकार 'भक्तिरस-राट्' या भक्तिरसों का राजा बताता है। इसके बाद बंगाल में नायिकाओं और नायकों के वर्गीकरण के अनुसार पद लिखने की चाल-सी चल पड़ी। परन्तु इस प्रकार की रसव्याख्या से ही यह स्पष्ट हो जाता है कि इस सम्प्रदाय का मुख्य विषय कविता नहीं, भक्ति था। हिन्दी में जो रस-ग्रन्थ लिखे गए उनमें भक्ति और कवित्व समान भाव से गुँथे हुए थे। कहीं-कहीं तो कवित्व ही प्रधान है, भक्ति गौण। हम यहाँ सूरदास, तुलसीदास जैसे कवियों की बात नहीं कर रहे हैं, केशव, मतिराम और देव जैसे रस-ग्रन्थकारों की बात कर रहे हैं।

यहाँ यह बात ध्यान देने योग्य है कि जिन दिनों उज्ज्वल नीलमणि की रचना हुई उसके कुछ पहले ही हिन्दी में इस प्रकार के ग्रन्थ उपलब्ध थे। उज्ज्वल नीलमणि ने भक्ति-रस की जो सर्वांगपूर्ण व्याख्या की है वह सर्वांश में नहीं, तो अधिकांश में नवीन है। ऐसा एकाएक नहीं हो सकता। इसके पूर्व इसकी पर्याप्त चर्चा रही होगी। इसी तरह हिन्दी के जिस ग्रन्थ की हम चर्चा करने जा रहे हैं, वह पहला प्रयत्न नहीं जान पड़ता। साधारण धारणा यह है कि केशवदास ही हिन्दी के प्रथम रसाचार्य हैं। परन्तु बात असल में यह नहीं है। कृपाराम नामक एक अन्य कवि ने सन् १५४१ ई० में ही रस पर सुन्दर ग्रन्थ लिखा था।[1] इस ग्रन्थ का नाम हिततरंगिणी है। "इसमें रसों का विषय बहुत ही विस्तारपूर्वक और मनोहर छन्दों द्वारा कहा गया है। इस कवि की भाषा सुष्ठु ब्रजभाषा है। इन्होंने लिखा है कि अन्य कवि बड़े छन्दों में

---

१. **बरनत कवि सिंगार रस छन्द बड़े विस्तारि,**
मैं बरन्यो दोहानि बिच याते सुघर बिचारि।

शृंगार रस का वर्णन करते हैं, परन्तु मैंने दोहा में इसलिए लिखा कि उसमें थोड़े ही अक्षरों में बहुत अर्थ आ जाता है।[1] इस कथन से प्रकट होता है कि उस समय बहुत से कवि थे, परन्तु दुर्भाग्यवश उनके ग्रन्थ अब नहीं मिलते।"[2] इसी ग्रन्थ में पहले-पहले राधाकृष्ण की प्रेमलीला को उदाहरण रूप में लिखित पाया जाता है—

आजु सकारे हौं गई नन्दलाल हित ताल।
कुमुद कुमुदिनी के भटू निरखे औरै हाल।।

यहाँ यह कहने की कोई आवश्यकता नहीं कि हिन्दी में राधा-माधव की प्रेम गाथाओं का प्रचार भक्त कवियों के कण्ठ से इसके बहुत पहले हो चुका था। इस श्रेणी के भक्ति के आवेश में ही कविता, (गान कहना अधिक ठीक होगा) लिखा करते थे, परन्तु कृपाराम की श्रेणी के आचार्य कविता करने बैठते थे और उस पर भक्ति का पर्दा डाल देते थे। यह बात ध्यान देने की है कि इस श्रेणी के आचार्यों का वर्गीकरण गौडीय वैष्णवों की श्रेणी का नहीं है। इसलिए यह नही कहा जा सकता कि यह प्रभाव गौडीय वैष्णवों का है। फिर यह बात आई कहाँ से। एक और बात ध्यान देने की है, वह यह कि पन्द्रहवीं शताब्दी के पहले यह धारा हिन्दी साहित्य में एकदम अपरिचित है। रसाचार्यों की बात छोड़ भी दी जाए तो भी भक्त कवियों के गान भी, पन्द्रहवीं शताब्दी के पहले दृष्टिगोचर नहीं होते।

एक ओर तो इन कवियों और रसाचार्यों पर गौड़ीय प्रभाव का कोई चिह्न दिखाई नहीं देता, दूसरी ओर इस प्रकार के प्रेम-गानों के सभी पुराने रचयिता—जयदेव, विद्यापति, उमापति, चण्डीदास हिन्दी के किसी भी वैष्णव कवि से पूर्ववर्ती और पूर्वी प्रदेश के ठहरते हैं। राधाकृष्ण की शृंगार-लीला का अगर कोई सीधा सम्बन्ध कहीं से मिलता है तो इन्हीं पूर्ववर्ती भक्तों से। महाप्रभु चैतन्यदेव, जो जयदेव, विद्यापति और चण्डीदास इन तीनों कवियों के काव्य-रसिक थे, वृन्दावन आये थे और उन्होंने ही इसे नया रूप दिया था।

---

१. मिश्रबन्धु विनोद, पृ० २७६ (तृतीय संस्करण, लखनऊ १९८६ वि०)
२. कृपाराम के अतिरिक्त, गोप [१६१५], करनेस और मोहनलाल मिश्र ने रीति-ग्रन्थ लिखे थे। ये तीनों ही केशवदास के पूर्ववर्ती थे। (दे० रामचन्द्र शुक्लजी की हिन्दी-शब्दसागर की भूमिका, पृ० १२१-२२) परन्तु हम नहीं जानते कि इन्होंने अपने ग्रन्थों में राधा-माधव की लीलाओं को उद्धृत किया है या नहीं।

उनके अनेक वहाँ शिष्य आजीवन के लिए रह गए थे और उस सम्प्रदाय के कितने ही भक्त परवर्ती हिन्दी-साहित्य के प्रसिद्ध कवि भी हुए। इस प्रकार पूर्वी प्रदेशों से इस धारा का साक्षात् सम्बन्ध भी दिखाई देता है। इन दो परस्पर-विरोधी बातों का समाधान क्या है?

यूरोपियन पण्डितों का रास्ता सीधा है। वैष्णव भक्त भी भगवान् को 'पतितपावन' कहते हैं, 'करुणा-सिन्धु' कहते हैं, और ईसाई भक्त भी ऐसा ही कहते हैं, इसलिए भक्ति ईसायत की देन है। कुछ कहते हैं यह मद्रास में बसे हुए नेस्टोरियन ईसाइयों की देन है[1], कुछ कहते हैं यह वैक्ट्रिया या इसिकुल हृद से आई है और कुछ कहते हैं यह सूफ़ियों[2] की मध्यस्थता में आई है। ऐसे लोगों की दृष्टि में संसार में जो कुछ अच्छा है वह योरप और ईसाई धर्म में ही है, इसलिए हिन्दुओं ने भक्ति को भी निश्चय ही वहीं से उधार लिया होगा! "खुल जाओ सुमसुम," और लो, वह दरवाज़ा खुल गया!!

इस स्थान पर यह कह देना उचित होगा कि हिन्दी-साहित्य में भक्ति-धारा को बहाने का श्रेय निश्चय ही दो प्रसिद्ध आचार्यों को प्राप्त है। राम-भक्ति की धारा के प्रवर्तक आचार्य रामानन्द हैं। इस धारा को दो भागों में विभक्त पाया जाता है। प्रथम में वे सन्त हैं जो शास्त्रों और रूढ़ियों के कायल नहीं हैं। इन्हें निर्गुणवादी भक्त भी कह सकते हैं। कबीर, दादू, नानक, रैदास आदि भक्त इसी श्रेणी के हैं। दूसरी श्रेणी में तुलसीदास जैसे महात्मा हैं जो भक्तिवाद और शास्त्रों के सामंजस्य के अनुसार साधन मार्ग का निर्देश करते हैं। कृष्ण-भक्ति की धारा के प्रधान प्रवर्तक महाप्रभु बल्लभाचार्य हैं। परन्तु केवल इतना कह देने से हम सन्तुष्ट नहीं हो सकते। कोई भी मत-वाद जब किसी नवीन भूमि में प्रवेश करता है तो वहाँ की रीति-नीति, आचार-विचार से मिलकर एक नया रूप धारण करता है। महाराष्ट्र की भक्ति दूसरी चीज़ है, युक्त प्रान्त की दूसरी और बंगाल की कुछ और। इनके मूल सिद्धान्त एक ही हो सकते हैं परन्तु इनके आकार-प्रकार सर्वथा अलग हैं। रामानन्द-प्रवर्तित रामधारा कबीर में एक रूप धारण करती है और तुलसीदास में दूसरा। जब व्यक्ति-विशेष के कारण साधना का रूप बदल सकता है, तो देश-विशेष के साथ क्यों नहीं बदलेगा? जो लोग कुछ दाक्षिणात्य आचार्यों के

---

1. Modern Hinduism and its debt to the Nestorians. (J.R.A.S. 1907)

2. Krishna, Christianity and Gujar (J.R.A.S. 1908)

दार्शनिक और धार्मिक मतों का अध्ययन करके ही तुलसीदास और सूरदास के रहस्यों का उद्घाटन करते हैं, वे लोकमत के साथ अविचार करते हैं। जिस भक्ति-साधना ने देव, मतिराम और पद्माकर को पैदा किया, वह किसी आचार्य की ही साधना नहीं थी। आचार्य-विशेष की दीक्षा तो उस पर केवल रंग चढ़ा गई, मूल कंकाल कुछ और ही था।

हमारा विश्वास है कि ग्यारहवीं से पन्द्रहवीं शताब्दी तक उत्तर भारत के जन-साधारण में एक साधना विकसित होती जा रही थी। पन्द्रहवीं शताब्दी में वह एकाएक फूट उठी। ग्रियर्सन साहब का यह कहना बिलकुल ठीक है कि 'अचानक बिजली के समान यह बात भारतीय अन्तरीप के इस छोर से उस छोर तक चमक गई। परन्तु इसके लिए चार सौ वर्ष से मेघ पुन्जीभूत हो रहे थे। और केवल बिजली ही नहीं चमकी, पन्द्रहवीं शताब्दी में भक्ति की जो वर्षा आरम्भ हुई, वह चार सौ वर्ष तक बरसती ही रही—ज़रा भी रुकी नहीं।'

इन चार शताब्दियों में जन-साधारण क्या सोच रहा था यह जानने के पहले भक्ति आन्दोलन की कुछ मुख्य बातों को ध्यान में रखना होगा। ये बातें इस प्रकार हैं—

(१) प्रेम ही परम पुरुषार्थ है, मोक्ष नहीं—प्रेमा पुमर्थो महान्!
(२) भगवान् के प्रति प्रेम कौलीन्य से बड़ी चीज़ है।
(३) भक्त भगवान् से भी बड़ा है।
(४) भक्ति के बिना शास्त्रज्ञान और पाण्डित्य व्यर्थ है।
(५) नाम रूप से भी बढ़कर है।

संक्षेप में कहा जा सकता है कि यह मत ब्राह्मणधर्म का विरोधी तो नहीं था, परन्तु उसका सम्पूर्ण अनुगामी भी नहीं था। महायान-मत से इसका अन्तर यही था कि वह ब्राह्मणधर्म का पूर्ण विरोधी था और यह उसका अंग होकर भी स्वाधीन था।

इन चार शताब्दियों में भारतीय धर्म-मत की क्या अवस्था थी, यह बात हिन्दू धर्म के संस्कृत-ग्रन्थों से बहुत कम समझ पड़ती है। असल में संस्कृत ग्रन्थों की दृष्टि से यह युग टीका-युग कहा जा सकता है। कोई अच्छा ग्रन्थ अगर इस जमाने में लिखा गया तो वह टीकाएँ ही थीं। धर्मशास्त्रों में व्यवस्था मूलक अनेक ग्रन्थ लिखे गए जो निश्चय ही टीका श्रेणी में आते हैं। इन टीकाओं और निबन्धों से उस युग की भयानक सतर्कता का अनुमान सहज ही

किया जा सकता है। जान पड़ता है शास्त्रीय आदेशों के पालन में ज्यों-ज्यों शिथिलता आती जा रही थी त्यों-त्यों ब्राह्मण आचार्य अधिक सतर्क भाव ग्रहण करते जा रहे थे। इन अनुपस्थितिमूलक (Negative) प्रमाणों के बल पर यही अनुमान होता है कि शास्त्रों की व्यवस्थाओं से लोकमत बेपरवाह होता जा रहा था। उस युग के ग्राम-गीत और प्रवाद यदि उपलब्ध होते तो हम यह आसानी से जान सकते कि जनसाधारण का मत उस समय क्या था। परन्तु अभी तक, दुर्भाग्यवश इस दिशा में कुछ सन्तोषजनक कार्य नहीं हुआ है।

जो हो, हिन्दी-साहित्य के शैशवावस्था में ही हमें एक महात्मा के दर्शन होते हैं जो एक विशेष धर्म मत के अन्यतम प्रतिष्ठाता हैं। ये हैं गोरखनाथ। आप नाथ सम्प्रदाय के आचार्य थे। यह सम्प्रदाय महायान बौद्ध धर्म का उत्तराधिकारी था। तन्त्र और योग की क्रियाएँ इस मत के प्रधान अंग हैं। कबीरदास पर गोरखनाथ की निर्गुण साधना का प्रभाव स्पष्ट ही लक्षित होता है। हिन्दी साहित्य के निर्गुण अंग पर इस सम्प्रदाय का पर्याप्त प्रभाव है। परन्तु हम आज उस दिशा की ओर अग्रसर होना नहीं चाहते। गोरखनाथ का उल्लेख हमने इसलिए किया कि उनका हिन्दी के शैशव काल में दिखाई देना एक विशेष अर्थ रखता है। नाथ सम्प्रदाय का सीधा सम्बन्ध महायान बौद्ध-धर्म से है। यह सम्प्रदाय बंगाल से लेकर युक्त-प्रान्त तक बहुत प्रभावशाली हो गया था। हिन्दी साहित्य में गोरखनाथ एक ओर उस युग की हिन्दी-भाषी जनता का सम्बन्ध महायान बौद्धों से जोड़ते हैं और दूसरी ओर बंगाल से भी सीधा सम्बन्ध स्थापित करते हैं। यहाँ हम उस युग के समाज का सीधा सम्बन्ध देश और काल से स्थापित होते देखते हैं। सच पूछिए तो उत्तरकालीन वैष्णव धर्म मत पर महायान बौद्ध धर्म का प्रभाव बहुत अधिक है। जिस प्रकार पुत्र का सम्बन्ध पिता की अपेक्षा माता से अधिक रहता है और जिस प्रकार माता के रक्त-मांस का अधिक भागधेय होकर भी पुत्र पिता के नाम से ही प्रसिद्ध होता है, वैसे ही हिन्दी वैष्णव धर्म का सम्बन्ध महायान से अधिक होते हुए भी वह वल्लभाचार्य के नाम से पुकारा गया।

महायान बौद्ध धर्म की शाखा आचार्यों की दृष्टि में कितनी भी शून्यवादी क्यों न रही हों, उस धर्म के अनुयायी अधिकांश जन-साधारण में सैकड़ों देव-देवियों की पूजा चल पड़ी थी। उनके देव-देवियों—प्रज्ञापारमिता, अवलोकितेश्वर, मंजुश्री—की मूर्तियाँ बहुत कुछ वासुदेव और लक्ष्मी की मूर्तियों के

समान हैं[1]। प्रसिद्ध डॉक्टर कर्न ने बताया है कि वैष्णव भक्ति-वाद इन महायानों की भक्ति का ही विकसित रूप है।[2] यहाँ तक कि नाम संकीर्तन भी जिसे ग्रियर्सन साहब[3] ईसाई धर्म का प्रभाव बताते हैं, महायान धर्मवालों की चीज़ है। ग्राचार्य क्षितिमोहन सेन ने चीन ग्रौर भारत के संकीर्तनों का साम्य देखकर यह निष्कर्ष निकाला है कि महायान-मत ही संकीर्तनप्रथा का मूल उत्स है। बंगाल के इतिहास से यह बात ग्रलग नहीं की जा सकती कि बौद्ध धर्म का ह्रास होते ही महायान मत के नाना पंथ वैष्णवों में शामिल हुए। इस प्रकार ग्राडल-वाडल ग्रादि ग्रनेक सहजिया पंथ जिनकी साधना प्रेम-मूलक थी ग्रौर जो परकीया-प्रेम को सहज-साधना का प्रधान उपाय समझते थे, सोलहवीं शताब्दी में नित्यानन्द के वैष्णव झंडे के नीचे एकत्र हुए। इन्हीं नित्यानन्द को महाप्रभु चैतन्य ने ग्रपने सम्प्रदाय में निमंत्रित किया ग्रौर यहीं से गौड़ीय वैष्णव धर्म ने ग्रभिनव रूप धारण किया[4]। यह धर्म मत समस्त बंगाल, उड़ीसा में तथा ग्रंशतः ग्रासाम में पहुँचा। उड़ीसा के धर्माचार्यों में चैतन्य ग्रौर नागार्जुन दोनों के मतों के समन्वय से एक विशाल वैष्णव-बौद्ध साहित्य निर्मित हुग्रा।

नित्यानंद के साथ जो शक्ति चैतन्य सम्प्रदाय में प्रविष्ट हुई वह नयी नहीं थी। उसके पीछे भी तीन-चार सौ वर्ष का इतिहास था। सौभाग्यवश बंगाल ग्रौर उड़ीसा में इस प्रकार की कुछ पुस्तकें ग्रौर लोक गीत उपलब्ध हुए हैं जिनसे उस ग्रंधतिमिरावृत युग की धार्मिक साधना पर प्रकाश पड़ता है। श्री दिनेशचन्द्र सेन महाशय की धारणा है कि बारहवीं से चौदहवीं शताब्दी तक बंगाल ग्रौर उड़ीसा में एक ग्रत्यन्त शोचनीय नैतिक दुर्गति का ग्राविर्भाव हुग्रा था। उस युग के ताम्रशासनों पर हर-पार्वती की वंदना में उनका हाव-भाव तथा परस्पर ग्रालिंगन ग्रादि का रुचि-गर्हित वर्णन पाया जाता है, पुरी ग्रौर कोणार्क के मन्दिरों पर ग्रश्लील चित्र ग्रंकित हैं। बंगीय साहित्य-परिषद् में उस युग की बनी हर-पार्वती की एक वीभत्स प्रस्तर मूर्ति रखी है। इन प्रमाणों के बल पर

1. D.C. Sen : Bengali Language and Literature, P. 401 ff.
2. Kern : Manual of Buddhism, P. 124
3. Grierson : Modern Hinduism and Nestorians (J. R.A.S., 1907)
4. D. C. Sen : Bengali Language and Literature, P. 403

यह समझना कठिन नहीं है कि उस युग की रुचि किस ओर थी[1]। वैष्णव भक्तों में जयदेव ने सर्वप्रथम पुरी के मन्दिर में उस रुचि-गर्हित विलास-प्रथा को आधार मानकर प्रेम-गान लिखे। ये गान विशुद्ध प्रेम के आवेश में ही लिखे गये थे परन्तु कवि अपने युग की सामाजिक रुचि से बँधा था। परम्परा से तो जयदेव परकीया-भाव के साधक ही समझे जाते हैं परन्तु उनके गीतगोविंद में इसका कोई प्रमाण नहीं है। हम आगे चलकर देखेंगे कि ब्रजभाषा के कवियों पर जयदेव का खूब प्रभाव था।

एक दूसरा नया प्रबल प्रमाण आविष्कृत हुआ है जिससे वैष्णव कवियों की प्रेम-साधना का रहस्य प्रकट होता है। रंगपुर, दिनाजपुर आदि उत्तर-बंग के जिलों में, जो हिमालय की तलहटी में बसे हुए हैं, कुछ बारहवीं-तेरहवीं शताब्दी के प्रचलित गीत पाये गये हैं। ये गान दो तरह के होते हैं—असल-धमाली और शुक्ल-धमाली। असल-धमाली गान इतने अश्लील होते हैं कि वे गाँवों के बाहर ही गाये जाते हैं। इसे कृष्ण-धमाली भी कह सकते हैं। "यह कृष्ण-धमाली ही किसी समय बंग देश के जनसाधारण की राधा-कृष्ण की प्रेम-कथा सुनने की तृषा मिटा देते थे। इसमें कोई सन्देह नहीं कि प्राचीन राजवन्शी जाति और योगी आज तक बंगाल के नाना स्थानों में इसकी यत्नपूर्वक रक्षा करते आये हैं।[2]" शुक्ल-धमाली को संशोधन करने के लिए सुप्रसिद्ध वैष्णव कवि चण्डीदास ने 'कृष्ण-कीर्तन' नामक ग्रन्थ लिखा था। यह संशोधित संस्करण भी कम अश्लील नहीं है, इसी से दीनेशबाबू अनुमान करना चाहते हैं कि वह कृष्ण-धमाली कितनी गर्हित रही होगी। इस पुस्तक के अनुसंधान से हमें यह अनुमान करना सहज हो जाता है कि किस परिस्थिति में वैष्णव प्रेम को शृंगारिक रूप धारण करना पड़ा था।

गोरखनाथ के प्रसंग में हम उस युग के पूर्वीय अंचल में उत्तर भारत के योग का उल्लेख कर चुके हैं। यह बात और भी मनोरंजक है कि इन पूर्वीय वैष्णवों के प्रेम-गानों का प्रभाव ब्रजभाषा के शैशव-काल में ही पड़ा। केवल नाभादास या गुरु नानक ने जयदेव का नाम लिया हो, सो बात नहीं, सूरदास के भजनों में जयदेव के पदों का अनुवाद भी है[3]। पंडित रामचन्द्र

---

१. दीनेशचन्द्र सेन : बंगभाषा और साहित्य, पृ० १९५-१९६

२. वही, पृ० १९६

३. जयदेव और सूरदास के इन पद्यों की तुलना कीजिये :

मेघैर्मेदुरमंबरं वनभुवः श्यामास्तमालद्रुमैं

शुक्ल ने ठीक ही कहा है कि "सूर सागर किसी चली आती हुई गीत-काव्य-परम्परा का—चाहे वह मौखिक ही रही हो—पूर्ण विकास-सा प्रतीत होता है[1]" अर्थात् सूरदास के बहुत पहले ही (और इसीलिए वल्लभाचार्य के भी बहुत पहले) वैष्णव प्रेम-धारा ने इस प्रदेश में अपनी जड़ जमा ली थी। यहाँ यह बात ध्यान में रखने योग्य है कि बारहवीं से लेकर पन्द्रहवीं शताब्दी तक जिस प्रकार का बौद्ध तन्त्रवाद बंगाल और उड़ीसा के पूर्वी प्रान्तों में प्रबल रहा, वैसा इस प्रदेश में नहीं था। मध्ययुग में बंगाल का प्रान्त तंत्र का अखाड़ा समझा जाता था। परन्तु वैष्णव प्रेम-वाद में कुछ ऐसा रस था जो अवैष्णवों को भी आकृष्ट करता रहा। इसके सबसे ज्वलन्त उदाहरण हैं विद्यापति। आप स्वयं शैव थे परन्तु प्रेम-साधना की ओर इतने आकृष्ट हुए कि शायद ही कोई वैष्णव कवि बंगाल में इतने दिनों तक इतना समादृत रहा हो।

बंगाल के बाहर का प्रांत इस प्रेम से प्रभावित तो हुआ था, पर वह प्रभाव

नक्तं भीरुरयं त्वमेव तदिदं राधे गृहं प्रापय।
इत्थं नन्दनिदेशतश्चलितयोः प्रत्यध्वकुञ्जद्रुमं
राधामाधवयोर्जयन्ति यमुनाकूले रहःकेलयः।

—जयदेव

गगन गरजि घहराइ जुरी घटा कारी।
पौन झकझोर चपला चमकि चहूँ ओर
सुवन तन चितै नन्द डरत भारी॥
कह्यो वृषभानु की कुँवरि सों बोलि कै
राधिका कान्ह घर लिये जारी॥
दोऊ, घर जाहु संग नभ भयो
श्याम, रंग कुँवर गह्यो वृषभान वारी।
गये वन ओर नवल नंदकिशोर
नवल राधा नये कुन्ज भारी॥
अंग पुलकित भये मदन तिन तन
जये सूर प्रभु श्याम श्यामा बिहारी॥

संक्षिप्त सूरसागर, पृ० ९१

१. हिंदी-शब्दसागर, आठवाँ भाग, पृष्ठ १०४

केवल आईडिया का प्रभाव था।[1] वास्तव में बंगाल की भूमि में परकीया-भाव को ऊँचा रूप देने का उपकरण पहले से ही वर्तमान था, ब्रजभाषा प्रान्तों में यह बात नहीं थी। अर्थात राधा और कृष्ण सम्बन्धी प्रेम के गान तो इस प्रदेश में चल पड़े, परन्तु राधा कृष्ण की रानी ही समझी गयी। सूरदास ने राधा और कृष्ण का विवाह बड़ी धूम-धाम से कराया है। महाप्रभु वल्लभाचार्य ने इस आन्दोलन को और जोर दे दिया।

अब हम अलंकार सम्प्रदाय की बातों पर विचार करेंगे। बंगाल में चैतन्य-युग के बाद ही वैष्णव आलंकारिकों का विकास हुआ है। हम अन्यत्र लिख चुके हैं कि इन आलंकारिकों का कोई भी प्रभाव हिंदी-आलंकारिकों पर नहीं पड़ा। सच पूछा जाय तो 'रस-ग्रन्थों' की रचना हिंदी में पहले ही होने लगी थी। ब्रजभाषा में गोपियों और कृष्ण की नाना लीलाओं का वर्णन पहले से ही होता आ रहा था। हिंदी-रसाचार्यों ने उदाहरण के लिए इन लीलाओं को ठीक उसी तरह उद्धृत किया जिस प्रकार मम्मट आदि ने कालिदास के शिव-पार्वती-परिणय सम्बन्धी श्लोकों को उद्धृत किया था। एक नवीनता यह आ गई कि मम्मट आदि अन्य कवियों की रचना उद्धृत करते थे। ये अपनी ही रचना उद्धृत करने लगे। विश्वनाथ कुछ दूर तक इस प्रथा के लिए उत्तरदायी हो सकते हैं। बाद में वर्गीकरण करके कविता करना एक सरल उपाय समझा गया और हिंदी में रस-ग्रन्थों की बाढ़ आ गई। हमारा खयाल है कि पंडितराज जगन्नाथ इस बात में ब्रजभाषावालों से प्रभावित हुए थे।

---

१. यह सन्देह करने की बात नहीं है कि मध्ययुग में यह बात फैल कर कैसे इतनी दूर तक आ सकी थी। जायसी के पद्मावत की रचना के सौ वर्ष के भीतर ही उसका बंगला अनुवाद हो गया था। यह अनुवाद आराकान के एक मुसल्मान बादशाह ने करवाया था। दादू के जीवन-काल में ही उनका प्रभाव बंगाल में फैल गया था। श्री क्षितिमोहन सेन ने बंगाल के बाउलों के गान सुन कर ही पहले-पहल समझा कि दादू जन्म के मुसल्मान थे। और उनका नाम दाउद था। चैतन्य देव के अनन्तर ही गौड़ीय वैष्णव धर्म राजस्थान तक फैल गया। मीराबाई के जीवन-काल में ही उनके गान पूर्वीय प्रान्तों में गाये जाने लगे थे। बंगाल के गोपीचन्द का गान सौ वर्ष के भीतर ही सुदूर पञ्जाब तक गाया जाने लगा था और अब भी गाया जाता है। इन बातों के लिए श्री क्षितिमोहन सेन का "मध्ययुग में राजस्थान और बंगाल का आध्यात्मिक सम्बन्ध" (गौ० ही० ओझा अभिनन्दन ग्रन्थ) देखिए।

हिन्दी-साहित्य पर वैष्णव प्रभाव की चर्चा करते समय दो अत्यन्त मनोरंजक विषयों को छोड़ा नहीं जाता। एक तो पद, सवैया और कवित्त (इनमें कवित्त सबसे अधिक जरूरी है) और दूसरे इन छन्दों के इतिहास के साथ भागवत तथा रामचरितमानस और भागवत तथा सूरसागर की तुलना आवश्यक है। पर ये दोनों बातें संक्षेप में नहीं लिखी जा सकतीं। इसलिए यहाँ हम इनके सम्बन्ध में कुछ नहीं कहना चाहते। इतना ही कह देना आवश्यक जान पड़ता है कि हिंदी-साहित्य में वैष्णव धर्म का समस्त इतिहास इन्हीं कई छन्दों के इतिहास में आ जाता है।

ऊपर हमने जो कुछ कहा है उसका सारांश यह है कि वैष्णव धर्म शास्त्रीय धर्म की अपेक्षा लोकधर्म अधिक है। हिंदी-साहित्य के लोक-गीतों में इसका प्रवेश वल्लभाचार्य के बहुत पहले हो गया था। इन्हीं गीतों का विकसित और सुसंस्कृत रूप सूरसागर के अन्तर्गत विद्यमान है। अन्य सभी अशास्त्रीय या लोक-धर्मों—बौद्ध, जैन यहाँ तक कि उपनिषदों के धर्म की भाँति इसकी जन्मभूमि भी बिहार, बंगाल और उड़ीसा के प्रान्त हैं। वल्लभाचार्य या चैतन्य देव प्रभृति ने इस लोक-धर्म को शास्त्र-सम्मत रूप दिया। ज्योंही उसने एक बार शास्त्र का सहारा पाया त्योंही विद्युत की भाँति इस छोर से उस छोर तक फैल गया क्योंकि असल में उसके लिए क्षेत्र बहुत पहले से ही तैयार था। जब शास्त्र-सम्मत होकर इसने अपना पूरा प्रभाव विस्तार किया तो आलंकारिकों और रसाचार्यों ने भी उसको अपने शास्त्र का आलंबन बनाया। असल में यह कहीं बाहर से आयी हुई चीज नहीं है। भारतीय साधना की जीवनी शक्ति के रूप में यह धारा नाना युग में नाना रूप में प्रकट हुई थी। मध्ययुग के वैष्णव धर्म ने इसे जो रूप दिया वह महायान भक्ति का विकसित और मार्जित रूप था। इस भक्ति-साहित्य ने संसार के साहित्य में एक नई वस्तु दान की और वह यह कि आध्यात्मिक, धार्मिक, और कला सम्बन्धी सभी साधनाओं का लक्ष्य विचित्र रूप से एक है; जो ज्ञान का विषय है, वही भक्ति का और वही रस का।

मध्य युगीन भारतीय संस्कृति और हिन्दी

पिछले एक हजार वर्षों की भारतीय धर्म-साधना का इतिहास अब भी अनवधीन और अनालोचित ही कहा जाएगा। हमारे ऐतिहासिक पण्डितों ने उस युग के राजनीतिक और आर्थिक ढाँचे का थोड़ा-बहुत अध्ययन अवश्य उपस्थित किया है पर विशाल बौद्ध और जैन मतों की क्रम परिणति, स्मार्त और पौराणिक मतों का सर्वग्रासी रूप, शाक्त, पाशुपत और भागवत धर्म-साधनाओं की परिणति का अध्ययन अब भी नहीं हुआ है। अभी भी निरंजन-दैवत विशाल शैव सम्प्रदाय केवल कुतूहल का विषय बना हुआ है जबसे महामहोपाध्याय पण्डित हरप्रसाद शास्त्री महाशय ने बंगाल में निरन्जन ठाकुर की पूजा को जीवित बौद्ध-धर्म का भग्नावशेष घोषित किया तब से बंगाल में तो इस विषय की कथंचित थोड़ी-बहुत चर्चा हुई है, पर अन्यत्र यह चर्चा भी नहीं सुनायी देती। कबीर-पन्थ का अध्ययन करते समय प्रस्तुत लेखक को इस निरञ्जन दैवत सम्प्रदाय का पता लगा था। पश्चिमी बंगाल से लेकर रीवाँ तक के विस्तृत भूखण्ड में यह धर्म प्रचलित था—बाद में चलकर कबीर-पन्थ में अन्तर्भुक्त हो गया था। पर केवल इतना ही नहीं—राजपूताने में उसने एक रूप धारण किया है, उत्तरी प्रदेशों में दूसरा और पूर्वी प्रदेशों में एकदम भिन्न तीसरा। इस समूचे धर्म-मत के अध्ययन का एकमात्र उत्स पुराना हिन्दी साहित्य है। हम लोगों ने इस उत्स का वास्तविक मूल्य नहीं समझा है। अभी भी हम हिन्दी साहित्य के केवल साहित्यिक पहलू का अध्ययन करके चुप हो जाते हैं। अब भी सन्तों और भक्तों की उक्ति के अनुसार उनके उत्कर्ष की श्रेणी का विचार करने में हम समय नष्ट कर रहे हैं। साहित्यिक अध्ययन बहुत बड़ी चीज है! पर हिन्दी में उपलब्ध साहित्य का मूल्य केवल साहित्यिक नहीं है। वह हमारे हजार वर्ष के सांस्कृतिक,

सामाजिक और धार्मिक साधनों के अध्ययन का सबसे बहुमूल्य और सबसे विशाल साधन है। समूचे मध्य युग के अध्ययन के लिए संस्कृत की पोथियों की अपेक्षा इस भाषा का साहित्य कहीं अधिक उपादेय और विश्वसनीय है। यह लोक जीवन का सच्चा और सर्वोत्तम निर्देशक है। इस छोटे से लेख में हम एकाध उदाहरण देकर यह दिखाने का प्रयत्न करेंगे कि संस्कृति के विद्यार्थी के लिए इस भाषा की कितनी आवश्यकता है।

भारतीय संस्कृति के साथ हिन्दी भाषा के सम्बन्ध पर विचार करते समय यह याद रखना चाहिए कि भारतवर्ष हिन्दी-भाषी क्षेत्र से बहुत बड़ा है। समूची भारतीय संस्कृति के निर्माण में ऐसे बहुत से उपादान हैं जो हिन्दी-भाषी प्रदेशों के बाहर से आए हैं। फिर भी यह अस्वीकार नहीं किया जा सकता कि हिन्दी भारतवर्ष की सर्वप्रधान भाषा है, वह उसके मर्मस्थल में बोली जाती है और इस विशाल देश की एक बहुत बड़ी संख्या इसी भाषा के किसी-न-किसी रूप का व्यवहार करती है। इसीलिए भारतीय संस्कृति के पिछले हजार वर्षों के रूप को समझने के लिए हिन्दी एकमात्र नहीं तो सर्वप्रधान साधन जरूर है। हिन्दी भाषा की उत्पत्ति के साथ ही साथ भारतीय संस्कृति एक विशेष दिशा में मुड़ चुकी थी। आज से लगभग एक हजार वर्ष पहले के अपभ्रंश भाषा के जो पद और दोहे मिले हैं वे इस झुकाव को बहुत स्पष्टता के साथ प्रमाणित करते हैं। भारतीय संस्कृति की जो छाप प्रारम्भ की हिन्दी-भाषा पर पड़ी है वह इतनी स्पष्ट है कि केवल भाषा के अध्ययन से भी हम संस्कृति के विभिन्न रूपों का अनुमान लगा सकते हैं। ऐसा बहुत बार हुआ है कि एक ही शब्द कई अर्थों में प्रयुक्त हुआ है, एक ही मुहावरा विशेष अवस्था की सूचना देता है और कभी-कभी तो धार्मिक, आध्यात्मिक और सामाजिक आदर्शों के परिवर्तन के साथ शब्द बिल्कुल विपरीत अर्थ में व्यवहृत होता रहा है।

अपनी बात समझाने के लिए मैं एक मनोरञ्जक शब्द के भिन्न-भिन्न काल के प्रयोगों का उदाहरण दूँ। यह शब्द है खसम। कबीरदास के पदों से मामूली परिचय रखने वाला आदमी भी खसम को अच्छी तरह पहचानता है। साधारणतः खसम शब्द अरबी का माना जाता है और इसका अर्थ किया जाता है पति। उदाहरणार्थ—खसम के साथ 'भौरे सूती' हुई इन्द्रिय-वधुओं की जो करारी खबर कबीरदास ने ली है—वह उपभोग्य ही नहीं है—झकझोर देने वाली भी है। अब पति के साथ पत्नियाँ शयन करें तो किसी भी दृष्टि से इसमें नाराज होने की बात नहीं है, फिर कबीर जैसा मस्तमौला फक्कड़ क्यों इस बात में चिढ़ गया—यह एक विचारने लायक बात है। मैं उसी बात को सम-

झाने की कोशिश करता हूँ।

'ख—सम' शब्द असल में संस्कृत और अपभ्रंश के साहित्य में व्यवहृत हुआ है। इसका अर्थ है आकाश के समान या शून्य के समान। बौद्ध लोग आत्मा को नित्य पदार्थ नहीं मानते थे। वे नाना प्रकार की तपस्या ही इसलिए करते थे कि आत्मा को निर्वाण प्राप्त हो अर्थात वह दीपक की लौ की तरह बुझ जाय और इस प्रकार इस भवजाल से छुटकारा मिले। बौद्धों के सहजयान और वज्रयान एक प्रकार के यौगिक और तांत्रिक सम्प्रदाय थे। वे नाना प्रकार की यौगिक क्रियाओं से समाधिस्थ होने को 'ख—सम' भाव कहते थे। वहाँ न भाव का ज्ञान होता है और न अभाव का, बल्कि शून्य के सामान्य नैरात्म्य भाव का ज्ञान होता है। यही बौद्धों का 'खसम' है। सरोजवज्र और शबरपाद नामक सहयानी सिद्धों के कथन में कई बार यह शब्द आया है। अद्वयवज्र ने अपनी टीका में इस शब्द की व्याख्या भी की है। परन्तु नाथपन्थी योगी लोग आत्मा की नित्य सत्ता में विश्वास रखते थे। इन्होंने सहजयानियों के बहुत से शब्द ज्यों के त्यों ले लिए हैं—परन्तु अर्थ सर्वत्र बदल दिया है। 'खसम' या 'गगनोपम' भाव इनमें भी प्रचलित है—परन्तु वहा नैरात्म्य भाव उसका अर्थ नहीं, कैवल्य भाव अर्थ है। अर्थात् उनके मत से समाधि में आत्मा नहीं है ऐसा ज्ञान नहीं होता, बल्कि 'केवल' आत्मा ही आत्मा है यही ज्ञान होता है।

न शून्यरूपं, विशून्यरूपम्
न शुद्धरूपं, न विशुद्धरूपम्।
रूपं विरूपं न भवामि किंचित्
स्वरूपरूपं परमार्थतत्वम्।

कहने का मतलब यह कि एक ही शब्द को दोनों ने व्यवहार किया है पर एकदम अलग-अलग अर्थ में। एक का खसम भाव समाधि की वह अवस्था है जहाँ 'आत्मा है ही नहीं' ऐसा भान होता है और दूसरे का खसम या गगनोपम भाव वह अवस्था है जहाँ केवल आत्मा ही आत्मा दीखता है। अवधूत गीता में इस भाव का विस्तृत वर्णन दिया हुआ है। कबीरदास इन नाथपन्थी योगियों से प्रभावित थे। उन्होंने स्वयं उस समाधि का अनुभव किया था जिसे योगी लोग अत्यन्त ऊँची अवस्था मानते थे, जहाँ—

गगन की गुफा त तहँ गैब का चाँदना
उदय और अस्त का नाम नाहीं,
दिवस औ रैन तहँ नेक नहिं पाइये

प्रेम परकास के सिंधु माहीं।
सदा आनन्द दुखदन्द व्यापै नहीं
पूरनानन्द भरपूर देखा,
भर्म और भ्रान्ति तहँ नेक नाँहि पाइये
कहे कबीर रस एक चाखा।

परन्तु वे कार्यों की नाना भाँति की साधना से मिले हुए भगवान के साक्षात्कार को महत्त्व देते थे। वे इसे 'कच्चा योग' कहते थे। क्योंकि, समाधि में तो निश्चित ही परमानन्द अखण्ड ज्योति का दर्शन होता है पर समाधि टूटने पर तो फिर मनुष्य दुखद्वन्द्व की दुनिया में आ ही जाता है न ! फिर इस योग से क्या लाभ ? 'धागा टूटिगा गगन विनसिगा, कहाँ गया जोग तुम्हारा ?' कबीरदास का कहना था कि भक्ति होनी चाहिए, भगवान स्वयं मिलेंगे। भगवान नहीं तो समाधि एक विडम्बना मात्र है। इसीलिए उन्होंने 'खसम-भाव' को बहुत ऊँचा भाव नहीं समझा। उन दिनों इस्लाम का आगमन हो चुका था और भारतीय मत में नया उपादान बड़ी तेजी से प्रवेश कर रहा था। 'खसम' शब्द पतिवाचक होकर उसी माध्यम से कबीर को मिला था। कबीरदास ने दोनों स्रोतों से आये हुए शब्दों को मिला दिया। खसम का अर्थ निकृष्ट पति और परम प्रेममय उत्कृष्ट भगवान् पति हुए। यहाँ आकर खसम एक तीसरे भाव का वाचक हो गया। अब यह बात आसानी से समझ में आ जाएगी कि कबीर का मन जब माधव को छोड़कर खसम से प्रेम करता है तब क्यों वे उसे प्रेम की रस्सी से बाँधकर हरिरस की ओर खींचना चाहते हैं :

धीरौ मेरे मनुआँ तोहि धरि टाँगौं
तूने किया मोरे खसम से साँगौं
प्रेम की जेवरिया तेरे गले बाँधौं
जहाँ ले जाऊँ जहाँ मेरे माधौं। इत्यादि

इस प्रकार यह एक खसम शब्द तीन प्रकार के आध्यात्मिक साधनों का परिचायक है। परन्तु इस प्रकार के मनोरंजक शब्दों में यह अकेला नहीं है। ऐसे शब्दों का विशाल ठाठ है—शून्य है, सहज है, निरंजन है, घरनी है, नाद है, बिन्दु है, यहाँ तक कि राम-रहीम और केशव-करीम भी हैं। मुझे अफसोस है कि मैं समयाभाव के कारण उन शब्दों के मनोरंजक इतिहास की ओर अपने श्रोताओं को नहीं ले जा सकता।

कबीरदास में अपने पूर्ववर्ती योगियों और सहयोगियों की अपेक्षा जो बात विशेष थी वह है भक्ति । यह भक्ति ही मध्ययुग की भारतीय संस्कृति की

विशेषता है। भक्ति ने ही नाथपंथियों, निरंजनपंथियों आदि के निर्गुण मत से मिलकर उस महान साहित्य को पैदा किया था जिसे निर्गुण सन्त साहित्य कहते हैं, भक्ति ने ही सूफी साधना को वह भारतीय रूप दिया जिसे प्रेममार्गी साधना कहते हैं और मलिक मुहम्मद जायसी जैसे भक्त जिस साधना के अग्रणी हैं, भक्ति ने ही रामावतार और कृष्णावतार का आश्रय करके उस बेजोड़ प्रेम-साहित्य का निर्माण किया जिसकी तुलना वह स्वयं आप ही है। तुलसीदास, सूरदास, नंददास, हित हरिवंश आदि महात्माओं की अमर वाणी आज के भारतीय साहित्य की अमूल्य निधि है। परन्तु भक्ति ने केवल आध्यात्मिक और धार्मिक साधनाओं को ही रूप नहीं दिया, उसने लौकिक रस-परक रचनाओं को भी बड़ी दूर तक प्रभावित किया। नितान्त लौकिक रस की कविताओं में भी गोपी और गोपाल इस प्रकार आ जाते हैं कि देखकर आश्चर्य होता है। भगवान की भक्ति ने किसी साहित्य के लौकिक अंग को भी इतनी दूर तक प्रभावित किया हो, यह बात शायद संसार के इतिहास में और कहीं नहीं हुई है। वस्तुतः ऐसा कवि मन-ही-मन यह प्रतिज्ञा करके ही कलम उठाता है कि—

'आगे के सुकवि रीझि हैं तो कविताई, न तो—
राधिका गुविन्द सुमिरन को बहानो है!'

इस विराट भक्ति आन्दोलन ने लोक-जीवन को और उसकी भाषा को बहुत अधिक प्रभावित किया। वैष्णव भक्ति ने लोगों के चित्त को ही नहीं जीता, उसने उनकी जबान पर भी कब्जा कर लिया। तरकारी काटना या कुम्हड़ा चीरना जैसे निर्दोष प्रयोगों में भी हिंसा की गन्ध पायी गयी और भक्त गृहस्थ ने इन्हें भी छोड़ देना चाहा। सच्चा वैष्णव मन, वचन और कर्म से अहिंसक होता है, अगर जबान से काटना या चीरना शब्द निकल गया तो वह वचन से अहिंसक कहाँ रहा! इस मनोवृत्ति ने भाषा के मुहावरों में बहुत परिवर्तन ला दिया। एक व्यक्तिगत अभिज्ञता की बात बताऊँ। मैं उन दिनों बालक था। कुछ १२-१३ वर्ष की उम्र होगी। हमारे घर एक प्रसिद्ध वैष्णव आचार्य पधारे थे। मेरे ऊपर उनका विशेष स्नेह था। एक बार वे पूजा पर बैठे थे। जप करते-करते उन्होंने मुझे कुछ करने को इशारा किया। इशारे का तात्पर्य ठीक-ठीक न समझ सकने के कारण मैंने उनसे पूछा कि क्या ठाकुरजी को टाँग दूँ? क्षण-भर में आचार्य का चेहरा तमतमा गया। अन्त में क्रुद्ध होकर उन्होंने इशारा किया कि भाग जाओ। मुझे वहाँ से भागना पड़ा। बाद में मुझे मालूम हुआ कि मुझसे बहुत बड़ा अन्याय यह हो गया था कि मैंने ठाकुरजी को टाँग देने की बात कही थी। ठाकुरजी को 'झूलन देना' उचित मुहावरा था। मेरी दुर्विनीत

भाषा से पूज्य की पूजा की अवहेलना हुई थी। वैष्णव शिष्टाचार की भाषा मामूली आदमी का भी असम्मान पसन्द नहीं करती, फिर ठाकुरजी की तो बात ही क्या है। मैं जब शान्तिनिकेतन पहली बार आया था तब एक नौकर ने एक दिन पूछा कि आपकी सेवा हो गयी ? मैं थोड़ी देर तक समझ ही न सका। बाद में उसके गले की कंठी देखकर खयाल आया कि यह आदमी वैष्णव है और तब कहीं समझ में आया कि सेवा अर्थात् भोजन। वैष्णव भोजन से भगवान की सेवा करता है, यही मुख्य बात है, बाद में प्रसाद पाना तो गौण बात है। सो अच्छा वैष्णव-भक्त किसी भी व्यक्ति के सम्बन्ध में यह कल्पना नहीं कर सकता कि वह महज पेट के लिए खाता है। असल में वह सेवा करता है। वैष्णव शिष्टाचार की भाषा भारतीय संस्कृति के उज्ज्वल रूप का निदर्शन है। इस भाषा ने साधारण जनता को भी बड़ी दूर तक प्रभावित किया था।

निर्गुण और सगुण भाव के साधकों में मौलिक भेद था फिर भी राम नाम का प्रचार करने में दोनों ने पूरा उत्साह दिखाया। इस राम नाम ने उत्तर भारत की जनता की भाषा और जीवन पर गहरा प्रभाव छोड़ा है। 'राम राम' का अर्थ नमस्कार है, परन्तु यही 'राम राम' भिन्न भाव से उच्चारित होकर घृणा और जुगुप्सा के अर्थ में व्यवहृत होता है। जन्म और विवाह से लेकर मृत्यु तक सर्वत्र राम नाम के साथ कोई न कोई मुहाविरा जुड़ा हुआ है। और तो और, खाने-पीने से लेकर पहनने-ओढ़ने तक की वस्तुओं में राम नाम विद्यमान है। वैष्णव जिन वस्तुओं को अपवित्र कहकर त्याग देता है उनके साथ भी राम नाम जोड़कर उसमें की अपवित्रता को धो देना चाहता है। प्याज को इसीलिए राम लड्डू कहा जाता है और लहसुन को राम जावा।

आध्यात्मिक साधना के क्षेत्र में इस्लाम के प्रादुर्भाव की ओर हमने पहले ही लक्ष्य किया है। सूफी मतवाद का वह भारतीय रूप जो प्रेममार्गी सन्तों की देन है, बहुत लोकप्रिय हुआ था।

○○○